保护

最脆弱的人

性侵害未成年人案件询问指引与论证

何挺 等著

图书在版编目(CIP)数据

保护最脆弱的人：性侵害未成年人案件询问
指引与论证 / 何挺等著. —— 北京：北京大学出版社，2025.4.
ISBN 978-7-301-35959-4

Ⅰ.D924.344

中国国家版本馆 CIP 数据核字第 2025EX9361 号

书　　　名	保护最脆弱的人——性侵害未成年人案件询问指引与论证 BAOHU ZUI CUIRUO DE REN——XINGQINHAI WEICHENGNIAN-REN ANJIAN XUNWEN ZHIYIN YU LUNZHENG
著作责任者	何　挺　等著
责任编辑	张　宁
标准书号	ISBN 978-7-301-35959-4
出版发行	北京大学出版社
地　　　址	北京市海淀区成府路 205 号　100871
网　　　址	http://www.pup.cn　新浪微博：@ 北京大学出版社
电子邮箱	编辑部 law@ pup.cn　总编室 zpup@ pup.cn
电　　　话	邮购部 010-62752015　发行部 010-62750672　编辑部 010-62752027
印　刷　者	天津中印联印务有限公司
经　销　者	新华书店
	720 毫米×1020 毫米　16 开本　16 印张　253 千字 2025 年 4 月第 1 版　2025 年 4 月第 1 次印刷
定　　　价	72.00 元

未经许可，不得以任何方式复制或抄袭本书之部分或全部内容。
版权所有，侵权必究
举报电话：010-62752024　电子邮箱：fd@ pup.cn
图书如有印装质量问题，请与出版部联系，电话：010-62756370

前　言

近年来,性侵害未成年人犯罪案件多发高发,成为侵害未成年人的主要犯罪类型,引起社会高度关注。由于未成年人具有不同于成年人的身心特点,此类案件办理在实体法、程序法和证据法方面都存在较大的争议,需要深入研究。其中,如何在对被害人进行有效保护的同时获得高质量的被害人陈述并以此为基础构建证据体系,进而准确认定案件事实并打击犯罪,成为此类案件办理的重要甚至核心的环节。

然而,由于对此类案件的特殊性关注不够,对于如何询问遭受性侵害的未成年人,无论是法律和规范性文件的规定,还是国内的相关研究均严重不足,无法为开展符合未成年人身心特点的专业性询问提供指导。在我国实践中,一方面,由于办理此类案件的一线办案人员通常不固定,办理此类案件的经验、意识不足,同时缺乏相关的专业培训,未成年被害人可能为了配合办案而不得不在司法程序中反复回忆和多次陈述被害的经过,遭受"二次伤害"。另一方面,缺乏专业指导、忽视未成年人尤其是低龄儿童的特殊身心特点而开展的询问质量不高,使对于此类案件定罪量刑至关重要的被害人陈述这一证据被"污染",影响了案件真相的查明和准确打击犯罪。此外,办理此类案件还需要考虑为被侵害的未成年人提供有效的专业支持与救助,以更好地实现被害恢复,而我国在询问过程中实现办案与保护救助相结合也存在不足。

针对这些问题,中央司法机关制定了一系列司法解释和规范性文件,各地实务部门开展了"一站式"办案救助等因地制宜的创新实践,我国的"一站式"场所建设也在较短的时间内取得了较大的进展。与之相呼应,为了给"一站式"场所的"硬件"建设提供相应的"软件"支撑,需要对此类案件的询问规则、流程、内容和技术等问题开展系统研究,为专业化的询问提供操作指引。

2021年以来,北京师范大学未成年人检察研究中心开展"保护最脆弱的人——性侵害未成年人案件办理机制研究"课题的研究工作,其中一项最重要的内容就是拟定与我国刑事诉讼程序相配套,符合未成年人身心特点,有助于同步实现保护未成年人和获得高质量被害人陈述的询问指引。围绕这一内容,课题组开展了下列几个方面的工作:(1)对北京市、山西省、上海市、浙江省和云南省等省市的十余个市区县进行实地调查,了解案件办理实际情况和存在的问题,尤其关注了"一站式"办案救助机制的实际运转情况,并通过观看询问同步录音录像识别出目前询问中存在的各种问题。(2)针对性侵害未成年人犯罪的域外立法与实践进行译介和整理,尤其是在域外有较多适用且效果获得实证研究检验的一些询问指引性的文献,包括:美国《国家儿童健康与人类发展中心侦讯指导》(NICHD Protocol:Interview Guide)、英国司法部发布的《在刑事程序中获取最佳证据指南》(Achieving Best Evidence in Criminal Proceedings)中有关询问脆弱证人的规定和苏格兰行政院发布的《苏格兰儿童证人询问指南》(Guidance on Interviewing Child Witnesses in Scotland)。同时,组织了一系列线上研讨会,邀请域外相关领域专家介绍询问未成年被害人的经验并分享研究成果。2023年9月,课题组部分成员赴英国、挪威与荷兰等国家进行考察,进一步了解域外相关研究的发展情况。① (3)在多次研讨、修改和听取相关专业和实务人员意见的基础上,初步形成了《性侵害未成年人案件询问指引(试点版)》(以下简称《询问指引(试点版)》)。(4)选择浙江省宁波市、河南省新乡市、云南省昆明市等未成年人警务工作具有一定基础的地区,对《询问指引(试点版)》进行了将近一年的初步试用。在此期间,研究人员前往试点地区对试用情况进行考察,并根据地方试点反馈所呈现的效果与问题进一步调整和完善询问指引。此外,为更好地与办案要求相一致,在2023年《最高人民法院、最高人民检察院关于办理强奸、猥亵未成年人刑事案件适用法律若干问题的解释》与《最高人民法院、最高人民检察院、公安部、司法部关于办理性侵害未成年人刑事案件的意见》发布后,又针对《询问指引(试点版)》进行再次修改。

我们拟定的《性侵害未成年人案件询问指引》包括三章。第一章"询问基本

---

① 这些域外资料的译介将在本书的姊妹篇《保护最脆弱的人——应对性侵害未成年人犯罪的国际经验》一书(北京大学出版社即将出)中集中呈现,亦可查阅微信公众号"法司年少"的相关推送。

原则与规则"阐释了性侵害未成年人案件办理中询问未成年被害人与证人时应当遵循的基本原则与规则,包括最有利于未成年人原则、尽量减少二次伤害原则、综合保护原则以及关于询问场所、参与询问的机关和人员、询问方式、询问次数、询问时间、询问记录、法定代理人或者其他合适成年人到场、不同年龄段注意事项和特殊询问对象等一系列规则。第二章"询问流程"由询问前准备、初步沟通与正式询问三个部分构成,对不同阶段涉及的具体询问环节、步骤以及如何推进整个询问过程进行规定。第三章"询问内容"由基本信息、基本案情和其他内容构成,针对强奸类犯罪与猥亵类犯罪这两类实践中占比最高的性侵害未成年人案件,根据《刑法》和相关司法解释的规定,较为详细地列举了需要询问的要点。在条文撰写的方式上,第一章"询问基本原则与规则"更接近于法律和司法解释的体例,第二章"询问流程"和第三章"询问内容"为便于办案人员操作,更多采用了归纳说明并举例的方式。

总体而言,《性侵害未成年人案件询问指引》契合现行刑事法律规定,相关内容符合《刑事诉讼法》及有关司法解释的要求。但作为一种指引性而非规范性的文件,仍然需要说明两点:第一,由于我国目前尚未有全国范围内专门的未成年人警务体系,本指引的首要目的在于,使未曾办理此类案件或者办理此类案件经验不足的办案人员能够通过阅读和参照本指引,在较短的时间内把握此类案件询问的特殊性,并能基本实现通过询问获得高质量陈述的同时保护未成年人的目的。必须指出的是,高质量的询问尤其是正确的提问方式,必须通过有针对性的培训与训练才能习得,目前我国仍缺乏此类专业性课程与培训。因此,本指引并未提供一个最为理想的方案,而是提供了一个与我国现状相符合的"相对合理"的版本,今后随着我国未成年人警务体系的发展和专业课程与培训的推进,本指引有待进一步升级为更为理想的版本。第二,指引的要求与现行办案习惯或方法存在一定差距,或者说,指引所提出的一些更为符合未成年人身心特点和此类案件特殊性的要求实际上不同于或高于目前的办案方式,例如询问与立案以及搜集其他证据的关系如何处理等方面。因此,发展程度不同的地区和办案单位在适用指引时可以根据自身情况选取其中一些内容进行针对性适用,并逐步引入更多内容。

本书是在对《性侵害未成年人案件询问指引》进一步修改完善的基础上,根据国内外相关研究成果、域外相关资料、试点地区适用询问指引的反馈情况等对指引条文进行逐条释义、论证，并补充相关案例、关联条文、域外参考规定等编辑而成。为便于办案人员使用，可以扫描本书前勒口二维码下载《性侵害未成年人案件询问指引（条文版）》。

本书附录二至附录五为研究过程中撰写的作为起草《性侵害未成年人案件询问指引》的重要基础材料的研究综述与研究报告。附录二为《性侵害未成年人案件询问未成年人与证据审查判断研究综述》，主要对询问技术与方法、询问程序的专业化与"一站式"办案求助机制、证据收集与审查判断等相关文献进行梳理。附录三为《性侵害未成年人案件"一站式"办案救助机制调研报告》，主要是对较早开展"一站式"办案救助机制的城市进行实地调查后分析、总结的各地不同探索的模式、做法以及相应的效果。附录四为《性侵害未成年人案件证据运用调研报告》，主要是以实地调查的方式对"一站式"办案救助机制与此类案件证据运用与证明难点问题进行分析。附录五为《未成年被害人司法保护法律政策研究报告》，对我国国家层面和地方层面有关未成年被害人司法保护的法律政策进行了系统的梳理。

本书是在分工并集体研究、讨论、修改的基础上编写的。参加询问指引条文起草与论证撰写的包括：何挺（北京师范大学法学院教授）、向燕（西南政法大学法学院教授）、尹泠然（中国政法大学刑事司法学院副教授）、杨雯清（汕头大学法学院讲师）、杨林（北京师范大学法学院讲师）、刘铃悦（西北政法大学刑事法学院讲师）、孙若尘（中关村实验室博士后研究人员）、王力达（北京工业大学法律系讲师）、刘颖琪（北京师范大学法学院博士研究生）、袁崇翔（日本一桥大学法学院博士研究生）、张子泽（北京师范大学法学院法学硕士研究生）、李开元（北京师范大学法学院硕士研究生）和吴蓉（广西电网有限责任公司电力科学研究院助理专责）。此外，王贞会（中国政法大学诉讼法学研究院教授）、马栎（天津市人民检察院四级检察官助理）、胡蓉（国家税务总局北京市丰台区税务局一级行政执法员）、吴鹤（中国农业银行总行助理专员）、刘润（北京市密云区河南寨镇人民政府工作人员）、刘蕙宁（北京市西城区人民检察院工作人员）、夏雪宜（浙江出版联合集团有限公司管培生）、曾王子清（北京师范大学法学院硕士研究生）、鲍卓颖（北京师范大学法学院硕士研究生）、马克娜（北京师范大学法学院硕士研究生)等参加了本书附录部分研究报告的撰写工作。全书由何挺和尹泠然审改定稿。

  性侵害未成年人案件办理的特殊性和难度体现在多方面的平衡之上,在从严打击此类犯罪、在司法程序中给予未成年人特殊保护和刑事司法的整体公平正义三个方面之间寻求平衡,需要理论研究的深入和实践探索的持续发展。本书在某种程度上也是为取得这三方面平衡所做的些许努力,未来仍然依赖于研究者和实践者从多学科视角对这一领域进行持续的关注。值本书出版之际,向英中协会和罗丹女士在本课题研究过程中提供的支持表示诚挚的感谢,也向一直以来为课题组提供帮助支持的专家学者和实务部门工作人员表示诚挚的感谢!

何　挺
2024 年 8 月

文件规范全简称对照表[①]

全称	简称
《中华人民共和国宪法》(2018)	《宪法》
《中华人民共和国刑法》(2024)	《刑法》
《中华人民共和国民法典》(2021)	《民法典》
《中华人民共和国刑事诉讼法》(2018)	《刑事诉讼法》
《中华人民共和国治安管理处罚法》(2013)	《治安管理处罚法》
《中华人民共和国未成年人保护法》(2024)	《未成年人保护法》
《中华人民共和国预防未成年人犯罪法》(2021)	《预防未成年人犯罪法》
《最高人民法院、最高人民检察院、公安部、司法部关于办理性侵害未成年人刑事案件的意见》(2023)	2023年《性侵意见》
《最高人民法院、最高人民检察院关于办理强奸、猥亵未成年人刑事案件适用法律若干问题的解释》(2023)	《强奸、猥亵未成年人案件解释》
《最高人民法院关于适用〈中华人民共和国刑事诉讼法〉的解释》(2021)	《刑诉法解释》
《最高人民检察院关于加强新时代未成年人检察工作的意见》(2020)	《新时代未检工作意见》
《人民检察院刑事诉讼规则》(2019)	《人民检察院规则》
《公安机关办理刑事案件程序规定》(2020)	《公安机关规定》
《未成年人刑事检察工作指引(试行)》(2017)	《未检工作指引(试行)》
联合国经济及社会理事会《关于在涉及罪行的儿童被害人和证人的事项上坚持公理的准则》(2005) Guidelines on Justice in Matters Involving Child Victims and Witnesses of Crime	《关于在涉及罪行的儿童被害人和证人的事项上坚持公理的准则》
联合国毒品和犯罪问题办公室和联合国儿童基金会《为执法官员举办的关于如何对待儿童受害者和犯罪儿童证人的培训方案》(2015) Training Programme on the Treatment of Child Victims and Child Witnesses of Crime for Law Enforcement Officials	《为执法官员举办的关于如何对待儿童受害者和犯罪儿童证人的培训方案》

[①] 全称后括注时间为该法律规范施行时间,如有修正,则为新法施行时间。

目 录

第一章　询问基本原则与规则 ········· 001
　第一部分　基本原则 ················ 003
　　第一条　最有利于未成年人原则 ········· 003
　　第二条　尽量减少二次伤害原则 ········· 011
　　第三条　综合保护原则 ················ 014
　第二部分　基本规则 ················ 024
　　第四条　询问场所 ···················· 024
　　第五条　参与询问的机关和人员 ········· 030
　　第六条　询问方式 ···················· 038
　　第七条　询问次数 ···················· 043
　　第八条　询问时间 ···················· 047
　　第九条　询问记录 ···················· 049
　　第十条　法定代理人或者其他合适成年人到场 ···· 054
　　第十一条　年龄 ······················ 061
　　第十二条　特殊询问对象 ·············· 068

第二章　询问流程 ····················· 077
　第一部分　询问前准备 ·············· 079
　　第十三条　全面收集未成年人的相关信息 ···· 079
　　第十四条　先行收集案件的其他证据、线索 ···· 082
　第二部分　初步沟通 ················ 084
　　第十五条　介绍环节 ·················· 084

第十六条　建立信任关系 ………………………………………… 087
　　第十七条　说明规则与陈述练习 ………………………………… 089
  第三部分　正式询问 ………………………………………………… 096
　　第十八条　权利义务告知 ………………………………………… 096
　　第十九条　引入案件相关话题 …………………………………… 101
　　第二十条　使用开放式问题与自由陈述 ………………………… 108
　　第二十一条　针对性提问 ………………………………………… 115
　　第二十二条　结束询问 …………………………………………… 120

第三章　询问内容 ……………………………………………………… 127
  第一部分　基本信息 ………………………………………………… 129
　　第二十三条　未成年人基本情况及其监护状况 ………………… 129
  第二部分　基本案情 ………………………………………………… 130
　　第二十四条　初步核实案情 ……………………………………… 130
　　第二十五条　核实案发的时间、地点等信息 …………………… 132
　　第二十六条　核实犯罪嫌疑人信息与身份 ……………………… 133
　　第二十七条　核实犯罪嫌疑人对被害人年龄的认知情况 ……… 136
　　第二十八条　核实侵害未成年人的基本手段 …………………… 138
　　第二十九条　在基本了解案情的基础上区分涉嫌猥亵类犯罪
　　　　　　　　或强奸罪 …………………………………………… 141
　　第三十条　对具体强奸行为进行针对性询问 …………………… 145
　　第三十一条　对具体猥亵行为进行针对性询问 ………………… 156
  第三部分　其他内容 ………………………………………………… 167
　　第三十二条　询问是否可能有其他证人、证据 ………………… 167
　　第三十三条　核实案发、报案情况 ……………………………… 169
　　第三十四条　询问被害人对案件处理的意见、救助相关事项
　　　　　　　　和是否需要补充 …………………………………… 170

附录一　询问未成年人的核心要点 …… 173

附录二　性侵害未成年人案件询问未成年人与证据审查判断研究综述 … 175
　一、询问技术与方法 …… 175
　二、询问程序的专业化与"一站式"办案救助机制 …… 181
　三、证据收集与审查判断 …… 190

附录三　性侵害未成年人案件"一站式"办案救助机制调研报告 …… 203
　一、询问的场所 …… 204
　二、询问的参与主体 …… 206
　三、询问者的性别因素 …… 207
　四、未成年被害人的性别和身心状况 …… 208
　五、未成年被害人的年龄 …… 208
　六、询问的流程与方法 …… 209
　七、询问的次数与时间 …… 210
　八、同步录音录像和询问笔录的制作 …… 211
　九、"一站式"办案救助机制的功能与运行效果 …… 211
　十、推进"一站式"办案救助机制的主要难点 …… 217

附录四　性侵害未成年人案件证据运用调研报告 …… 221
　一、对各类证据的审查判断 …… 221
　二、证据运用与证明难点 …… 224

附录五　未成年被害人司法保护法律政策研究报告 …… 227
　一、未成年被害人司法保护的界定 …… 227
　二、未成年被害人司法保护的现有法律政策状况 …… 227
　三、未成年被害人司法保护法律政策规定的完善思路 …… 237
　四、结语 …… 242

第一章
询问基本原则与规则

性侵害未成年人案件的办理对于被害人陈述的依赖性较强,基于未成年人身心发育的特殊性,在为未成年被害人(证人)提供特殊保护的前提下获取完整、准确的被害人陈述(证人证言),应当在办案询问中遵循特定的原则与规则。本章分为两部分内容,分别为询问未成年被害人的基本原则与基本规则。基本原则包括最有利于未成年人原则、尽量减少二次伤害原则和综合保护原则,这三项原则贯穿刑事诉讼程序始终并指导询问未成年人的整体思路。基本规则涉及询问场所、参与询问的机关和人员、询问方式、询问次数、询问时间、询问记录、法定代理人或者其他合适成年人到场、年龄、特殊询问对象九个方面,旨在应对具体询问程序中面临的特殊问题,对这些问题的关注与重视能够在一定程度上提升询问未成年被害人(证人)的效果。

第一部分 基本原则

第一条 最有利于未成年人原则

询问性侵害案件的未成年被害人、证人,应当坚持最有利于未成年人的原则,符合下列要求:

(1)给予未成年人特殊、优先保护;

(2)询问未成年人应当注意呵护其身心健康,尊重人格尊严;

(3)参与询问的机关和人员以及其他了解案情的人员对未成年人隐私和个人信息应当予以保密;

(4)询问时应当尊重不同年龄段未成年人身心发展的规律和特点;

(5)保障未成年人进行陈述的权利,不得威胁、诱导、欺骗或者以其他妨碍其自然陈述的不当方式对未成年人施加影响;

(6)询问未成年人,不仅要查明案件事实,还应当深入了解未成年人因犯罪行为在身体、心理、生活等方面所遭受的不良影响以及健康成长的需求,并注重对其合法权益的保护。

 条文主旨

本条是关于最有利于未成年人原则在性侵害未成年人案件询问程序中的应用。该条将抽象的法律原则与具体的询问程序相结合,旨在落实《未成年人保护法》的规定,将最有利于未成年人原则贯穿于性侵害案件办理的始终。

 条文释义

最有利于未成年人原则是指在处理涉及未成年人事项时,应当优先考虑未成年人的各项合法权益和需求，所采取的措施应保障其能够健康成长。① 具体到性侵害未成年人案件中，办案人员应当根据涉案未成年人的具体情况，采取针对性的询问方式，以满足未成年人的特殊需求，实现未成年人的最大利益。下面就该原则下的具体条文分别展开论述。

第一，给予未成年人特殊、优先保护。性侵害未成年被害人具有脆弱性的特点，他们不同于成年人性侵害案件中的被害人，这就构成了给予未成年人特殊、优先保护的正当性基础。给予未成年人特殊保护，就是指在认定事实、查明证据和解决被告人定罪量刑问题之外，更要注重未成年人的社会复归，为被害人及其家庭提供帮扶救助，保障未成年人合法权益。给予未成年人优先保护，就是指由于性侵害未成年人案件涉及的利益主体并不是单一的，既涉及未成年被害人的利益，也包括犯罪嫌疑人、被告人的权利保障，如果二者发生冲突且无法平衡，应当将未成年人利益作为首要考量。比如，为避免或减轻未成年人出庭作证带来的"二次伤害"，可以允许未成年人不亲自出庭作证或采取隐蔽方式作证。

第二，询问未成年人应当注意呵护其身心健康，尊重人格尊严。我国《宪法》第 38 条规定，公民的人格尊严不受侵犯。所谓人格尊严指的是公民作为具有独立意志的主体享有的得到尊重的权利，包括但不限于不受侮辱、诽谤和诬告陷害的人格权。② 性侵害未成年被害人作为公民的一部分，其人格尊严也不容许任何人以任何方式侵犯。由于性侵害案件的特殊性，未成年人在询问过程中不得不回忆被害经历，其人格尊严有持续或加重受损的可能。因此，办案人员应当创造儿童友好的询问环境，保护未成年人的身心健康和人格尊严不受侵犯。比如，询问时尽量避免未成年人用手指着自己的隐私部位，通过一些细节性规定将对未成年人的伤害降到最低。

第三，参与询问的机关和人员以及其他了解案情的人员对未成年人隐私和个人信息应当予以保密。遭受性侵害行为本就使未成年人及其家庭承受了巨

---

① 常锋、郑志恒：《最有利于未成年人原则的阐释与落实——专访北京师范大学未成年人检察研究中心主任宋英辉》，载《人民检察》2022 年第 10 期。

② 谢立斌：《中德比较宪法视野下的人格尊严——兼与林来梵教授商榷》，载《政法论坛》2010 年第 4 期。

大的创伤,这种痛苦可能会持续很长一段时间,甚至会伴随被害人的一生。如果未成年人的隐私和个人信息遭到泄露,本人及其家庭可能会暴露在公众视野之下,给他们恢复正常生活造成困扰和阻碍。因此,对于办案过程当中获取到的未成年人的姓名、影像、住所、就读学校以及其他可能识别出其身份的信息,任何组织和个人不得披露。这不仅是保护未成年人的伦理要求,也是办案人员应当遵循的从业规范。

第四,询问时应当尊重不同年龄段未成年人身心发展的规律和特点。该条的含义包括两个层面:一是询问未成年被害人、证人不能套用成年人的询问方式;二是对于不同年龄段的未成年人应当充分尊重个体差异,根据未成年人成长发展阶段呈现出来的特点,采取个性化、针对性的询问方法。本指引第11条根据询问对象的年龄阶段进行了区别性规定,正是尊重不同年龄段未成年人身心发展规律与特点的一种体现。

第五,保障未成年人进行陈述的权利,不得威胁、诱导、欺骗或者以其他妨碍其自然陈述的不当方式对未成年人施加影响。其一,办案人员不能强迫未成年人作出陈述。当未成年人不愿、不想或者不敢作出陈述时,办案人员应当采取适当方式引导未成年人自主、完整地描述案件事实,确保未成年人自愿作出陈述。其二,在未成年人进行陈述时,办案人员应当耐心倾听,不能随意打断,更不能为了获取自己想要的答案而采取威胁、诱导等方式,以免影响陈述的真实性和可靠性。如果有需要补充发问的问题,可以待未成年人陈述完毕后再补充发问。

第六,询问未成年人,不仅要查明案件事实,还应当深入了解未成年人因犯罪行为在身体、心理、生活等方面所遭受的不良影响以及健康成长的需求,并注重对其合法权益的保护。收集必要的证据,让犯罪人受到应有的法律制裁固然是办理性侵害未成年人案件的目的之一,除此之外,帮助未成年人复归社会,使其回到正常社会化的轨道上是更为根本的目的。基于此,办案人员除了要获取成功指控犯罪所必需的证据,还要同步开展救助保护等案外延伸工作,提供综合司法保护,努力为其复归社会提供条件。比如,办案机关可以与有关部门密切配合,对未成年被害人及其家庭及时采取必要的心理疏导、经济救助、法律援助、转学安置等保护措施;对未成年人因被性侵害而造成人身损害不能及时获得有效赔偿,生活困难的,办案机关可以会同有关部门,优先考虑予以救助;对于监护人性侵未成年人的情形,办案机关可以向人民法院提出申请,要求撤销监护人资格。

 条文论证

（一）贯彻最有利于未成年人原则的原因

在询问程序中贯彻最有利于未成年人原则,主要出于两方面的考虑:一是落实《未成年人保护法》的要求,二是性侵害未成年被害人的特殊性决定的。

规定最有利于未成年人原则是落实《未成年人保护法》的要求。《未成年人保护法》第4条确立了最有利于未成年人原则,据此将最有利于未成年人作为处理涉及未成年人事项的基本原则,这当然也包括性侵害未成年人案件办理。但法律原则具有抽象性,该条通过设定六项具体要求使最有利于未成年人原则在性侵害未成年人案件的询问程序中更具可操作性,得以在实践中贯彻落实。

性侵害未成年被害人的特殊性决定了落实最有利于未成年人原则的特殊必要性。性侵害未成年被害人在侵害行为发生之后大多具有无助、情绪低落、注意力分散等特征,且未成年人还原案件事实的能力与表达能力都不如成年人。所以对未成年人的询问就不能完全套用成年人的方式,整个询问活动都应当以未成年人为中心,符合未成年人的身心特点。在确保获取准确、可靠陈述的同时,尽可能满足未成年人的特殊需求,是最有利于未成年人原则的应有之义。

（二）贯彻最有利于未成年人原则的意义

第一,最有利于未成年人原则为性侵害未成年人案件办理提供了一种价值判断。在未成年人利益与其他利益发生冲突且不能同时实现时,应当以实现未成年人最大利益为首要考虑,优先满足未成年人的需求。

第二,最有利于未成年人原则为具体询问规则的制定和实施提供了基础和依据。相对于具体规则而言,最有利于未成年人原则贯穿于整个询问过程,更具稳定性;同时,最有利于未成年人原则的重心在于其指导性而不是规范性,在规定存在缺陷、不足或空白时,最有利于未成年人原则可以从宏观上统一法律适用,引导和规范办案人员自由裁量权的行使。

第三,最有利于未成年人原则是办案人员应当遵循的准则。当某一事项没有明确、具体的询问规则可供引用和参考时,办案人员应当根据具体情况开展工作,但应当以最有利于未成年人为限度和准则。换言之,最有利于未成年人原则规范着办案人员的具体行为,包括询问方式、询问流程和询问内容等。

(三)最有利于未成年人原则的实践情况

最有利于未成年人原则在实践中的落实距离理想状态仍有差距。一方面,法律根据最有利于未成年人原则对性侵害未成年人案件办理作出了较为详细的规定,包括办案机制、专门机构建设以及未成年人的保护与救助等,为此类案件办理提供了坚实的法律基础。随着这些法律规定在司法实践中的落地,"纸面上的法"便转化为"实践中的法",最有利于未成年人原则得到了贯彻落实。如近年来"一站式"办案救助机制逐步得到推广、专门机构建设取得了一定成就。但另一方面,法律制度存在一定疏漏和空白,专门机构建设发展不平衡,这些现实问题影响了最有利于未成年人原则的落实。比如,专门机关与社会力量的对接目前仍缺乏长效机制。不少地方还是停留在办案人员自行寻求社会力量支持的层面,社会服务转介基本空白,社会支持体系薄弱。专门机构建设的不均衡主要表现为专门机构之间发展不均衡以及同一个专门机构在不同区域发展的不平衡。就前者而言,未成年人警务的发展远远滞后于未成年人检察部门的发展,在公安系统内缺乏办理未成年人案件的专门人员,且二者在司法理念、法律适用等方面存在较大差距。就后者而言,东部沿海经济发达地区的未成年人司法发展水平要远高于中西部地区,不少未成年人人口和案件较多的地方都还没有成立专门的未成年人司法机构。[①] 因此,最有利于未成年人原则在性侵害未成年人案件中的落实还需要积极探索。

[①] 宋英辉、何挺主编:《未成年人刑事案件诉讼程序研究综述》,中国检察出版社2019年版,第17页。

关联条文

《中华人民共和国未成年人保护法》

第四条 保护未成年人,应当坚持最有利于未成年人的原则。处理涉及未成年人事项,应当符合下列要求:

(一)给予未成年人特殊、优先保护;

(二)尊重未成年人人格尊严;

(三)保护未成年人隐私权和个人信息;

(四)适应未成年人身心健康发展的规律和特点;

(五)听取未成年人的意见;

(六)保护与教育相结合。

第一百零二条 公安机关、人民检察院、人民法院和司法行政部门办理涉及未成年人案件,应当考虑未成年人身心特点和健康成长的需要,使用未成年人能够理解的语言和表达方式,听取未成年人的意见。

第一百零三条 公安机关、人民检察院、人民法院、司法行政部门以及其他组织和个人不得披露有关案件中未成年人的姓名、影像、住所、就读学校以及其他可能识别出其身份的信息,但查找失踪、被拐卖未成年人等情形除外。

《中华人民共和国民法典》

第一百二十条 民事权益受到侵害的,被侵权人有权请求侵权人承担侵权责任。

第一千一百六十五条第一款 行为人因过错侵害他人民事权益造成损害的,应当承担侵权责任。

第一千一百八十三条 侵害自然人人身权益造成严重精神损害的,被侵权人有权请求精神损害赔偿。

因故意或者重大过失侵害自然人具有人身意义的特定物造成严重精神损害的,被侵权人有权请求精神损害赔偿。

《最高人民法院、最高人民检察院、公安部、司法部关于办理性侵害未成年人刑事案件的意见》

第二条 办理性侵害未成年人刑事案件,应当坚持以下原则:

(一)依法从严惩处性侵害未成年人犯罪;

(二)坚持最有利于未成年人原则,充分考虑未成年人身心发育尚未成熟、易受伤害等特点,切实保障未成年人的合法权益;

(三)坚持双向保护原则,对于未成年人实施性侵害未成年人犯罪的,在依法保护未成年被害人的合法权益时,也要依法保护未成年犯罪嫌疑人、未成年被告人的合法权益。

第十六条 办理性侵害未成年人刑事案件,对于涉及未成年人的身份信息及可能推断出身份信息的资料和涉及性侵害的细节等内容,审判人员、检察人员、侦查人员、律师及参与诉讼、知晓案情的相关人员应当保密。

对外公开的诉讼文书,不得披露未成年人身份信息及可能推断出身份信息的其他资料,对性侵害的事实必须以适当方式叙述。

办案人员到未成年人及其亲属所在学校、单位、住所调查取证的,应当避免驾驶警车、穿着制服或者采取其他可能暴露未成年人身份、影响未成年人名誉、隐私的方式。

《最高人民法院关于适用〈中华人民共和国刑事诉讼法〉的解释》

第一百七十五条第二款 因受到犯罪侵犯,提起附带民事诉讼或者单独提起民事诉讼要求赔偿精神损失的,人民法院一般不予受理。

《人民检察院刑事诉讼规则》

第四百九十条 人民检察院办理侵害未成年人犯罪案件,应当采取适合未成年被害人身心特点的方法,充分保护未成年被害人的合法权益。

《未成年人刑事检察工作指引(试行)》

第十三条 【特殊、优先保护】人民检察院应当根据未成年人的身心特点给予特殊、优先保护。对于确有特殊困难、特殊需求的未成年人,应当予以特殊帮助。

第十七条 【区别对待】人民检察院办理未成年人刑事案件,应当区别于成年人,充分考虑未成年人的身心特点、认知水平,在事实认定、证据采信、罪与非罪、此罪与彼罪、情节把握等方面,提出有针对性的意见。

第十九条 【隐私保护】人民检察院应当依法保护涉案未成年人的名誉、隐私和个人信息,尊重其人格尊严,不得公开或者传播能够单独或者与其他信息结合识别未成年人个人身份的各种信息,包括姓名、出生日期、身份证号码、个人生物识别信息、住址、电话号码、照片、图像等。

第二十二条 【综合施策】人民检察院应当加强与有关单位、组织的联系与配合,充分发挥社会力量的作用,采取经济、行政、刑事等各种手段,综合解决未成年人违法犯罪、权益保护等问题。

第一百二十五条 【主要任务】询问未成年被害人,不仅要查明案件事实,还应当深入了解未成年人因犯罪行为在身体、心理、生活等方面所遭受的不良影响以及确保健康成长的需求等情况,并注重对其合法权益的保护。

第一百二十八条 【呵护身心】询问未成年被害人要注意呵护其身心健康，维护人格尊严。

域外参考规定

《儿童权利公约》

第三条

1.关于儿童的一切行动，不论是由公私社会福利机构、法院、行政当局或立法机构执行，均应以儿童的最大利益为一种首要考虑。

《关于在涉及罪行的儿童被害人和证人的事项上坚持公理的准则》

三、原则

8.如国际文书特别是《儿童权利公约》所指出并且如儿童权利委员会的工作所体现的那样，为了确保为罪行的儿童被害人和证人取得公理，专业人员和其他负责这些儿童福祉的人必须尊重以下普遍原则：

(a)尊严。每个儿童都是一个独特和宝贵的人，因此其个人尊严、特殊需要、利益和隐私应当得到尊重和保护；

(b)不歧视。每个儿童都有权得到公平和平等的对待，而不因其父母或法定监护人的种族、肤色、性别、语言、宗教、政治或其他见解、民族、族裔或社会出身、财产、伤残、出生或其他身份而有任何差别；

(c)儿童的最大利益。虽然应保障被控告的和已定罪的罪犯的权利，但每个儿童都有权要求对其最大利益给予首要考虑。这包括得到保护的权利和有机会和谐发展的权利：

(一)受到保护。每个儿童都享有生命权和生存权，而且享有免受任何形式的苦难、虐待或忽视，包括身心、精神和情感虐待和忽视的权利；

(二)和谐发展。每个儿童都享有获得和谐发展机会的权利，而且享有获得足以保证身心、精神、道德和社会发展的生活条件。对于受过创伤的儿童，应当采取一切步骤使其能够享受健康的发展；

(d)参与权。在不违反本国程序法的情况下，每个儿童都有权用自己的语言自由表达其看法、意见和信念，有权特别对影响其生活的决定，包括在任何司法程序中作出的决定发表意见，并有权要求按其能力、年龄、智力成熟程度和不断变化的行为能力将这些意见考虑进去。

10.在整个司法过程中应当以关爱和敏感的态度对待儿童被害人和证人，考虑到他们的个人处境和紧迫需要、年龄、性别、伤残情况和成熟程度,并充分尊重他们的身体、精神和道德的完整性。

11.每个儿童都应当被当作是有个人需要、意愿和情感的个人来对待。

12.在为确保司法过程的公平和公正结果而必须保持证据收集工作高标准的同时,应当将对儿童私生活的干涉限制到最低必要程度。

13.为了避免给儿童造成更多的痛苦,应当由受过训练的专业人员以敏感的、尊重人的和周密的方式进行面谈、检查和其他形式的调查。

14.本准则中所说明的所有互动均应在考虑到儿童特殊需要的适当环境中根据儿童的能力、年龄、智力成熟程度和不断变化的行为能力以具有儿童敏感性的方式进行。它们还应当以一种儿童能够使用并且理解的语言进行。

26.儿童被害人和证人的隐私应当作为首要事项得到保护。

27.对儿童参与司法过程的情况应当加以保护。为此可以采取的做法包括保密和限制披露某些可能导致在司法过程中认出成为被害人和证人的儿童的情况。

28.应当采取措施保护儿童,以免发生将其不恰当地暴露给公众的情况,例如,可在国家法律允许的情况下限制公众和媒体在儿童出庭作证期间进入法庭。

29.专业人员应当采取措施,防止在侦破、侦查和起诉过程中造成痛苦,以便确保儿童被害人和证人的最大利益和尊严得到尊重。

> **第二条　尽量减少二次伤害原则**
> 询问未成年人,对与性侵害等犯罪有关的事实应当进行全面询问,尽量一次完成,避免不必要的反复询问造成二次伤害。

 条文主旨

确立避免二次伤害原则旨在督促办案人员尽量一次性完成询问,并围绕这一目标在正式询问开始前做好充分的准备工作,如开展社会调查、制定询问提纲、形成工作预案等,避免不必要的反复多次询问对未成年人的身心再度造成伤害。

 条文释义

办理性侵害未成年人案件,在询问未成年被害人时,一般应当遵循一次询问的原则,最大限度地避免"二次伤害"。全面询问是指在首次询问中把案件事实以及所有与未成年人相关的情况都问到,减少乃至避免补充询问。但也并不是说所有案件都只能询问一次,一次询问并不是绝对的。在有些情况下,当再次询问确有必要时,也可以再次询问,但要严格限制例外情况。本指引第7条对例外情况作了规定。

 条文论证

（一）规定尽量减少二次伤害原则的目的和意义

询问性侵害未成年人应当以一次询问为原则,但司法实践中由于各种各样的原因,有时不得不面临二次询问的问题。有些二次询问是现有办案机制不完善、办案人员专业化程度不高导致的。比如,很多地方尚未建立"一站式"办案救助中心,询问时未同步录音录像;询问前没有做好充分准备,询问内容明显不足;办案人员对相关法律规定掌握不足和经验不足等。换言之,这些都是办案机关的问题导致的二次询问,这种二次询问是应当尽力避免的。因为这相当于以牺牲未成年人最大利益为代价,以使未成年人多次遭受痛苦的方式弥补办案机关工作机制的短板或办案人员的工作失误,使得本可以通过一次询问就能完成的取证事项,经历了不必要的重复询问。但是,有些情况客观存在且无法避免,比如低龄未成年人完整还原案件事实的能力有所欠缺,他们也不知道到底应该讲什么或者讲到什么程度才是对案件有价值的;询问未成年人之后犯罪嫌疑人才到案,且犯罪嫌疑人供述与未成年被害人陈述存在较大出入;在多次或长期性侵未成年人的案件中,侦查机关在首次询问时所掌握的信息较为有限。在上述情况下,一次询问很难实现。基于此,本条在表述上做了灵活处理,并不要求所有案件都做到一次询问,而是"尽量一次完成",对于一次询问确有困难且有再次询问必要的,办案人员可以进行补充询问,但补充询问也尽量以一次为限。因为无论是哪种情况下的二次询问,都有可能导致前后陈述存在不完全一致的情形,甚至影响被害人陈述的采信。

总之,尽量减少二次伤害原则通过限制询问次数对首次询问工作提出了较高的要求,倒逼办案机制和办案人员专业化水平的提高,减少司法程序对未成年人造成的伤害,同时确保最佳证据的获得,实现从严打击此类犯罪与实现未成年人最大利益的平衡。

(二)尽量减少二次伤害原则的落实方式

尽量减少二次伤害原则在实践中的落实情况并不理想，对此，可以通过以下方式进行完善。

第一，持续推动"一站式"办案救助场所的建设。一方面，没有建立"一站式"办案救助场所的地区要尽快建立，从完善硬件设施和提高人员专业性的角度，避免那些不必要的二次询问。另一方面，已经建立"一站式"办案救助场所的地区，在一些细节方面也要尤为注意，比如询问前要检查录音录像设备是否有故障、摄像头角度是否合适，确保足够的技术支持和"一站式"办案救助场所的实质利用，从而促进询问活动的顺利开展。

第二，检察机关应当提前介入，引导侦查机关开展询问，及时、全面地获取指控所需要的材料，发挥检察引导侦查的作用。比如，对被害人陈述中获取的证据要督促公安机关及时取证，如尿样、血样等生物样本的提取以及电子证据的固定，防止证据被污染或被远程删除。对于讯问犯罪嫌疑人、询问证人，以及其他侦查方式所发现的问题需要与未成年被害人的第一次询问形成对照，尽量避免遗漏导致二次询问。

第三，询问前应当深入了解未成年人的心理和生理特点，比如语言表达能力、是否存在沟通障碍、成熟情况、对性侵害行为的理解和感受程度等，根据未成年人的具体情况制定询问提纲和询问方式，包括是否需要辅助工具、是否需要心理或语言等方面的专家在场等一系列具体事项。此外，公安机关、检察机关也要积极链接社会力量，与相关部门、组织展开多方合作，事先做好未成年人及其家庭的心理疏导工作，减少询问过程中的阻碍。在询问过程中，也要根据未成年人的状态适时调整询问策略，比如对于性器官或具体性侵害行为表述不清楚或表达出来可能对未成年人的心理产生一定的负面影响的，可以采取图画或侦讯娃娃等辅助工具。如果询问需要很长的时间，中间可以多休息几次，而不是询问一次然后间隔很久的时间再去询问，避免让未成年人反复回忆。

关联条文

《中华人民共和国未成年人保护法》

第一百一十二条 公安机关、人民检察院、人民法院办理未成年人遭受性侵害或者暴力伤害案件,在询问未成年被害人、证人时,应当采取同步录音录像等措施,尽量一次完成;未成年被害人、证人是女性的,应当由女性工作人员进行。

《最高人民法院、最高人民检察院、公安部、司法部关于办理性侵害未成年人刑事案件的意见》

第二十三条第二款 询问未成年被害人,应当采取和缓的方式,以未成年人能够理解和接受的语言进行。坚持一次询问原则,尽可能避免多次反复询问,造成次生伤害。确有必要再次询问的,应当针对确有疑问需要核实的内容进行。

《人民检察院刑事诉讼规则》

第四百六十五条第六款 ……询问应当以一次为原则,避免反复询问。

《公安机关办理刑事案件程序规定》

第三百二十六条第二款 询问未成年被害人、证人,应当以适当的方式进行,注意保护其隐私和名誉,尽可能减少询问频次,避免造成二次伤害。必要时,可以聘请熟悉未成年人身心特点的专业人员协助。

《未成年人刑事检察工作指引(试行)》

第一百二十九条 【次数限制】询问未成年被害人应当以一次询问为原则,尽可能避免反复询问造成二次伤害。公安机关已询问未成年被害人并制作笔录的,除特殊情况外一般不再重复询问。

> **第三条 综合保护原则**
>
> "一站式"办案救助程序启动后,公安机关办案人员应当及时通知检察机关和相关部门、组织的人员,检察机关和相关部门、组织应当指派有经验的人员与公安机关就询问、取证、未成年人保护等问题进行会商,形成询问及综合保护工作预案。

 条文主旨

确立综合保护原则,旨在要求公安机关在刑事案件办理之外同步启动对被性侵害未成年人的救助保护工作，接到报案后协调相关部门同步开展被害人救助、安置、身心康复等工作，整合政府职能部门、群团组织、社会等各方资源和力量，形成有效的衔接转介机制，切实维护未成年人身心健康和合法权益。

 条文释义

所谓综合保护原则是指公安机关和司法机关根据案件情况，综合运用刑事、民事、行政、公益诉讼等司法手段，在办案中识别未成年人的需求，同时链接政府、社会等各方力量对未成年人提供全面帮助。实现这一目的需要多部门通力合作，建立个案会商的工作机制。个案会商指的是公安、司法、民政、卫生、教育、妇联等部门和相关组织的人员，通过组织召开联席会议等方式介绍各部门所掌握的信息资料，就个案目前以及将来可能存在的困境和风险因素、未成年人受侵害性质和严重程度、后续办案流程等问题提出专业意见，共同制定针对未成年人的个性化询问和救助帮扶方案。个案会商的方式可以根据案件情况灵活选择，比如对于异地办案且时间较为紧迫的案件，可以通过网络进行，对于未成年人受侵害时间较短和相对简单的案件，也可以采用更为简易的方式进行会商。

条文论证

（一）确立综合保护原则的必要性

本条在最初的询问指引条文中被规定为"检警协作原则"。考虑到性侵害未成年人案件涉及的法律关系较为复杂，除了公安和检察之外，还牵涉多个部门的职责范围，需要整合政府相关职能部门和群团组织的力量，所以将"检警协作原则"调整为"综合保护原则"。

确立综合保护原则是全面保护未成年人合法权益的迫切需要。未成年人受到性侵害，暴露出其家庭监护、成长环境出现了问题，仅靠司法手段或刑事案件办理难以实现对未成年人权益的全面保护。很多未成年人在案发后学习、生活状况不稳定，生活陷入了困境；有些未成年人尤其是低龄未成年人因性侵害犯罪而受到的伤害不会立刻出现，而是到青春期或者开始恋爱的时候，被害经历的影响开始显现，成为心理疾病及相应后果的诱发点（如自杀、自虐行为）。

因此，公安机关和司法机关发现性侵害未成年人犯罪后，不仅要及时有效惩治犯罪，更要促进被害未成年人得到妥善的救助和保护。针对案件背后发现的一些家庭、学校、社会、网络等方面的问题，充分发挥政府职能部门和社会支持体系的协同配合功能，全方位保障未成年人合法权益。

确立综合保护原则是落实最有利于未成年人原则的应有之义。司法是未成年人合法权益保障的最后一道防线。检察机关作为未成年人保护的法律监督机关，参与未成年人诉讼活动的整个过程，在证据审查、事实认定和法律适用之外，了解未成年人的成长经历、被侵害原因、家庭监护条件等信息，挖掘其背后深层次、根源性的问题，打破了传统性侵害案件办理的思维定式和固有流程。一方面，在刑事司法程序中对未成年人进行适当的照顾，从保障未成年人权利的角度规范司法行为；[①]另一方面，在刑事司法程序之外，将最有利于未成年人原则贯穿到后续复归社会的环节，更加契合性侵害未成年人案件办理和未成年人身心发展的特点及规律，最大限度给予未成年人特殊保护、优先保护，帮助其恢复正常生活。

确立综合保护原则是促进未成年人保护社会治理的必然要求。从司法实践来看，未成年人成长环境发生了深刻变化，性侵害未成年人案件背后往往存在着广泛而又复杂的社会问题。针对新形势、新情况，需要在司法保护之外联动家庭、学校、社会、政府、网络等多方力量，以专业化的社会支持体系为支撑，能动履职，通过检察建议、公益诉讼、"家庭教育令""督促监护令"等方式，健全前端保护机制，堵塞治理漏洞，主动融入社会治理大格局。只有这样，才能帮助未成年人顺利地完成社会化。这也反映出未成年人保护社会治理方式的转型升级，综合审查未成年人民事、行政权益及公共利益是否遭受损害，解决多重法律关系交织的疑难复杂问题，通过个案办理推动社会治理机制的完善，从根本上改善未成年人的成长环境。

（二）综合保护原则的要求

一方面，综合保护原则要求办案机关综合运用刑事、民事、行政、公益诉讼等多种手段，将对性侵害未成年被害人的保护延伸到各个部门，形成综合性法

[①] 王广聪：《论最有利于未成年人原则的司法适用》，载《政治与法律》2022年第3期。

律体系和工作机制。如检察机关将涉及未成年人刑事、民事、行政、公益诉讼的案件归口未成年人检察部门统一办理,在涉及未成年人刑事案件办理中,综合审查未成年人民事、行政权益及公共利益是否遭受损害。法院开展未成年人综合审判改革,一些法院将涉未成年人刑事、民事、行政案件集中纳入少年法庭审理,实现了未成年人审判"三审合一"。

另一方面,综合保护原则从宏观上对未成年人保护工作进行指引,强调司法机关与家庭、学校、社会、网络、政府的密切配合,在办案机关之外充分发挥群团组织的力量,采取一切必要手段,及时消除影响未成年人健康成长的各种不利因素,为未成年人复归社会创造良好的环境。[①] 如北京市检察机关与市公安局建立"一站式"办案救助场所及检警协作机制,对性侵害案件全部提前介入;上海市检察机关会同网信办、文化执法总队共建未成年人网络保护三方协同机制,研究制定侵害未成年人身心健康网络信息认定标准和执法规范;山东省检察机关与省妇联、省关工委建立机制,联合部署开展家庭教育指导专项行动,推动公安机关开通全国首个"110涉未成年人强制报告警情"专线。

(三)综合保护原则的实践情况

综合保护近年来取得了显著成效。有些地方建立了司法、福利、教育、医疗康复、法律援助、经济救助、家庭教育指导、就业培训等部门及社工参与的"一站式"办案救助机制。不过,实践中未成年人综合司法保护还面临一些困境,主要体现在以下几方面:一是未成年人司法工作人员对未成年人综合司法保护理念认识不够深入,没有认识到帮助未成年人恢复正常生活也是其工作内容的一部分,存在重办案轻保护的现象。二是未成年人保护职能部门之间职责分工不明确,缺乏有效协同。三是社会专业力量难以发挥实质作用。四是前端保护机制不健全。[②] 对此,应当牢固树立综合保护理念,提高队伍建设专业化和专门化水平,借助社会力量,形成良好的联动机制。

[①] 孙谦:《中国未成年人司法制度的建构路径》,载《政治与法律》2021年第6期。
[②] 宋英辉:《加强检察履职推动未成年人综合司法保护》,载《人民检察》2023年第11期。

关联条文

《中华人民共和国未成年人保护法》

第一百一十一条 公安机关、人民检察院、人民法院应当与其他有关政府部门、人民团体、社会组织互相配合,对遭受性侵害或者暴力伤害的未成年被害人及其家庭实施必要的心理干预、经济救助、法律援助、转学安置等保护措施。

第一百一十四条 公安机关、人民检察院、人民法院和司法行政部门发现有关单位未尽到未成年人教育、管理、救助、看护等保护职责的,应当向该单位提出建议。被建议单位应当在一个月内作出书面回复。

第一百一十六条 国家鼓励和支持社会组织、社会工作者参与涉及未成年人案件中未成年人的心理干预、法律援助、社会调查、社会观护、教育矫治、社区矫正等工作。

《最高人民法院、最高人民检察院、公安部、司法部关于办理性侵害未成年人刑事案件的意见》

第四条 人民法院、人民检察院在办理性侵害未成年人刑事案件中发现社会治理漏洞的,依法提出司法建议、检察建议。

人民检察院依法对涉及性侵害未成年人的诉讼活动等进行监督,发现违法情形的,应当及时提出监督意见。发现未成年人合法权益受到侵犯,涉及公共利益的,应当依法提起公益诉讼。

第八条 人民检察院、公安机关办理性侵害未成年人刑事案件,应当坚持分工负责、互相配合、互相制约,加强侦查监督与协作配合,健全完善信息双向共享机制,形成合力。在侦查过程中,公安机关可以商请人民检察院就案件定性、证据收集、法律适用、未成年人保护要求等提出意见建议。

第三十二条 人民法院、人民检察院、公安机关办理性侵害未成年人刑事案件,应当根据未成年被害人的实际需要及当地情况,协调有关部门为未成年被害人提供心理疏导、临时照料、医疗救治、转学安置、经济帮扶等救助保护措施。

第三十三条 犯罪嫌疑人到案后,办案人员应当第一时间了解其有无艾滋病,发现犯罪嫌疑人患有艾滋病的,在征得未成年被害人监护人同意后,应当及时配合或者会同有关部门对未成年被害人采取阻断治疗等保护措施。

第三十四条 人民法院、人民检察院、公安机关办理性侵害未成年人刑事案件,发现未成年人的父母或者其他监护人不依法履行监护职责或者侵犯未成年人合法权益的,应当予以训诫,并书面督促其依法履行监护职责。必要时,可以责令未成年人父母或者其他监护人接受家庭教育指导。

第三十五条　未成年人受到监护人性侵害，其他具有监护资格的人员、民政部门等有关单位和组织向人民法院提出申请，要求撤销监护人资格，另行指定监护人的，人民法院依法予以支持。

有关个人和组织未及时向人民法院申请撤销监护人资格的，人民检察院可以依法督促、支持其提起诉讼。

第三十六条　对未成年人因被性侵害而造成人身损害，不能及时获得有效赔偿，生活困难的，人民法院、人民检察院、公安机关可会同有关部门，优先考虑予以救助。

《未成年人刑事检察工作指引（试行）》

第九条第一款　【内部联动机制】人民检察院未检部门在工作中发现侵害未成年人合法权益的犯罪线索，应当及时移送有关部门予以查处，并协调做好保护未成年人工作。其他检察业务部门在工作中发现侵害未成年人合法权益或者涉案未成年人需要心理疏导、救助帮教等情况，应当及时移送未检部门处理或者通知未检部门介入协助干预。

第十一条　【外部联动机制】人民检察院应当加强与政法机关及教育、民政等政府部门、未成年人保护组织等机构的联系，积极促进和完善合作机制，形成司法保护与家庭保护、学校保护、政府保护、社会保护的衔接一致。

第十二条　【借助专业力量】人民检察院可以通过政府购买服务、聘请专业人士等方式，将社会调查、合适成年人到场、心理疏导、心理测评、观护帮教、附条件不起诉监督考察等工作，交由社工、心理专家等专业社会力量承担或者协助进行，提高未成年人权益保护和犯罪预防的专业化水平，推动建立健全司法借助社会专业力量的长效机制。

第七十四条　【基本要求】人民检察院应当充分维护未成年被害人的合法权益，协调相关部门，综合运用司法救助、心理救助、社会救助等多种方式和手段，帮助其健康成长。

第七十五条　【法律援助】人民检察院应当自收到移送审查起诉的案件材料之日起三日内，书面告知被害人及其法定代理人或者其他近亲属有权委托诉讼代理人，电话告知的应当记录在案；未成年被害人及其法定代理人因经济困难或者其他原因没有委托诉讼代理人的，人民检察院应当帮助其申请法律援助。

遭受性侵害的女性未成年被害人，一般应由女性律师提供法律援助。

第七十六条　【司法救助】未成年被害人具有下列情形之一的，人民检察院应当告知未成年被害人及其法定代理人或者其他近亲属有权申请司法救助：

（一）受到犯罪侵害急需救治，无力承担医疗救治费用的；

（二）因遭受犯罪侵害导致受伤或者财产遭受重大损失，造成生活困难或者学业难以为继的；

（三）赔偿责任人死亡或者没有赔偿能力、不能履行赔偿责任，或者虽履行部分赔偿责任，但不足以解决未成年被害人生活困难的；

（四）人民检察院认为应当救助的其他情形。

未成年被害人及其法定代理人或者其他近亲属提出司法救助申请的，未成年人检察部门应当及时将当事人情况、案件基本事实及救助申请等材料转交刑事申诉检察部门办理。

对于符合救助条件但未成年被害人及其法定代理人或者其他近亲属未提出申请的，未成年人检察部门可以主动启动救助程序，收集相关材料，提出救助意见，移送刑事申诉检察部门办理。

第七十七条 【心理救助】人民检察院对于遭受性侵害、监护侵害以及其他犯罪侵害，严重影响心理健康的未成年被害人，应当按照本章第五节的规定对其进行心理救助。

第七十八条 【社会救助】人民检察院可以根据未成年被害人的特殊困难及本地实际情况，协调有关部门按照社会救助相关规定进行救助。

未成年被害人家庭符合最低生活保障条件或者本人未满十六周岁，符合特困供养人员条件的，人民检察院可以帮助被害人向有关部门提出申请。

未成年被害人的监护人无法履行监护职责、生活无着的，人民检察院可以征询其本人意见，协调有关部门安置或者将其妥善送交其他愿意接收的亲属。

适龄未成年被害人有劳动、创业等意愿但缺乏必要的技能或者资金的，人民检察院可以协调有关部门为其提供技能培训、就业岗位申请等帮助。

第七十九条 【综合救助】未成年被害人同时面临多种严重困难的，人民检察院应当协调有关部门进行综合救助。

对于未成年人进行救助的情况应当记录在案，并随案将救助情况移送有关部门。

第八十条 【回访监督】人民检察院应当定期对接受救助的被害人进行回访，了解其实际情况，考察救助效果。

发现有其他严重困难需要继续救助的，应当积极协调相关部门予以救助。

发现未成年被害人及其法定代理人或者近亲属采用虚报、隐瞒或者伪造证据等方式骗取救助的，应当给予严肃批评，及时建议相关部门撤回救助；情节严重，构成犯罪的，移送有关部门处理。

域外参考规定

《关于在涉及罪行的儿童被害人和证人的事项上坚持公理的准则》

38.除了为所有儿童制定的防范措施之外,还应为特别容易被再次加害或侵犯的儿童被害人和证人制定特别战略。

39.对于存在着儿童被害人可能再次被害的风险的情形,专业人员应当制定和实施有具体针对性的综合战略和干预措施。这些战略和干预措施应当考虑到受害情形的性质,包括与家庭中的虐待行为、性剥削行为、机构环境下的虐待行为和贩运有关的受害情形。这些战略可以考虑到基于政府、街道和市民倡议的战略。

相关案例

(一)阻断性侵犯罪未成年被害人感染艾滋病风险综合司法保护案①

【基本案情】

被告人王某某,男,1996年8月出生,2016年6月因犯盗窃罪被刑事拘留,入所体检时确诊为艾滋病病毒感染者,同年10月被依法判处有期徒刑6个月。2017年10月确诊为艾滋病病人,但王某某一直未按县疾病预防控制中心要求接受艾滋病抗病毒治疗。

被告人王某某与被害人林某某(女,案发时13周岁)于案发前一周在奶茶店相识,被害人告诉王某某自己在某中学初一就读,其父母均在外务工,自己跟随奶奶生活。2020年8月25日晚,被告人王某某和朋友曹某某、被害人林某某在奶茶店玩时,王某某提出到林某某家里拿酒喝。21时许,王某某骑摩托车搭乘林某某、曹某某一同前往林某某家,到达林某某所住小区后曹某某有事离开。王某某进入林某某家后产生奸淫之意,明知林某某为初一学生,以扇耳光等暴力手段,强行与林某某发生性关系。当晚林某某报警。次日下午,王某某被抓获归案,但未主动向公安机关供述自己系艾滋病病人的事实。

【开展综合司法保护内容】

开展保护救助。2020年,四川省某县人民检察院与各镇(街道)政法委员和村(社区)治保委员建立了应急处置、线索收集、协作协同等涉未成年人保护联动机制。2020年8月26日上午,县公安局向县人民检察院通报有留守儿童在8月25日晚被性侵,县人民检察院通过联动机制获知该犯罪嫌疑人已被确诊艾滋病。县人民检察院受邀介入侦

---

① 本案例来自最高人民检察院第四十三批指导性案例(未成年人综合司法保护主题),检例第172号。

查,一方面建议公安机关围绕行为人是否明知自己患有艾滋病、是否明知被害人系不满十四周岁的幼女,以及被害人遭受性侵后身心状况等情况调查取证;另一方面,启动未成年人保护联动应急处置机制,协同公安机关和卫生健康部门对被害人开展艾滋病暴露后预防,指导被害人服用阻断药物。因阻断工作启动及时,取得较好效果,被害人在受到侵害后进行了三次艾滋病病毒抗体检测,均呈阴性。检察机关还会同公安机关全面了解被害人家庭情况,协调镇、村妇联、教育行政部门开展临时生活照料、情绪安抚、心理干预、法律援助、转学复课、家庭教育指导工作,并对被害人开展司法救助。

制发检察建议。艾滋病病人或感染者性侵害犯罪案件,若不能及时发现和确认犯罪嫌疑人系艾滋病病人或感染者,并立即开展病毒阻断治疗,将给被害人带来感染艾滋病的极大风险。结合本案暴露出的问题,检察机关开展了专项调查,通过调阅本县2017年至2020年性侵害案件犯罪嫌疑人第一次讯问、拘留入所体检等相关材料,以及到卫生健康部门、公安机关走访了解、查阅档案、询问相关人员、听取意见等,查明:按照《艾滋病防治条例》的规定,公安机关对依法拘留的艾滋病病人或感染者应当采取相应的防治措施防止艾滋病传播,卫生健康部门要对建档的艾滋病病人或感染者进行医学随访,对公安机关采取的防治措施应当予以配合。但实践中,犯罪嫌疑人一般不会主动告知被害人和公安机关自己系艾滋病病人或感染者,公安机关主要通过拘留入所体检才能发现犯罪嫌疑人系艾滋病病人或感染者。通过办案数据分析,拘留入所体检超过案发时间24小时的占比达85.7%,这就势必会错失对被艾滋病病人或感染者性侵的被害人开展暴露后预防的24小时黄金时间。存在此问题的原因主要在于公安机关和卫生健康部门之间对案发后第一时间查明犯罪嫌疑人是否系艾滋病病人或感染者缺乏有效沟通核查机制,对性侵害被害人健康权、生命权保护存在安全漏洞。某县人民检察院随即向县公安局制发检察建议并抄送县卫生健康局,建议完善相关信息沟通核查机制,对性侵害案件犯罪嫌疑人应当第一时间开展艾滋病信息核查,对被害人开展艾滋病暴露后预防时间一般应当在案发后24小时之内。检察建议引起相关部门高度重视,县人民检察院会同县公安局、卫生健康局多次进行研究磋商,三部门联合制定《关于建立性侵害案件艾滋病信息核查制度的意见》,明确了对性侵害案件犯罪嫌疑人进行艾滋病信息核查的时间要求和方式、对被害人开展暴露后预防的用药时间,以及持续跟踪关爱保护未成年被害人等措施,切实预防艾滋病病毒通过性侵害等行为向被害人特别是未成年被害人传播。

【意义】

对于性侵害未成年人犯罪案件,检察机关受邀介入侦查时应当同步开展未成年被害人保护救助工作。建议或协同公安机关第一时间核查犯罪嫌疑人是否系艾滋病病人或感染者。确定犯罪嫌疑人系艾滋病病人或感染者的,应当立即协同公安机关和卫生健康部门开展艾滋病暴露后预防,切实保护未成年被害人健康权益。检察机关应当发挥未成年人检察社会支持体系作用,从介入侦查阶段就及时启动心理干预、司法救助、家庭教育指导等保护救助措施,尽可能将犯罪的伤害降至最低。

(二)朱某某强奸、猥亵儿童、强制猥亵案——严厉打击网络性侵未成年人犯罪,积极推动诉源治理[①]

【基本案情】

2019年至2020年,朱某某通过网络社交软件诱骗、胁迫杨某等8名未成年人拍摄裸体、敏感部位照片、不雅视频,发送其观看;并以散布裸照、不雅视频相威胁,强迫杨某线下见面,发生性关系。另据查明,2019年初朱某某以不雅视频相威胁,强行与成年女性秦某某发生性关系。检察机关对该案提起公诉后,法院以强奸罪、猥亵儿童罪、强制猥亵罪判处朱某某有期徒刑15年6个月,剥夺政治权利1年。

【履职情况】

1.深挖细查,全面查清犯罪事实

该案报请审查批捕后,北京市平谷区人民检察院发现除公安机关已认定的4名被害人外,朱某某还存在利用网络侵害其他被害人的可能,遂建议公安机关继续侦查,至侦查终结时被害人增至7名。审查起诉阶段,检察机关自行侦查,委托鉴定机构及时恢复并提取朱某某手机中社交软件已删除的数据信息,通过对电子数据梳理审查,追加认定朱某某猥亵另外2名未成年人的犯罪事实。

2.关注未成年被害人身心健康,引导建立良好用网习惯

检察机关在打击犯罪的同时,注重对未成年被害人心理修复,委托专业力量开展心理评估、心理治疗,帮助被害人尽快回归正常学习和生活。通过电话沟通、家庭走访、检校合作等方式持续跟踪回访,帮助被害人建立良好用网习惯。依托"法治副校长"工作机制,线上线下开展网络安全教育和防性侵教育,引导未成年人正确使用网络,提高网络安全意识,阻断伸向未成年人的网络"黑手"。

3.总结网络性侵类案规律,建立长效预防机制

为减少性侵案件发生,检察机关全面梳理分析本地近三年网络性侵未成年人案件,发现该类案件中,普遍存在被害人在网络上的自我保护意识严重不足,易轻信他

[①] 本案例来自最高人民检察院发布的检察机关加强未成年人网络保护综合履职典型案例。

人,遭受侵害后因害怕被犯罪分子打击报复而不敢报警等问题。为此,检察机关与网信、网安部门就未成年人网络保护问题进行专题座谈,加强未成年人网络侵害线索移送,促推两部门加强网络平台监督管理。针对涉案某社交软件存在的未成年人网络保护责任未落实问题,检察机关在全市开展排查,就发现的行政主管机关存在监管不到位问题,促推行政主管机关约谈该社交软件运营公司,督促严格落实未成年人网络保护主体责任。

【意义】

随着互联网的快速发展,未成年人"触网"低龄化趋势愈发明显,性侵未成年人犯罪已经出现线上线下相互交织的新形态。检察机关在办理网络性侵未成年人案件时,应准确把握网络性侵特点,依法深挖、追诉犯罪,以"零容忍"态度严厉打击。同时,加强未成年被害人保护,开展心理救助,帮助未成年人尽快回归正常生活。注重综合履职,统筹治罪与治理,推动学校、社会、政府等未成年人保护主体协同发力,线上线下一体治理,护航网络时代未成年人健康成长。

第二部分 基本规则

第四条 询问场所

询问未成年人原则上应当在"一站式"办案救助场所进行。"一站式"办案救助场所的布置应当适应未成年人的身心特点,使未成年人感到温馨、放松、安全、舒适,并具备录音录像功能。有条件的地方,应当具备身体检查、证据提取、应急心理疏导、前期救助保护等功能,为未成年人及其家庭提供便利。

在报案时,根据案件和当地具体情况,也可以在派出所等接受报案的场所进行询问,但相关场所应参照"一站式"办案救助场所的要求设立相应的办案区,办案区的设置应当使未成年人感到温馨、放松、安全、舒适,并具备录音录像功能。

▶ 条文主旨

本条规定了询问未成年人场所的基本要求。本条对询问场所的专门性和基本要求作出规定,旨在提高询问质量和效果,最大限度地减少办案和司法程序造成的"二次伤害"。

条文释义

本条分为两款。第1款是关于"一站式"办案救助场所要求的规定,分为基本要求和实现更为全面功能的要求。基本要求包括打造儿童友好型询问环境和配备同步录音录像设备两个层面。前者是指办案救助场所应当独立于讯问区,在舒适温馨的环境中进行,放置沙发、玩偶,提供用于心理疏导的沙盘等辅助工具,尽量减少未成年被害人在回忆案发经过时的对立、恐惧和焦虑情绪。后者是指在办案救助场所内配备同步录音录像设备对询问过程进行全程记录,并随案移送制作的同步录音录像。实现更为全面功能的要求是指除询问功能外,"一站式"办案救助场所还应具备心理疏导、身体检查、证据提取、司法救助等功能,设有检查治疗室、心理疏导室等配套区域,实现询问、取证、检查、疏导、救助等功能一次性到位。应急心理疏导是指心理咨询师等专业人员同步参与询问,密切关注未成年被害人的行为、表情和情绪,适时给予疏导、帮助。前期救助保护是指根据未成年被害人的身心状况、家庭背景等决定是否需要进行心理疏导、医疗救助、家庭教育支持、行为和认知矫治。基础设施条件较好的地区应当建立这样的更为理想的"一站式"办案救助场所。

第2款是关于在不具备"一站式"办案救助的条件下,相关办案场所应当符合什么要求的规定。由于我国各地情况差异较大,各地在资源投入、机构设置、人员安排、案件数量等方面有所不同,"一站式"办案救助场所的数量、位置等建设也有一定差异。但为了确保初步询问的质量、及时固定和收集好证据,办案机关也要参照"一站式"办案救助场所的基本要求,设置专门的询问区域,打造儿童友好的询问环境,并具备同步录音录像功能。

条文论证

(一)建设"一站式"办案救助场所的必要性和重要性

第一,"一站式"办案救助可以有效缓解性侵害未成年人案件办理在侦查取证、指控犯罪、认定事实等方面的困难,加大对性侵害行为的打击力度,提升指控犯罪的精准度。实践中,性侵害未成年人案件的取证工作存在诸多难点:犯罪人多为熟人,被害人年龄小加上缺乏性教育导致其在遭受侵害行为后大多不会及时报案和保存证据,甚至没有意识到自己受到了侵害,案件具有极强的隐蔽性;很多案件只有被害人陈述和犯罪嫌疑人、被告人供述和辩解,证据种类单一,客观证据较少,主要是言词证据,如果未成年被害人的陈述不能得到采信,检察机关可能无法起诉或者只能根据现有证据做降格处理。[①]"一站式"办案救助所要求的同步录音录像,能够全面、完整地记录和还原询问过程,包括未成年人的表情、神态、语气等细节,相较询问笔录反映了更多的内容,有助于避免反复询问,提高了未成年被害人陈述的可靠性。

第二,"一站式"办案救助有助于构建新型的检警关系。在普通案件中,检察机关主要通过事后审查的方式进行法律监督,对公安机关收集的证据进行审查判断,在提高证据质量、防止二次伤害方面难以发挥作用。"一站式"办案救助机制有助于构建检察引导侦查的检警模式,检察机关在侦查阶段就提前介入,引导侦查取证和开展法律监督。检察机关面向审判就证据收集和质量进行严格把关,同时监督公安机关是否有不当行为对未成年被害人造成伤害。这种检警模式较传统模式更具优越性。

第三,"一站式"办案救助有助于推动综合保护。"一站式"办案救助有助于发掘性侵害案件背后存在的社会问题,有关部门可以针对未成年被害人的具体情况和个案需求对未成年被害人开展综合多元救助,进行社会治理。

(二)"一站式"办案救助场所的建设情况

1."一站式"办案救助场所建设的总体情况和规范依据

早在 2017 年 12 月,最高人民检察院就会同联合国儿童基金会举办了"未成年被害人保护与救助高级研修班",从顶层设计方面研究推动"一站式"办案救助机制等未成年被害人保护和救助工作。2019 年 2 月 12 日,最高人民检察院发布《2018—2022 年检察改革工作规划》,提出要推行未成年被害人"一站式"询问、救助机制,推动专业化与社会化的衔接。2020 年 1 月 19 日,最高人民

---

① 刘颖琪、袁崇翔:《性侵害未成年人案件一站式询问检警关系探究》,载《四川警察学院学报》2022 年第 34 期。

检察院首次召开全国检察机关未成年人检察工作会议,对"一站式"办案机制作出专门部署。3个月后,《新时代未检工作意见》下发,要求各地持续推进"一站式"办案机制,并要求2020年底各地市(州)至少建立一处未成年被害人"一站式"办案场所。2021年6月,新修订的《未成年人保护法》《预防未成年人犯罪法》正式施行,未成年被害人"一站式"询问机制写入法律,成为刚性规定。2023年"两高两部"发布的《性侵意见》对"一站式"办案救助机制也作出了相应要求。截至2023年,全国共建成未成年被害人"一站式"办案救助办案区2053个,较2021年增加450余个,一次性完成证据收集、受害身体检查等工作,及时开展心理疏导,避免反复询问取证对未成年人造成"次生伤害"。①

2."一站式"办案救助适用的对象

随着各地实践的深入,"一站式"办案救助机制渐渐从性侵害未成年人犯罪案件办理扩展到各类侵害未成年人犯罪案件办理中,其场所建设、专业化工作团队、工作机制、综合救助体系及配套机制也在不断完善、深化。上海市奉贤区在实现未成年被害人"一站式"办案救助全覆盖的基础上,将未成年证人纳入适用范围,保护"半径"不断拓展。在办理一起杀妻案中,8岁的未成年子女目睹了行凶过程,对其询问可能会在不经意间造成"次生伤害",所以同样需要通过"一站式"办案救助场所来办理。这样的考虑在暴力伤害、虐待、拐卖案件办理中同样适用。②

3."一站式"办案救助场所的选择

根据课题组的调研,实践中"一站式"办案救助场所的设置区域主要有三种选择:

一是设置在检察机关内部。例如,绍兴市越城区人民检察院建立了独立的未成年人办案工作室作为"一站式"办案救助的主要场所。宁波市海曙区人民检察院将"一站式"办案救助场所设置在检察机关内部的未成年人检察办公区。

二是设置在本地区公安机关的执法办案中心,或者在本辖区内确定一个或

---

① 参见张军:《最高人民检察院关于人民检察院开展未成年人检察工作情况的报告》,载中华人民共和国最高人民检察院网站,https://www.spp.gov.cn/xwfbh/wsfbh/202210/t20221029_591185.shtml,最后访问时间:2024年1月30日。

② 郭荣荣:《"一站式"办案区如何从"建好"到"用好"》,载《检察日报》2023年1月12日,第5版。

几个派出所。根据调查,北京市朝阳区将"一站式"办案救助场所设置在公安机关的执法办案中心;珠海市金湾区人民检察院联合珠海市公安局金湾分局共同签署《办理性侵未成年人案件"一站式"询问机制》,将询问场所设置在金海岸派出所未成年被害人"一站式"询问救助中心。

三是设置在医院、学校、社区等其他非办案性质的辅助功能机构,以便链接其他社会资源为未成年被害人提供服务。宁波市鄞州区人民检察院将"一站式"办案救助场所设立在鄞州区第二医院,在全国首创"检医合作"模式,并与鄞州第二医院签订《性侵案件未成年被害人医疗救助合作协议》,完善救助费用减免、救助方式、救助范围、救助标准等各项制度。昆明市盘龙区将"一站式"办案救助场所设置在社区。

4."一站式"办案救助存在的不足

第一,目前许多公安机关尚未设立专门的未成年人警务,接受过专门培训的办案人员仅占少数,女性侦查人员数量更少,且各地区、各层级专门机构发展不均匀、不平衡,有的基层公安机关甚至没有经受过专业培训的办案人员。另外,公安机关人员流动性较大,有些民警并不了解"一站式"办案救助机制,对未成年被害人的心理、身体关注和保护还需加强。第二,部分试点地区虽然名义上建立了"一站式"场所,但实际运作时存在形式化的问题。他们往往在构建"一站式"场所、配备录音录像设备等硬件条件上发力,但在该机制的实际运作中却未严格遵守执行,监督不力。例如,即使配备了录音录像设备,但由于未形成意识与习惯,有的办案人员在询问时并未进行全程录音录像。又如,有的地区虽然与心理医生等建立了合作关系,在当地范围构建了心理专家名录,但实际询问时心理专家缺位或者到场走个形式的现象也有发生。

关联条文

《中华人民共和国未成年人保护法》

第一百一十条第一款 公安机关、人民检察院、人民法院讯问未成年犯罪嫌疑人、被告人,询问未成年被害人、证人,应当依法通知其法定代理人或者其成年亲属、所在学校的代表等合适成年人到场,并采取适当方式,在适当场所进行,保障未成年人的名誉权、隐私权和其他合法权益。

《最高人民法院、最高人民检察院、公安部、司法部关于办理性侵害未成年人刑事案件的意见》

第二十三条第一款　询问未成年被害人,应当选择"一站式"取证场所、未成年人住所或者其他让未成年人心理上感到安全的场所进行……

第二十四条　询问未成年被害人应当进行同步录音录像。录音录像应当全程不间断进行,不得选择性录制,不得剪接、删改。录音录像声音、图像应当清晰稳定,被询问人面部应当清楚可辨,能够真实反映未成年被害人回答询问的状态。录音录像应当随案移送。

第三十九条　办案机关应当建立完善性侵害未成年人案件"一站式"办案救助机制,通过设立专门场所、配置专用设备、完善工作流程和引入专业社会力量等方式,尽可能一次性完成询问、人身检查、生物样本采集、侦查辨认等取证工作,同步开展救助保护工作。

《未成年人刑事检察工作指引(试行)》

第八条　【专用工作设施】人民检察院应当建立适合未成年人身心特点的未检专用工作室,配备同步录音录像、心理疏导、心理测评等相关办案装备和设施,为讯问、询问未成年人,教育感化涉罪未成年人和保护救助未成年被害人,司法听证、宣布、训诫提供合适场所和环境。

第一百二十六条　【地点选择】询问未成年被害人应当选择未成年人住所或者其他让未成年人感到安全的场所进行。

经未成年人及其法定代理人同意,可以通知未成年被害人到检察机关专设的未成年人检察工作室接受询问。

域外参考规定

《关于在涉及罪行的儿童被害人和证人的事项上坚持公理的准则》

30.专业人员应当以敏感的态度对待儿童被害人和证人,以便:

　　…………

(d)使用注意儿童敏感性的程序,包括专门为儿童设计的面谈室、在同一地点为儿童被害人配备的多学科综合服务、照顾儿童证人需要而重新配置的法院环境、儿童出庭作证期间休庭、在白天适合儿童年龄和成熟程度的时间安排庭审、确保儿童只在必要时出庭的适当的通知制度以及其他有利于儿童出庭作证的适当措施。

第五条　参与询问的机关和人员

（一）侦查人员和检察人员

询问未成年人，在侦查阶段和审查起诉阶段应当分别由公安机关的侦查人员和人民检察院的检察人员负责进行。询问时，在不同办案阶段负责询问的人员不得少于二人。

公安机关和人民检察院应当指定经过专门培训、熟悉未成年人身心特点、具有一定办理此类案件经验的侦查人员和检察人员办理性侵害未成年人案件，并加强对办案人员的培训和指导。

询问女性未成年人的，应当由女性办案人员进行。

为了使未成年人感到温馨、放松、安全、舒适，办案人员一般不穿着制服，被害人提出要求的除外。

根据案件具体情况，检察人员可以在侦查阶段以适当方式介入询问活动，提出意见、建议并开展法律监督。

（二）询问指导人员

根据案件具体情况，必要时可以邀请询问指导人员提供专业建议或咨询，并记录在案。询问指导人员可以是经过专门培训、熟悉未成年人身心特点并对办理此类案件有经验的侦查人员、检察人员或者具有社会学、心理学、教育学等资质的专业人员。

根据案件和场所的具体情况，询问指导人员可以通过隐蔽通信设备或其他适当方式进行指导，确保询问过程中获取有效陈述，提示询问遗漏的重要内容、细节或以适当的方式询问等。办案人员在询问中遇到问题时，也可通过适当的方式咨询询问指导人员。如果办案人员正在询问或者未成年人正在陈述，询问指导人员作出提示时应当避免分散办案人员和未成年人的注意力。

（三）有经验的专业人员

如果未成年人表现出紧张、恐慌、激动、抗拒等情形，侦查人员和检察人员应当及时引导、化解，必要时可以暂停询问，指派或者聘请熟悉未成年人身心特点的心理、教育、医疗等领域有经验的专业人员给予协助，待专业人员到场协助消除以上情形后再进行询问，并记录在案。

上述有经验的专业人员符合条件的,可以担任询问时在场的合适成年人。

(四)翻译人员

询问聋哑的未成年人,应当有通晓聋哑手势的人参加,并将相关情况记录在案。

询问不通晓当地语言文字的未成年人,应当配备翻译人员。翻译人员应当独立于未成年人家庭和社区,了解未成年人语言文化背景,能够准确翻译办案人员的问题与未成年人的回答。担任翻译人员前,办案人员应当向他们充分介绍在询问过程中的角色、职责以及其他相关事项。

条文主旨

本条是关于参与询问的主体的规定。明确不同的专门机关以及各类人员的相应职责及在询问过程中的相互关系,有助于保障询问未成年人顺利进行,减轻未成年人的心理精神压力,实现获取最佳证据和保护未成年人的双重目的。

条文释义

在询问时,公安机关和检察机关是询问主体,除此之外,根据案件情况,可以酌情安排询问指导人员、心理咨询师、医生、社工、翻译及其他必要人员参与询问。

(一)侦查人员和检察人员

其一,侦查人员和检察人员作为询问主体,应当经过专门培训,且熟悉未成年人的身心特点,只有这样才能更加了解未成年被害人陈述的特点,避免因一些看似"不符合常理"或"反常"的行为,如延迟报案、前后陈述不一致产生偏见,从而导致其陈述遭到排除。由专门的侦查人员和检察人员进行询问使得"不符合常理"或"反常"的行为获得理解,有助于揭示言词证据背后所反映的事实真相。其二,在询问女性未成年人时,应当由女性侦查人员或者女性检察人员进行,尽可能地减少询问活动对未成年人身心健康产生的不利影响,减少不同性别对未成年人陈述可能造成的负面影响,也更有助于获得准确的陈述。其三,侦查人员和检察人员分别在侦查阶段和审查起诉阶段进行询问,但在"一站式"办案救助机制中,由检察机关引导公安机关进行询问更易达成共识,双方通过良性互动有利于及时、全面、合法收集证据,查获犯罪嫌疑人,查明案件事实。其四,侦查人员和检察人员进行询问一般不穿着制服,保持询问环境的儿童友好性。

(二)询问指导人员

询问指导人员是指为询问活动提供建议、咨询或帮助的人员。询问指导人员虽然并不直接参与询问,但可以有效防止诱导性询问,指导办案人员根据未成年人的身心特点和案件情况全面和有针对性地进行询问。需要注意的是,询问指导人员在指导的过程中不能打断办案人员询问的思路以及办案人员与未成年人的交流。该款在最初的询问指引条文中被规定为"询问监督人",这种称谓与检察机关法律监督的身份或角色存在重叠,表述上也过于刚性,基于避免歧义以及在表述上更加贴合这类主体功能发挥的考虑,最终将其调整为"询问指导人员"。在司法实践中,有些实务部门已经配备了此类"询问指导人员",但具体称谓各不相同。譬如,北京市公安局海淀公安分局将这类主体叫作案件指导人,属于一种指导性质的监督,由专门人员负责担任,可能是民警(未成年人中队专门办理未成年人案件的民警),负责对所有涉及未成年人被性侵、被猥亵、被暴力伤害的案件进行指导。询问指导人员独立于本案的办案人员,既可以是有经验的侦查人员和检察人员,也可以是其他专业人员。

(三)有经验的专业人员

有经验的专业人员是指熟悉未成年人身心特点的心理、教育、医疗等领域的专业人员。这类人员的作用主要是:对于表达存在障碍的未成年人,辅助进行提问,确保措辞、语气得当,提问能够被未成年人所理解;或者未成年人存在一些生理或心理方面的问题,造成沟通障碍,通过专业人员的辅助,能够有效地让未成年人讲述他的经历,帮助未成年人与办案人员更好地沟通。未成年人的行为与陈述特征并不总是在办案人员知识和经验的范围内,因此相关的社会科学领域的专家扮演着"填补裁判者背景知识遗漏、矫正经验常识的误区"的角色。[①] 有经验的专

[①] See Liz. Kelly, Jo Lovett and Linda Regan, *A Gap or a Chasm? Attrition in Reported Rape Cases*, HORS 293 (Home Office Research, 2005); Louise Ellison, "Closing the Credibility Gap: The Prosecutorial Use of Expert Witness Testimony in Sexual Assault Cases", 9 *International Journal of Evidence and Proof* 239, 2005.

业人员必须忠实履行其职责,秉持公正的立场,不得向未成年人作出曲解或暗示性的解释。根据域外的相关经验,上述人员应当具有关于未成年人成长发展、个体和家庭动态、未成年人性侵模式、遭受性侵的信号或症状,以及各种心理测试的使用和限制等专业知识,且经过复杂的询问未成年人的行为训练,对侦查询问以及性侵指控方面的专业的文献资料有所了解。① 该款在最初的询问指引条文中参考域外经验规定为"中间人",即在未成年人与办案人员之间发挥中介作用的专业人员,基于减少歧义与明确主体的考虑,最后经调整修改为"有经验的专业人员"。有经验的专业人员在我国司法实践中较为典型的例子是具有相关知识和经验的专业心理咨询师和司法社工。符合条件的专业人员还可以担任合适成年人,与未成年人相互熟悉的专业人员作为合适成年人,能更好地发挥合适成年人监督、抚慰、沟通、教育等作用。

(四)翻译人员

对于聋、哑的未成年人,以及少数民族的未成年人,办案机关为其提供翻译有利于查清案情,正确处理案件,保证诉讼活动顺利进行。这也是我国《刑事诉讼法》的明确要求。办案机关在询问程序中应当为未成年人行使该项权利提供必要的帮助。

条文论证

(一)专门人员参与询问未成年人的必要性

在域外,未成年被害人通常被认为是"脆弱证人"(vulnerable witness)。"脆弱证人"一般是指其本身的"脆弱性"使其身体或精神处于不健全的状态的证人。除此之外,受到性侵害的未成年人更容易产生受侵害后的抵触心理,类似于心理学意义上的"创伤后应激障碍"(Post-Traumatic Stress Disorder, PTSD)。② 对于此

---

① See John E. B. Myers et al., "Expert Testimony in Child Sexual Abuse Litigation, Consensus and Confusion", 14 *UC Davis Journal of Juvenile Law and Policy* 1, winter 2010.

② 创伤后应激障碍又称延迟性心因性反应,是指患者在遭受强烈的或灾难性精神创伤事件后,延迟出现、长期持续的精神障碍。主要表现为:创伤性体验反复重现、对创伤性经历的选择性遗忘、回避易联想起创伤经历的活动和情境、自主神经过度兴奋、焦虑和抑郁等。参见中国就业培训技术指导中心、中国心理卫生协会组织编写:《心理咨询师(基础知识)》(修订版),民族出版社2012年版,第316页。

类案件的询问如果套用成年人的一般规则容易使未成年人产生抵触情绪,在陈述自身经历时出现选择性回避的现象。譬如,拒绝反复回忆创伤性体验、对创伤性经历的选择性遗忘、回避易联想起创伤经历的活动和情境。另外,"脆弱证人"的脆弱性不仅体现在其自身的脆弱,还体现在陈述的脆弱,主要包括以下三个方面:

第一,陈述容易出现不明确、不完整、反复以及不稳定等缺陷,在不同场合,面对不同的询问主体,可能作出不同的回答。研究表明,就记忆度而言,不同年龄的未成年人有不同的情形。8岁以下的未成年人知觉力尚不完整,而且越是低龄的未成年人其注意力越不容易集中,对于事件的感受也不那么深刻,因此其记忆的正确性较低,也就是记忆度较低。① 在记忆度较低的情况下,其记忆本身是否更容易受到外界刺激或者信息介入便成为一个危险的因素。

第二,未成年人容易受到暗示。一般认为,有以下几个因素会影响未成年人受暗示的有无及程度,主要包括:①未成年人本身的记忆模糊,而询问主体的地位较高或者未成年人对事件感到压力;②未成年人并非对不同事件都有相同的受暗示程度,他们对于人和物有较高的受暗示性,但是对事件的受暗示性较低;③如果能事先告知未成年人其被询问的问题可能是模糊的,那么他们可以较为充分地进行回答,这样可降低受暗示性。② 有研究显示,对于年龄较小的未成年人,如果连续不断地给予高度误导的发问,许多未成年人都会作出不正确的陈述。反之,如果不用诱导性的发问而向未成年人进行疲劳轰炸的话,则年龄较小的未成年人对于误导性的发问,通常也可以抗拒。③

第三,陈述的可靠性需要全面看待。未成年人的记忆能力和理解能力都不成熟,在极度焦虑的环境下可能出现虚假陈述的情形。不过,由于未成年人的

---

① 陈慧女、林明杰:《儿童性侵案件中的专家证人与儿童作证》,载《社区发展季刊》2003 年总第 103 期。

② See Irwin A. Horowitz et al., *The Psychology of Law: Integrations and Applications*, 2nd ed., Longman, 1998; Gwat-Yong Lie, Anjanette Inman, "The Use of Anatomical Dolls as Assessment and Evidentiary Tools", 36 *Social Work* 396, 1991.

③ See Gail S. Goodman et al., "Children's Testimony about a Stressful Event: Improving Children's Reports", 1 *Journal of Narrative Life History* 69, 1991.

圆谎能力也相对欠缺①,因此除非未成年人有很明确的故意说谎的动机或者在经过成年人的说教后说谎,否则此类案件尚不宜认定为未成年人(尤其是低龄未成年人)是捏造事实和故意说谎。

基于以上未成年被害人陈述的特殊性,必须由熟悉未成年人身心特点并受过专门培训的人员负责未成年人的询问。

(二)询问未成年人专业队伍建设的实践情况

实践中,有的地区公安机关建立了专门办理未成年人案件的警察队伍或者由派出所的专人办理。例如,2013年4月28日,广西壮族自治区钦州市钦南分局正式设立青少年警务工作办公室(后更名为未成年人警务科)。2014年7月,北京市公安局海淀分局就成立了全国首支独立编制的法制支队未成年人犯罪案件审理中队,专职受理、审理涉罪未成年人刑事案件、未成年人被侵犯人身权利案件及未成年人治安案件。2016年11月4日,江苏省淮安市公安局印发文件要求市县两级公安机关组建"未成年人案件专门办案组"。2016年9月、10月,江苏省江阴市、云南省昆明市盘龙区分别举行了专门的少年警务培训班,其后昆明盘龙公安分局于2018年4月组建了一站式取证中心女警专业询问队,五华分局则依托各个派出所组建了专门办理未成年人案件的民警人才库。此外,湖北省、河南省、陕西省等地也相继建立了少年警务组织或实现专人办理。② 上海市公安机关设置了办理未成年人案件的准入机制,要求办案民警具有一定资历和经验才能办理未成年人案件,有的辖区公安机关则建立了专门的少年警务中心。据报道,上海市公安局金山分局、城市轨道和公交总队都建立了"少年警务中心"专门负责办理未成年人刑事案件。

课题组调研的大多数地区的检察机关都会在侦查阶段就提前介入公安机关办理性侵害未成年人案件的侦查询问程序,指导公安机关询问未成年被害人和制作询问笔录,有的地区还会邀请心理专家、司法社工、合适成年人等参与对未成年被害人的询问过程,以提高询问质量和未成年被害人陈述的准确性,同

---

① 参见彭南元:《儿童性侵案件中儿童证人及专家鉴定之研究》,载《律师杂志》2000年总第253期。

② 参见宋英辉、何挺主编:《未成年人刑事案件诉讼程序研究综述》,中国检察出版社2019年版,第9页。

时对未成年被害人提供有针对性的链接服务,对未成年被害人开展全方位保护。昆明市盘龙区司法局将妇联、儿科医生、司法鉴定专家、社工、心理专家及教育专家等未成年人保护专业人员纳入资源库,形成综合保护专业团队,以多专业的资源整合来保障"一站式"办案救助机制的专业性,推动"一站式"取证保护中心实现从单一的"一站式"取证向一体办案救助的功能升级。太原市人民检察院与团市委、妇联、民政等部门合作,引进了爱帮青少年社会服务中心、心理教育团队等社会力量,实现了办案专业化、帮教社会化,参与的范围包括心理辅导、社会调查、合适成年人到场等。

关联条文

《中华人民共和国未成年人保护法》

第一百零一条 公安机关、人民检察院、人民法院和司法行政部门应当确定专门机构或者指定专门人员,负责办理涉及未成年人案件。办理涉及未成年人案件的人员应当经过专门培训,熟悉未成年人身心特点。专门机构或者专门人员中,应当有女性工作人员。

公安机关、人民检察院、人民法院和司法行政部门应当对上述机构和人员实行与未成年人保护工作相适应的评价考核标准。

《最高人民法院、最高人民检察院、公安部、司法部关于办理性侵害未成年人刑事案件的意见》

第三条 人民法院、人民检察院、公安机关应当确定专门机构或者指定熟悉未成年人身心特点的专门人员,负责办理性侵害未成年人刑事案件。未成年被害人系女性的,应当有女性工作人员参与。

法律援助机构应当指派熟悉未成年人身心特点的律师为未成年人提供法律援助。

第八条 人民检察院、公安机关办理性侵害未成年人刑事案件,应当坚持分工负责、互相配合、互相制约,加强侦查监督与协作配合,健全完善信息双向共享机制,形成合力。在侦查过程中,公安机关可以商请人民检察院就案件定性、证据收集、法律适用、未成年人保护要求等提出意见建议。

第九条 人民检察院认为公安机关应当立案侦查而不立案侦查的,或者被害人及其法定代理人、对未成年人负有特殊职责的人员据此向人民检察院提出异议,经审查其诉求合理的,人民检察院应当要求公安机关说明不立案的理由。人民检察院认为不立案理由不成立的,应当通知公安机关立案,公安机关接到通知后应当立案。

第二十三条第三款 询问女性未成年被害人应当由女性工作人员进行。

《最高人民法院关于适用〈中华人民共和国刑事诉讼法〉的解释》

第五百五十六条 ……未成年被害人、证人是女性的,应当由女性工作人员进行。

《人民检察院刑事诉讼规则》

第四百五十八条 人民检察院应当指定熟悉未成年人身心特点的检察人员办理未成年人刑事案件。

《公安机关办理刑事案件程序规定》

第三百一十九条 公安机关应当设置专门机构或者配备专职人员办理未成年人刑事案件。

未成年人刑事案件应当由熟悉未成年人身心特点,善于做未成年人思想教育工作,具有一定办案经验的人员办理。

《未成年人刑事检察工作指引(试行)》

第七条 【工作模式】人民检察院未检部门实行捕、诉、监、防一体化工作模式,同一个检察官或者检察官办案组负责同一刑事案件的审查逮捕、审查起诉、诉讼监督和犯罪预防等工作,以利于全面掌握未成年人案件情况和未成年人身心状况,有针对性地开展帮助、教育,切实提高工作质量和效果。

第一百三十条 【参与询问】对于性侵害等严重侵害未成年人人身权利的犯罪案件,可以通过提前介入侦查的方式参与公安机关询问未成年被害人工作。对询问过程一般应当进行录音录像,尽量避免在检察环节重复询问。

域外参考规定

《关于在涉及罪行的儿童被害人和证人的事项上坚持公理的准则》

25.专业人员应当制定并采取各种措施,以使儿童更易于提供证词或提供证据,从而加强审判前阶段和审判阶段的沟通和理解。这些措施可以包括:

(a)儿童被害人和证人方面的专家考虑儿童的特殊需要;

(b)包括专家在内的支助人员和适当的家庭成员在儿童出庭作证期间陪伴儿童;

(c)必要时指定监护人保护儿童的法律权益。

40.应当向与儿童被害人和证人接触的专业人员提供适当培训、教育和信息,以期改进和持久地采用专门的方法、做法和态度,有效而敏感地保护和应对儿童被害人和证人。

41.专业人员应当接受培训,包括在专门机构和服务部门接受培训,以便有效地保护和满足儿童被害人和证人的需要。

42.这种培训应当包括下述方面：

(a)包括儿童权利在内的有关人权规范、准则和原则；

(b)专业人员职务的准则和道德职责；

(c)发现针对儿童犯罪的迹象和征兆；

(d)危机评价技能和方法,包括转诊方法,侧重于保密需要；

(e)针对儿童的犯罪所造成的影响、后果(包括生理和心理方面的不利影响)和创伤；

(f)旨在协助儿童被害人和证人参与司法过程的特别措施和方法；

(g)跨文化和年龄相关的语言、宗教、社会和性别问题；

(h)成年人与儿童沟通的有关技巧；

(i)可尽量减少对儿童的任何创伤,同时又可尽量提高儿童提供的情况的质量的面谈和评价方法；

(j)以富有敏感性、通情达理、有建设性和令人感到宽慰的方式与儿童被害人和证人打交道的技巧；

(k)保护和出示证据以及诘问儿童证人的方法；

(l)与儿童被害人和证人打交道的专业人员的作用和所使用的方法。

43.专业人员应当尽力采取一种多学科和协作办法,协助儿童熟悉各种可利用的服务,例如被害人支援、维护、经济资助、咨询、教育、健康、法律和社会服务等。这种办法可以包括为司法过程的不同阶段制定的规程,以鼓励向儿童被害人和证人提供服务的各种实体之间开展合作,并进行有在同一地点工作的警察、检察官、医疗、社会服务人员以及心理学人员参加的其他形式的多学科工作。

第六条　询问方式

（一）询问态度

办案人员应当保持耐心,以和缓的语气询问被害人,避免表露个人情绪,禁止指责未成年人。同时,办案人员应当表现出自信并且有能力帮助被害人,让未成年人放心与信赖。

办案人员应尽量避免表现出权威性,防止未成年人作出顺从性回答。

（二）询问语言

应当采用与未成年人认知能力相符合的语言,使问题能够被未成年人充分理解。

>　办案人员应当更多地了解未成年人对词汇的使用和理解,并据此作出相应的调整(如了解未成年被害人如何称呼身体的各个部位,并在后续的询问中使用这些称呼)。
>　(三)禁止威胁、引诱或承诺奖励
>　办案人员不得以任何形式威胁或者引诱未成年人,也不得向未成年人承诺任何奖励。

 条文主旨

　　办案人员应当采取与未成年被害人身心特点相适应的询问方式,确保其充分理解问题的含义,并避免对其回答形成不当干扰,以保障其陈述的真实性。

 条文释义

　　办案人员对未成年被害人的态度应当既具有亲和力,又要克制个人情绪。主要来说,就是要避免三种错误倾向:一是流露出急躁、不耐烦、责怪等负面情绪,这会显著增加未成年被害人接受询问的心理压力,既可能会扩大二次伤害,也不利于获取准确全面的陈述;二是展现出冷冰冰、无所谓的态度,这会导致未成年被害人缺乏信任感,不愿意详细陈述被害过程;三是表现出无可置疑、不容商量的权威形象,这会产生一种较为压抑的询问氛围,致使未成年被害人作出迎合办案人员喜好的陈述而非真实陈述。

　　办案人员在询问过程中使用的语言应当与未成年被害人的认知能力相符合,从而确保问题能够被未成年被害人充分理解。对于未成年被害人的认知能力,办案人员应当充分考虑其年龄、成长环境和受教育程度等情况,结合初步沟通(参见本指引第15-17条)中对其理解能力和表达能力的了解,作出综合判断。在此基础上,办案人员还应当在询问过程中根据未成年被害人对问题的反应动态调整询问语言。

　　办案人员不得以任何形式威胁或引诱未成年被害人。这里的威胁既包括明示的语言威胁,也包括具有暗示性的语气、动作威胁;引诱既包括给予未成年被害人金钱或者其他财物的物质引诱,也包括利用亲情、友情等的情感诱导,例如"如果你这样回答我,你的爸爸妈妈就会认为你是最懂事的好孩子"。办案人员不得向未成年被害人承诺任何奖励,例如"你如果能在半小时内把事情经过说清楚,我就带你去吃麦当劳"。这都是为了减少未成年被害人受到的不当干扰,避免其作出有违事实情况的顺从性回答。

 条文论证

（一）规定特殊询问方式的原因

与成年人相比,未成年人在多个方面具有显著的特殊性。这种特殊性要求对未成年人的询问方式应当与成年人有所区别。第一,未成年人的理解能力和表达能力尚未发育完全,对问题的理解容易出现偏差,回答问题的方向也容易发生偏移。实践中,存在部分理解与表达能力较为低下的未成年被害人,例如年龄过小的未成年人、存在智力障碍的未成年人,这些未成年人可能在与办案人员交流时难以理解需要回答的问题,或者能够理解问题但不能用准确翔实的语言描述自己被侵害的过程,因此办案人员无法获取到足够的案件细节,侵害发生的经过也难以被客观地还原。有研究显示,对于年龄较小的儿童连续不断地给予高度误导的发问之后,许多儿童终究会作出不正确的陈述;反之,如果不用诱导性的发问而向受访儿童进行疲劳轰炸,则年龄较小的儿童对于误导性的发问,通常也可以抗拒。① 针对这一特点,办案人员应当在询问前充分了解未成年被害人的身心发展状况,在询问中采用与其理解能力、表达能力相符合的语言,确保其能够准确理解问题的含义;应当注意未成年被害人在回答中使用词语的习惯,尽量使用其熟悉的词语开展询问,以便于其理解和回应。

第二,未成年人对不良环境影响和外来压力尤为敏感,当他们身处不良环境或者面临一些成年人可以抗拒的压力时,可能会受影响和屈服。② 例如,未成年人的父母或者办案人员可能会在询问程序启动前或询问时对未成年人进行大量暗示,告知他们应当如何应答办案人员的提问,尽管这些暗示是出于对未成年人的关怀或对查明案件真相的追求,但实际上会对被询问未成年人的回忆

---

① See Gail S. Goodman et al., "Children's Testimony about a Stressful Event Improving Children's Reports", 1 *Journal of Narrative Life History* 69, 1991.

② 参见宋英辉、苑宁宁:《未成年人罪错行为处置规律研究》,载《中国应用法学》2019年第2期。

和陈述产生重大误导,导致未成年人陈述在很大程度上偏离事实。基于此,在询问未成年被害人时,办案人员应当注意使用正确的方式。具体来说,一方面,威胁、引诱或承诺奖励等故意诱使未成年被害人作出某种回答的手段应当被严格禁止,因为它们会严重破坏回答的真实性和准确性。另一方面,办案人员应当避免过于急躁、冷漠或者权威的询问态度,因为这些态度都会给未成年被害人造成一定的心理压力,使他们担心自己的回答是否会令办案人员满意。在这种担心的驱使下,未成年被害人可能会为了迎合办案人员而作出虚假陈述,从而损害其回答的可信性。

(二)采用恰当询问方式的保障措施

公安机关和司法机关应当采取一系列措施,保障办案人员能够使用恰当的方式询问未成年被害人。具体来说,主要有两个方面的措施:第一,应当安排熟悉未成年人身心特点的人员开展询问工作。由于身心发育尚不成熟,未成年被害人在接受询问时的状态通常与成年被害人差异较大,如果办案人员不熟悉未成年人的身心特点,那么询问方式就难以适应未成年人的特殊性。在英国,侦查阶段的询问主要由经过专业培训的警察负责。只有参与过"获取最佳证据培训"(achieve the best evidence training)的警察才有资格询问未成年被害人,且仅限于普通犯罪。而对于严重犯罪的未成年被害人的询问,则需要经过二级培训或三级培训才有资格进行。就我国而言,目前各级检察机关已经基本具有了负责涉及未成年人案件办理的专门机构或者专门人员,为办案人员在办案过程中长期接触未成年人并充分积累实践经验提供了制度保障。然而,受基层警力紧张且工作任务繁重等因素的影响,作为询问工作最主要承担者的公安机关还普遍没有形成专门针对涉及未成年人案件的稳定办案队伍。这导致熟悉未成年人身心特点的办案人员较为匮乏,在很大程度上限制了未成年被害人询问工作的质量提升。公安机关应当尽快推动涉及未成年人案件的集中统一办理,设置专门机构或者安排专门人员从事涉及未成年人的工作,从而培养出一支熟悉未成年人身心特点的专业队伍。

第二,应当加强相关培训,提升办案人员的询问技能。在荷兰,负责性侵害案件的警务人员首先需要接受基础培训(basic training),内容包括了解未成年人发展状况(未成年人心理、认知、记忆等内容)、司法询问的框架、询问的技能如使用情景恢复、自由回忆和提出后续问题等。在成功完成了上述基本课程后，还有"针对性虐待案件的弱势证人询问"培训课程，这个课程共有252小时的学分，分布在10个月，包括15天的课堂学习，3天询问培训，6次询问实践，1个练习询问日，2次考试和1次后续会议。在挪威，除了这种线上线下的课程学习外，挪威奥斯陆城市大学通过组建跨学科的项目组（包括心理学领域专家、未成年人保护领域专家、技术界人士并与警务部门加强合作）致力于研发一款帮助警务人员培训的机器人。机器模型能够对询问者的问题进行优质或者劣质的分类和评估，询问者只有看到反馈才能发现询问中的问题并进一步改善。询问受害未成年人是一项极其复杂的任务，除了需要办案人员学习基本知识，技能提升的关键就在于大量的训练并获得及时的反馈。询问技能一方面要靠实践中的不断积累，另一方面也可以通过培训得到提升。因此，公安机关和司法机关应当对从事未成年被害人询问工作的人员加强培训，增强他们对询问方式的准确认识，并帮助他们将心理学、教育学的相关知识熟练应用于询问工作中，以提升他们的询问技能。

关联条文

《最高人民法院、最高人民检察院、公安部、司法部关于办理性侵害未成年人刑事案件的意见》

第二十五条 询问未成年被害人应当问明与性侵害犯罪有关的事实及情节，包括被害人的年龄等身份信息、与犯罪嫌疑人、被告人交往情况、侵害方式、时间、地点、次数、后果等。

询问尽量让被害人自由陈述，不得诱导，并将提问和未成年被害人的回答记录清楚。记录应当保持未成年人的语言特点，不得随意加工或者归纳。

《未成年人刑事检察工作指引（试行）》

第一百三十一条 【语言方式】询问未成年被害人的语言要符合未成年人的认知能力，能够被未成年人所充分理解。

询问可以采取圆桌或者座谈的方式进行。

询问过程中要注意耐心倾听，让未成年被害人有充分的机会表达自己观点。尽可能避免程式化的一问一答取证方式，确保其陈述的连贯性和完整性。

对于未成年被害人提出的疑问或者法律问题，应当认真予以解释和说明。

第一百四十条 【不同策略】对不同年龄段的未成年人要采取不同的询问策略,防止机械、武断的成年人思维方式和行为伤害到未成年人的身心健康及合法权益。

第一百四十一条 【注意事项】询问中应当尽量使用开放性问题,便于未成年人自由叙述回答,以此获取准确信息。注意避免诱导性询问或者暗示性询问以及对同一问题的反复询问,防止其因产生熟悉感而作出虚假性陈述。对未成年人的回答,办案人员不得用明示或者暗示的方式予以赞赏或者表示失望。

域外参考规定

《关于在涉及罪行的儿童被害人和证人的事项上坚持公理的准则》

10.在整个司法过程中应当以关爱和敏感的态度对待儿童被害人和证人,考虑到他们的个人处境和紧迫需要、年龄、性别、伤残情况和成熟程度,并充分尊重他们的身体、精神和道德的完整性。

13.为了避免给儿童造成更多的痛苦,应当由受过训练的专业人员以敏感的、尊重人的和周密的方式进行面谈、检查和其他形式的调查。

41.专业人员应当接受培训,包括在专门机构和服务部门接受培训,以便有效地保护和满足儿童被害人和证人的需要。

42.这种培训应当包括下述方面:

……

(h)成年人与儿童沟通的有关技巧;

(i)可尽量减少对儿童的任何创伤,同时又可尽量提高儿童提供的情况的质量的面谈和评价方法;

(j)以富有敏感性、通情达理、有建设性和令人感到宽慰的方式与儿童被害人和证人打交道的技巧;

……

(l)与儿童被害人和证人打交道的专业人员的作用和所使用的方法。

第七条 询问次数

为了避免询问给被害人带来二次伤害,再次询问应当只在确有必要的情况下进行。"确有必要的情形"主要包括以下情形:

(1)出现之前的询问中未涉及的新的事实、证据或其他情况,导致与定罪量刑有关的关键证据、事实难以认定,又无法通过其他方式予以核实、查明真相,不得已需要再次询问的情形。(如犯罪嫌疑人、被告人有其他与本案有关的违法犯罪行为,或者犯罪嫌疑人、被告人供述中提到未成年人没有陈述的内容,对定罪量刑有重大影响的,又无法通过其他证据确认其真实性;未成年人回忆起遗忘的细节或者在第一次询问后发现自己身体、心理出现新情况而向办案机关提出。)

(2)未成年人在第一次询问过程中出现心理或情绪问题等特殊状况需要终止询问。未成年人的心理疏导完成或特殊状况处理后,根据专业人员的评估或建议,可以再次询问。

(3)检察机关发现询问笔录与录音录像的内容存在实质性冲突,且录音录像无法完整反映询问过程而必须再次询问的。

再次询问只针对对案件整体事实认定有影响的疑点进行,对案件整体事实认定没有影响的疑点不再重复询问。必要时,也可以根据未成年人实际情况进行相应的心理干预和情绪疏导。再次询问应当在符合前述要求的场所内进行。

条文主旨

办案人员应当控制询问次数,尽量一次完成询问,再次询问应当仅在确有必要的情况下进行,最大程度减少询问活动对未成年被害人的二次伤害。

条文释义

在询问次数方面,办案人员应当尽量一次完成。在首次询问后,若因询问内容不全面、不详细或有新情况出现而产生了再次询问的需求,办案人员不应当草率地启动再次询问,而应当对再次询问的需求进行仔细评估。如待询问问题可能会对被追诉人的定罪量刑产生实质影响,则可以认为再次询问具有必要性;如待询问问题不会对被追诉人的定罪量刑产生影响或者这种影响极其微弱,那么再次询问就缺乏必要性。再次询问的启动必须以上述评估为基础,以具有必要性为前提。值得注意的是,再次询问必要性是再次询问启动的必要不充分条件。如果未成年被害人对再次询问极其抗拒,经评估再次询问可能会对未成年被害人造成难以弥补的伤害,且难以通过心理干预和情绪疏导等手段显著避免这种伤害,那么即使再次询问具有必要性,在最有利于未成年人原则的指导下,再次询问也不应启动。在再次询问确可启动的情况下,再次询问的内容也应与首次询问不同。对于首次询问已经明确的内容,再次询问时不应重复,而应只就与定罪量刑有关的存疑事实进行询问,以尽量缩短再次询问的时长,减少对未成年被害人的伤害。

 条文论证

无论是从心理学的相关理论出发,还是从办案的现实需要角度考虑,办案人员都应当尽量一次完成对未成年被害人的询问。

第一,在接受询问过程中反复回忆和陈述被害经历,对未成年被害人具有显著的伤害性。遭受性侵害这一经历本身就会给未成年人带来多方面的深刻创伤。[①] 这些创伤需要在专业的心理疏导和良好的生活环境中逐渐愈合和消解。在这样的情况下,如果办案人员多次询问未成年被害人,要求其反复回忆和陈述被害经历,则不仅不利于创伤的恢复,还会进一步加深这种创伤。这有悖于最有利于未成年人原则的基本要求。

第二,在未成年被害人多次接受询问的过程中,其所在家庭会受到显著的负面影响,从而对其所需的家庭支持造成损害。面对自己的孩子遭受性侵害这一事件,大多数家长都会经历一个痛苦的挣扎期。在此期间,他们可能会经历震惊、否认(不相信)、愤怒、悲伤和决定解决等不同阶段。如果家长不能很快从前面的阶段中走出来,及时进入决定解决阶段并给未成年被害人提供充足的情绪支持和家庭保护,那么未成年被害人所受的创伤就会更加难以抚平。[②] 在多次询问的情况下,家长可能不得不在一段时间内反复带着未成年被害人前往询问地点,并多次听到未成年被害人的被害细节。这很可能会重复性地引发家长的愤怒和悲伤情绪,不仅加深他们自身的心理创伤,还损害他们对未成年被害人的支持力度,不利于未成年被害人尽快恢复正常的生活状态。

[①] 研究发现,遭受性侵害的未成年人不仅要承受身体上的伤害,还可能会出现创伤后应激障碍、发展性创伤障碍(Developmental Trauma Disordor,DTD)等一系列心理创伤,产生童年依附关系受损、人际关系困难、自我感毁损、认知扭曲,以及生理功能、认知功能、情绪调节功能、行为调节功能等诸多方面的失调。参见龙迪:《综合防治儿童性侵犯专业指南》,化学工业出版社 2017 年版,第 21-55 页。

[②] 参见龙迪:《综合防治儿童性侵犯专业指南》,化学工业出版社 2017 年版,第 77 页。

第三,未成年人尤其是低龄未成年人的理解能力、表达能力较弱,易受外界因素干扰,且记忆消退较快。如果办案人员在多次询问中反复询问同一问题,他们很可能会作出不一致的回答。从办案的角度讲,这会使办案人员面临两难境地:如果不对这种不一致之处进行核实,那么未成年被害人所作陈述的证明力就会受到质疑;如果对其进行核实,那么办案人员又不得不再次询问未成年人,更深地陷入反复询问的泥潭。因此,基于办案的现实需要,办案人员也应当努力追求高质量的一次性询问,以准确固定言词证据。

关联条文

《中华人民共和国未成年人保护法》

第一百一十二条　公安机关、人民检察院、人民法院办理未成年人遭受性侵害或者暴力伤害案件,在询问未成年被害人、证人时,应当采取同步录音录像等措施,尽量一次完成;未成年被害人、证人是女性的,应当由女性工作人员进行。

《最高人民法院、最高人民检察院、公安部、司法部关于办理性侵害未成年人刑事案件的意见》

第二十三条第二款　询问未成年被害人,应当采取和缓的方式,以未成年人能够理解和接受的语言进行。坚持一次询问原则,尽可能避免多次反复询问,造成次生伤害。确有必要再次询问的,应当针对确有疑问需要核实的内容进行。

《未成年人刑事检察工作指引(试行)》

第一百二十九条　【次数限制】询问未成年被害人应当以一次询问为原则,尽可能避免反复询问造成二次伤害。公安机关已询问未成年被害人并制作笔录的,除特殊情况外一般不再重复询问。

域外参考规定

《关于在涉及罪行的儿童被害人和证人的事项上坚持公理的准则》

31.专业人员还应采取措施:

(a)限制面谈次数:应当采用特别程序向儿童被害人和证人取证,以减少面谈、陈述、庭审,特别是与司法过程的不必要接触的次数,采取的办法包括使用事先录制的录像;

……

第八条 询问时间

询问未成年人应当在案发后及时进行,并根据未成年人的情况,尽可能减少对未成年人及其家庭正常生活的影响,兼顾未成年人保护与证据获得。除非紧急情况,一般应当避免在夜间进行询问。

询问时长可以根据未成年人接受询问时的心理状态、情绪变化等实际情况进行调整,避免对其身心造成负面影响,保证询问活动顺利进行。询问中应当保证饮食和必要的休息时间,并将相关情况记录在案。

 条文主旨

办案人员应当选取恰当的询问时机,合理控制询问时长,以缓解未成年人的疲惫、焦虑和紧张情绪,保障询问取得良好效果。

 条文释义

在询问时间的选取和确定方面,同样应当充分体现对未成年被害人的保护。在传统办案思维中,询问时间往往基于诉讼效率和便利办案的考虑来确定,被害人通常是被动配合的一方。但是对于询问未成年被害人来说,诉讼效率和便利办案不应当成为首要考虑的因素。在最有利于未成年人原则的指导下,办案人员应当选取最有利于保护未成年人的时间开展询问工作。一方面,应当恰当选取询问时机。询问时机的选取应当考虑多方面的因素,既保证办案人员在询问前有充足的时间做好准备,又不能拖延过久,致使未成年被害人的记忆消退或者模糊;还应当选取未成年被害人精力充沛、状态良好的时间段,如无紧急情况不得在夜间进行询问。另一方面,应当合理控制询问时长。询问时间过长会使未成年被害人一直处在紧张的状态中,造成身心疲惫;询问时间过短又会导致提问过于密集而加剧未成年被害人所承受的压力,且无法保证充分的休息时间。这就要求办案人员在充分评估未成年被害人身心状态和案件具体情况的基础上准确把握询问节奏,合理控制询问时长,确保询问工作能够在宽紧适度的氛围中进行。

条文论证

在询问过程中,办案人员应当准确把控询问时间,这不仅是保护未成年被害人的必然要求,也会对询问效果产生关键性影响。

第一,从保护未成年人的角度讲,办案人员准确把控询问时间能够有效地减少未成年被害人在询问过程中所承受的负面影响。接受询问本就是一件会使未成年被害人感到疲惫、焦虑和紧张的事情,如果办案人员对询问时机和询问时长的把控不合理,那么未成年被害人的疲惫感、焦虑感和紧张感就会更为严重。例如,与成年人相比,未成年人尤其是低龄未成年人的入睡时间较早,且需要的睡眠较多,夜间接受询问对他们的负面影响明显更大。因此,除极为紧急的情况外,办案人员不应在夜间询问未成年人。又例如,未成年人能够集中注意力的时间长度显著短于成年人,长时间的持续询问与他们的身心特点不相适应,因而办案人员应当为未成年人安排适当的休息时间。对于低龄未成年人,办案人员还应当为其留出一定的游戏时间,以缓解他们的疲惫、焦虑和紧张情绪。

第二,从提升询问效果的角度讲,办案人员准确把控询问时间对获取良好的未成年被害人陈述具有关键性作用。在尽量一次完成询问的要求下,询问未成年被害人的机会非常珍贵。办案人员如果在这一次询问中不能很好地把控询问时间,导致未成年被害人在疲惫的状态下或者在带有严重负面情绪的状态下接受询问,就很难取得良好的询问效果。一方面,这对办案人员的综合判断能力提出了很高的要求。在确定询问时机时,办案人员既要考虑案件整体的进展情况,也要考虑未成年被害人当前的心理状态和情绪状态,从而综合确定一个最为合适的时间进行询问。另一方面,这要求办案人员在询问过程中对未成年被害人的心理状态进行仔细观察和准确判断。由于存在害怕、紧张等情绪,且认知能力和表达能力尚未发育成熟,未成年被害人在接受询问的过程中感到不舒服时,可能并不会明确提出。因此,办案人员必须能够通过未成年被害人的语气、神态、表情、动作等信息对其状态进行观察和判断。在发现未成年被害人状态不佳时,及时中止询问,让其得到充分的休息,并对其进行适当的情绪安抚。

关联条文

《未成年人刑事检察工作指引(试行)》

第一百二十七条 【时间要求】询问未成年被害人的时间应当以不伤害其身心健康为前提。

询问不满十四周岁未成年人,由办案人员根据其生理、心理等表现确定时间,每次正式询问持续时间一般不超过一小时,询问间隔可以安排适当的休息。

询问过程中,应当根据未成年被害人的心理状态、情绪变化等实际情况,及时调整询问节奏,避免对其身心造成负面影响,保证询问活动顺利进行。

第九条 询问记录

（一）询问笔录

办案人员应当全面、如实记录询问过程。前期建立信任关系的过程可以进行适度的归纳和概括,但涉及案情的部分应当原话如实记录,保留未成年人陈述的原始语言。如果未成年人使用的是方言,或者是未成年人特有的语言,可以用括号以普通话注明。询问过程中,对于未成年人的情绪反应(如哭泣、叹气、长时间沉默、愤怒、过激反应等)也应当记录在案,并在笔录上注明录音录像所对应的时间点,方便后续诉讼环节的办案人员进行核实。在询问中所使用的图画、图片、照片、符号、玩偶等辅助工具应当在笔录中如实记录,包括如何引入、引入的时间、如何使用等。法定代理人等在场人员的解释、插话等也应当如实记录。

询问完毕后,询问笔录应当交未成年人、到场的法定代理人或者其他合适成年人阅读或者向其宣读(如不具有相应阅读或理解能力)。笔录记载有错误的,未成年人及其法定代理人或者合适成年人可以提出补充或者改正。笔录没有错误的,应当签名或者盖章(捺指印)。

询问笔录应当与录音录像保持一致;对于不一致的地方,以录音录像为准。

（二）录音录像

询问未成年人时,应当全程同步录音录像。录音录像应当不间断进行,保证录音录像的全面性和完整性,不得选择性地录制,不得剪辑、删改。询问

> 开始前,办案人员应当做好录音录像的准备工作,对询问场所及录音录像设备进行检查和调试,确保设备运行正常。
>
> 录音录像应当自正式询问开始时进行录制,至未成年人及其法定代理人或者其他合适成年人核对询问笔录、签字捺指印后结束。询问笔录记载的起止时间应当与询问录音录像资料反映的起止时间一致。
>
> 录音录像应当反映询问整体场景及声音,图像应当清晰稳定并显示被询问未成年人的面部表情。在办案场所以外的地方询问时,也应当符合上述要求。有条件的地方,可以通过画中画技术同步显示办案人员正面画面。

 条文主旨

一方面,为落实"询问尽量一次完成"或获得最佳证据的要求,虽然未成年被害人的陈述有其特殊性,与成年人相比存在重点不突出等特点,但办案人员应当对未成年人陈述进行准确、全面的记录。另一方面,办案人员应当通过录音录像,全面呈现未成年人作出陈述时的状态、神色、语气等,从而加强陈述的可信性。

 条文释义

(一)询问笔录

首先,书面笔录中,权利告知条款应当简化,并以未成年人可以理解的方式呈现。必要情况下可以使用图片、动画形象等辅助询问人员进行权利告知。权利告知条款应当有在场合适成年人或法定代理人的签名。在笔录中,应当注明包括社工、法定代理人、合适成年人在内的参加询问的所有人员的姓名及其身份。

其次,为询问所做的准备工作应当记录在案。案卷材料中应当概括性描述被询问人的特征,包括:年龄与性别,受教育情况,智力与身体发育情况是否有缺陷,父母情况(如是否离异、双亲工作情况等)等。

再次,对于未成年人的陈述应当如实记录,保留未成年人的原始语言,不能概括或者使用成人化表述。未成年人的陈述与成年人差异较大,例如未成年人在陈述某个词汇时可能会过度延伸词语的意思，或者形成自己的独特语言表达。概括记录未成年人的陈述或者使用成人化表述反而会曲解未成年人的"本意"，不利于发现案件事实真相，对追诉犯罪造成一定的障碍。

最后，询问结束后，笔录应当交被询问人及其在场合适成年人核对，对于没有阅读能力的，应当向他宣读。如果记载有遗漏或者差错，被询问人及其监护人可以提出补充或者改正。笔录没有错误的，应当签名或者盖章。办案人员也应当在笔录上签名。被询问人因年幼不能签名或者盖章的，可以注明之后捺印。询问被害人的录音、录像应当在案件提请逮捕、审查起诉、提起公诉时同步移送。

（二）录音录像

同步录音录像要求即时对询问全过程、连贯地运用录音录像设备进行记录。其一是全过程性，即从询问开始至询问结束必须全程记录；其二是连贯性，即记录必须是一个连续的过程，不得通过拼接、裁剪、中途关闭等破坏录音录像的连续。

同步录音录像既要保证画面记录的全过程、连贯性，也要保证声音记录的全过程、连贯性。因而，本条强调录音录像应"反映询问整体场景与声音"。其中，整体场景包括询问环境、参与询问人员及其位置、询问场所相关配置等；整体声音主要包括被询问人的声音、询问人的声音、其他参与人的声音以及播放作为证据的音频的声音，尤其要确保录音录像能够同步呈现未成年人陈述时的声音、话语与相应的表情，以为后续办案机关对被害人陈述进行审查判断提供依据。

条文论证

（一）询问笔录的记录

被害人陈述是刑事诉讼法规定的法定证据种类之一，尤其是在性侵害案件中，犯罪行为具有隐蔽性，往往出现被害人延迟报案的情况，导致客观证据灭失。因而，此类案件被害人的陈述对认定案件事实具有至关重要的作用，办案人员在制作询问笔录时，应当减少语言的加工，尽量如实地记录未成年被害人的陈述，对未成年人作出的陈述不应当过多概括。询问笔录要保持未成年人的语言风格和特点,不要把未成年人说的话记成成年人的话,造成人为的失真。未成年人对生殖器官、犯罪行为等的描述往往受限于自身的阅历、知识,描述所用的语言是否符合自身阅历、是否能够反映未成年人的身心特征,都是判断其陈述是否可信的重要依据。在司法实践中,一些询问笔录对未成年人的表述进行了过度概括而在笔录中呈现出与其年龄不相符的成人化表达,反而削弱了被害人陈述的可信度进而影响到准确的定罪量刑。

(二)录音录像的重要性

在我国,证人出庭作证的情况比较少见。而在性侵害未成年人案件中,被害未成年人出庭陈述更加难以实现。作为直接言词原则中情态表达的补充,对陈述的传闻记录有必要在一定程度上还原未成年被害人在询问中的神态举动、心理状态等,这有利于增加陈述的可信性。另外,也便于被告人与辩护人针对被害人陈述进行质证与抗辩,保障被告人的对质权。

陈述过程的录音录像对于了解陈述的环境、陈述人的心理与情绪状态、陈述的前后语境与外部压力有重要作用,而通过对上述要素的了解,可以更好地帮助审判人员判断陈述的真实性、可靠性。

更重要的是,《未成年人保护法》与《刑事诉讼法》中都对性侵害、暴力伤害案件中的未成年被害人询问作出了同步录音录像的要求。因而,同步录音录像是相关案件询问的应有之义。显然,全过程、连贯性是同步录音录像的基本要求,询问录音录像若不存在连贯性或录制不完整,就不能称之为"同步"。

(三)被害人陈述过程的情绪、表情等内容的重要性

在未成年人被害的案件中,被害人在作出陈述时的情绪表现对于判断陈述的可信性有重要作用。记录被害人陈述的一些细节问题时,办案人员需要将未成年被害人的语气停顿、犹豫以及情绪反应等都记在笔录当中,并在录音录像中有相对应的记录。作出陈述者的"法庭表现"与其陈述可信性的联系是直接言词原则背后的重要原理。这种联系的关键在于,无意识的法庭表现可以判断作出陈述者自身对其陈述的态度是否真诚——若说话者自己都不相信自己的陈述,此陈述为真的概率一般不高。因而,不可否认作出陈述的人在陈述时的态度、神情等将影响他人对其陈述可信性的判断。法官通过观察被告人的表

现,可以获取正确的心证。同理,可以通过被害人在陈述中的表现,判断其陈述是否具有真实性。审查陈述中的表现,既包括陈述者的表情动作,也包括陈述者长时间语塞、沉默等其他反应。此外,从自我调控的发展趋势上看,情绪的自我调控不是先天拥有的,随着未成年人年龄的增长、个体情绪管理的能力会逐渐增强。① 成年被害人的情绪管理能力较强,其能够较好地控制自己的情绪表达,即使其表现出某种情绪的时候,法官也难以判断其是否出于真意。但对于情绪管理能力较弱的较低龄的未成年人,其有更多的情感流露,也极少有未成年人具有能够"以假乱真"的情绪管理能力。因此,在性侵害案件中未成年被害人作出陈述时,其情绪、表现等都应当给予更多的重视。而且,基于实现尽量一次询问的目标以及性侵害未成年被害人原则上不出庭作证的要求,检察机关和审判机关办理案件时均需要通过情绪、表情等方面进行审查判断,这些内容的记录更具有必要性。

关联条文

《中华人民共和国未成年人保护法》

第一百一十二条 公安机关、人民检察院、人民法院办理未成年人遭受性侵害或者暴力伤害案件,在询问未成年被害人、证人时,应当采取同步录音录像等措施,尽量一次完成;未成年被害人、证人是女性的,应当由女性工作人员进行。

《最高人民法院、最高人民检察院、公安部、司法部关于办理性侵害未成年人刑事案件的意见》

第二十四条 询问未成年被害人应当进行同步录音录像。录音录像应当全程不间断进行,不得选择性录制,不得剪接、删改。录音录像声音、图像应当清晰稳定,被询问人面部应当清楚可辨,能够真实反映未成年被害人回答询问的状态。录音录像应当随案移送。

《最高人民法院关于适用〈中华人民共和国刑事诉讼法〉的解释》

第五百五十六条 询问未成年被害人、证人,适用前条规定。

审理未成年人遭受性侵害或者暴力伤害案件,在询问未成年被害人、证人时,应当采取同步录音录像等措施,尽量一次完成;未成年被害人、证人是女性的,应当由女性工作

---

① 刘晓峰:《情绪管理的内涵及其研究现状》,载《江苏师范大学学报(哲学社会科学版)》2013年第6期。

人员进行。

《人民检察院刑事诉讼规则》

第四百九十条　人民检察院办理侵害未成年人犯罪案件,应当采取适合未成年被害人身心特点的方法,充分保护未成年被害人的合法权益。

《未成年人刑事检察工作指引(试行)》

第十七条　【区别对待】人民检察院办理未成年人刑事案件,应当区别于成年人,充分考虑未成年人的身心特点、认知水平,在事实认定、证据采信、罪与非罪、此罪与彼罪、情节把握等方面,提出有针对性的意见。

第十条　法定代理人或者其他合适成年人到场

(一)到场人员的确定

询问未成年人,应当依法通知其法定代理人或者其成年亲属、所在学校的代表、社会工作者等到场,并听取有表达意愿与能力的未成年人的意见。对于未成年人希望到场的前述人员应当优先考虑通知其到场。

(二)通知法定代理人以外其他合适成年人的情形

法定代理人存在以下情况,应当通知其他合适成年人到场,并记录在案:

(1)因客观原因不能到场;

(2)经通知明确拒绝到场;

(3)未成年人有正当理由拒绝法定代理人到场;

(4)法定代理人曾对未成年人实施性侵害、遗弃等行为,或者拒不履行抚养义务;

(5)是本案的犯罪嫌疑人、被告人,或者与犯罪嫌疑人、被告人有密切关系,或者是本案或关联案件的被害人;

(6)被发现有包庇、窝藏本案犯罪嫌疑人、被告人或毁灭、隐藏证据行为;

(7)可能是了解案件情况的证人;

(8)其他不能或者不宜到场的情形。

(三)法定代理人不适宜在场的情形

通知到场的法定代理人原则上应在场陪同未成年人接受询问、见证、监督询问过程,维护未成年人合法权益。但具有以下情形的法定代理人不得在场:

（1）阻扰询问活动正常进行(如插话、不遵守询问秩序等)，经劝阻不改，严重影响询问正常进行；

（2）实施影响未成年人陈述真实性的行为；

（3）可能对未成年人心理造成伤害或者导致未成年人情绪失控，不配合询问；

（4）未成年人有正当理由拒绝其在场，经劝说仍然拒绝。

前款情况下，根据法定代理人请求，在不对未成年人带来不利的情况下，可以让法定代理人通过适当方式在分隔开的区域内观看询问。

（四）其他合适成年人

其他合适成年人的到场与在场条件，参照法定代理人的相关要求。

（五）中途更换在场人员

询问过程中，需要更换在场人员的，应当将更换的具体原因、人员信息、时间等记录在案，更换人员以前的询问笔录仍然有效。

 条文主旨

确定恰当的合适成年人人选到场可以达到保证询问程序顺畅进行、保护未成年被害人合法权利、给予未成年被害人心理支持等效果。

区分法定代理人在场与法定代理人到场的情形，一方面肯定了法定代理人的固有权利，另一方面也满足了法定代理人与未成年被害人双方的心理需要。

 条文释义

本条主要规定了法定代理人到场的人选限制，并区分了到场与在场两种情况。在场是指法定代理人依据现行法律中关于合适成年人的规定，作为合适成年人临场陪同未成年被害人进行询问。到场不在场是指法定代理人不具有不到场情形，但在到场后出现一些事由使其临场陪同询问效果不好，因而使其不在场但在可以观察到询问情况的其他场所远程履行其合适成年人职责的情况。关于具体人选的确定，应作以下理解：

（一）到场人员的确定

对于到场人员的通知顺位，按照《刑事诉讼法》的规定应当优先通知法定代理人，在无法通知、法定代理人不能到场或者法定代理人是共犯的情形下，才通知其他合适成年人到场，而《未成年人保护法》在通知到场的规定上并未进行先后区分，在通知法定代理人或者其成年亲属、所在学校的代表等合适成年人到场的顺序上为并列关系。本指引在通知顺位上同样采取并列方式，不再区分先后顺序，规定询问未成年人，应当依法通知其法定代理人或者其成年亲属、所在学校的代表、社会工作者等到场。对于人选范围，"所在学校的代表"可以包括该学校的负责人、学生所在年级的负责人、所在班级的负责人。对于听取未成年人意见，办案人员应当就到场人选事先充分征求被询问人的意见，并在尊重其意志的基础上进行选任。结合被询问人意见，办案人员应当从是否可能干涉询问、是否可能妨碍案件办理等方面全面评估法定代理人是否适合在场。

办案人员进行权利告知时，应当同时向在场的法定代理人或者合适成年人进行告知，特别要向在场法定代理人解释他们的地位与作用。向其明确其主要职责是陪护、监督和帮助未成年人理解提问内容，不得对被询问人进行与案件事实有关的话语提示，不得干扰询问。

（二）通知法定代理人以外其他合适成年人的情形

因客观原因不能到场主要包括因路途遥远、个人健康或其他特殊情况，不能够到场或者到场需要付出较高成本。拒不履行抚养义务通常是指离异后有能力给付但经抚养方多次请求不给付抚养费用。未成年人有正当理由拒绝法定代理人到场主要基于未成年人的个人情况进行考虑，如果未成年人提出法定代理人存在一些特殊情形不适宜通知到场并具有合理性和正当性，则符合这一情形。与犯罪嫌疑人、被告人有密切关系主要是直系亲属关系或其他联络极为密切、在场可能影响未成年被害人陈述的关系。

（三）法定代理人不适宜在场的情形

影响未成年人陈述真实性的行为包括故意扰乱、混淆未成年人的陈述、做引诱性的发言、坚决否定未成年人的陈述等。未成年人拒绝其在场的正当理由，包括前款不得到场的正当事由，也包括未成年人碍于羞耻、自尊而不能在其在场的情况下陈述等理由。

条文论证

(一)关于合适成年人的确定

未成年被害人的独立人格应当在司法程序中得到尊重,其中,未成年人表达意见及关切并得以被听取的权利尤为重要,这一点在联合国相关决议中也得到支持。因此,在确定合适成年人的过程中,也应当将未成年人对人选的意见作为重要考量。

现有《刑事诉讼法》相关规定明确,询问未成年被害人,应当适用与未成年犯罪嫌疑人、被告人同样的规定。因此,在询问未成年被害人时,同样应当通知未成年被害人的法定代理人到场。无法通知、法定代理人不能到场或者法定代理人是共犯的,也可以通知未成年被害人的其他成年亲属,所在学校、单位、居住地基层组织或者未成年人保护组织的代表到场,并将有关情况记录在案。到场的法定代理人可以代为行使未成年被害人的诉讼权利。未成年被害人明确拒绝法定代理人以外的合适成年人到场,且有正当理由的,可以准许,但应当在征求其意见后通知其他合适成年人到场。

一般来说,由于亲子之间的特殊联系,应当认为法定代理人在询问中具有被选任为合适成年人的优先权。这也是因为亲子之间的联系能够促使合适成年人更好地履行其职责。

结合合适成年人到场制度保证询问程序顺畅进行、保护未成年被害人合法权利、给予未成年被害人心理支持的初衷来看,人选的选任应当充分尊重未成年被害人的意愿。须知,若非符合被害人心理期待的人在场,则难以有效实现制度效果。但同时,人选选任也必须考量到是否可能干涉询问、是否可能妨碍案件办理、在场是否能够起到更好的询问效果等方面。在未成年被害人没有表明意愿或者对选定的人反对不明确情况下,也可以根据案件情况指定能够获得更好询问效果的人选担任合适成年人。

此外,由于性侵害未成年人的案件多发生于家庭、邻里等内部环境中,合适成年人可能是犯罪嫌疑人、被告人的家庭成员或是关系较为密切的邻居,因而合适成年人与犯罪嫌疑人、被告人的亲密关系值得关注。那么,能否据此限制与犯罪嫌疑人、被告人有亲密关系的人到场呢？对于这一问题，我们认为不能一概而论，而是应当对亲密关系进行个案考量。譬如，在父亲实施性侵的案件中，如果通过对家庭结构与关系的考察，发现母亲对父亲的依附性较强，母亲不但不能保护未成年人的合法权益，甚至可能是侵害行为的帮凶，那么询问的时候母亲就不合适在场。

（二）关于通知法定代理人以外其他合适成年人的情形与法定代理人不适宜在场的情形

本条最初有两个方案：一是妨碍调查或者对未成年被害人风险较低（但仍存在相当风险）的适用到场不在场，对于风险较高的则不能选为合适成年人。二是对于事前存在风险的人不能选任为合适成年人，对于事中出现风险的则适用到场不在场。经探讨后认为第一种方案太过复杂，且可执行性不高，因而选用了第二种方案。

一般来说，到场后发现合适成年人临场询问效果不好，如果再更换合适成年人，会导致询问的拖沓，乃至对未成年被害人造成二次伤害。此外，对于到场的法定代理人，陪同未成年人并维护其权利是其固有的权利，也是双方的感情需要。如果为了询问效果就让到场的合适成年人完全不能参与询问，势必会激化矛盾。

因此，为了在保护被害人与侦破案件事实中取得好的效果，也为了满足法定代理人与未成年被害人的心理需要，对于一些情况可以适当妥协，在其不能干涉询问的情况下允许其有限地参与询问。在更换合适成年人的情况下，由于询问笔录是在合适成年人在场时制作的，所以询问笔录仍然有效。

关联条文

《中华人民共和国刑事诉讼法》

第二百八十一条　对于未成年人刑事案件，在讯问和审判的时候，应当通知未成年犯罪嫌疑人、被告人的法定代理人到场。无法通知、法定代理人不能到场或者法定代理人是共犯的，也可以通知未成年犯罪嫌疑人、被告人的其他成年亲属，所在学校、单位、居住地基层组织或者未成年人保护组织的代表到场，并将有关情况记录在案。到场的法定代理人可以代为行使未成年犯罪嫌疑人、被告人的诉讼权利。

到场的法定代理人或者其他人员认为办案人员在讯问、审判中侵犯未成年人合法权益的,可以提出意见。讯问笔录、法庭笔录应当交给到场的法定代理人或者其他人员阅读或者向他宣读。

讯问女性未成年犯罪嫌疑人,应当有女工作人员在场。

审判未成年人刑事案件,未成年被告人最后陈述后,其法定代理人可以进行补充陈述。

询问未成年被害人、证人,适用第一款、第二款、第三款的规定。

《中华人民共和国未成年人保护法》

第一百一十条 公安机关、人民检察院、人民法院讯问未成年犯罪嫌疑人、被告人,询问未成年被害人、证人,应当依法通知其法定代理人或者其成年亲属、所在学校的代表等合适成年人到场,并采取适当方式,在适当场所进行,保障未成年人的名誉权、隐私权和其他合法权益。

人民法院开庭审理涉及未成年人案件,未成年被害人、证人一般不出庭作证;必须出庭的,应当采取保护其隐私的技术手段和心理干预等保护措施。

《最高人民法院、最高人民检察院、公安部、司法部关于办理性侵害未成年人刑事案件的意见》

第二十三条 询问未成年被害人,应当选择"一站式"取证场所、未成年人住所或者其他让未成年人心理上感到安全的场所进行,并通知法定代理人到场。法定代理人不能到场或者不宜到场的,应当通知其他合适成年人到场,并将相关情况记录在案。

询问未成年被害人,应当采取和缓的方式,以未成年人能够理解和接受的语言进行。坚持一次询问原则,尽可能避免多次反复询问,造成次生伤害。确有必要再次询问的,应当针对确有疑问需要核实的内容进行。

询问女性未成年被害人应当由女性工作人员进行。

域外参考规定

《关于在涉及罪行的儿童被害人和证人的事项上坚持公理的准则》

七、获知权

19.儿童被害人和证人、他们的父母或监护人和法律代表从第一次与司法过程打交道而且在整个司法过程中都应当被迅速而充分地告知以下方面的情况,但以可行和恰当为限:

(a)是否提供健康、心理、社会和其他有关方面的服务以及利用这些服务并在适当情况下获得法律或其他咨询或代理、赔偿和紧急资助的途径；

(b)成年和少年刑事司法程序，包括儿童被害人和证人的作用、提供证据的重要性、时机和方式，以及在侦查和审判期间进行"诘问"的方式；

(c)为儿童提出申诉和参与侦查和法院程序而提供的现有支助机制；

(d)庭审和其他相关步骤的具体地点和时间；

(e)是否提供保护措施；

(f)对影响儿童被害人和证人的判决进行复审的现有机制；

(g)根据《儿童权利公约》和《为罪行和滥用权力行为受害者取得公理的基本原则宣言》儿童被害人和证人享有的相关权利。

20.此外，儿童被害人、他们的父母或监护人和法律代表应当被迅速而充分地告知以下方面情况，但以可行和恰当为限：

(a)具体案件的进展情况和处理情况，包括被指控人的逮捕和拘押情况以及此种情况即将发生的任何变化、检察机关的决定和审判后的有关变化发展以及案件的结果；

(b)通过司法过程、通过替代的民事诉讼程序或通过其他渠道从罪犯或从国家获得赔偿的现有机会。

八、表达意见和关切的权利

21.专业人员应当尽一切努力使儿童被害人和证人能够就其参与司法过程有关的问题表达自己的看法和关切，其办法包括：

(a)确保就上文第19段中提出的事项听取儿童被害人并在适当情况下听取证人的意见；

(b)确保儿童被害人和证人能够自由地并以其自己的方式就其参与司法过程、他们对涉及被告的安全问题的关切、他们愿意提供证词的方式以及他们对司法过程结论的感受表达其看法和关切；

(c)适当考虑到儿童的看法和关切，如果专业人员和其他相关者无法满足这些关切，应向儿童解释原因。

《为执法官员举办的关于如何对待儿童受害者和犯罪儿童证人的培训方案》

E.选择最合适的专业人士

选择合适的专业人员对于保障儿童的权利以及儿童参与司法程序的质量和证词的质量非常重要。选择专业人员时应考虑以下方面：

培训和经验：专业人员应具有参与儿童受害者和证人访谈的经验；以前应该对儿童-敏感性的交谈或咨询进行过广泛的培训，并且应该能够与儿童建立融洽的关系。

性别:专业人员的性别是需要被考虑的重要方面。这并不意味着儿童受害者/证人自然而然地应由同性工作人员告知相关信息、由同性工作人员进行访谈。重要的是让儿童选择是否要接受女性或男性的访谈。

年龄、文化和种族背景:专业人员的这些特征可能会影响儿童的参与和与儿童的沟通。如果儿童能够发现该专业人员与儿童自身有文化上的或者种族背景上的共同点,那么这将有利于儿童的参与。然而,这可能会因为儿童的个性以及事件的背景或情况而有很大差异。

第十一条　年龄

具体案件中应当根据未成年人个体的发展情况,对其生理、心理年龄和发育程度进行实质性的判断。一般区分为三个年龄阶段,在不同年龄阶段需要注意如下问题:

(一)2—7岁

(1)在询问时可能需要父母等熟悉的人提供协助,或由父母转述未成年人所表达的意思。若需要熟悉的人参与询问,需要告知其询问原则、询问目的、询问流程等事项,使他们清楚自己在询问中的角色。

(2)这一年龄阶段的询问对象,对于其中年龄幼小的,应使用简短的语句,以"一问一答"的对话方式进行。问题应该尽量简单,每个问题只能包含一个要点。对于其中年龄稍大的,可以鼓励其自行陈述,不轻易打断其陈述,对于其中需要进一步解释的,在陈述后让其作出解释。

(3)对相对抽象概念的询问,例如数字、时间等,需要考虑未成年人的认知能力和表达能力。低龄未成年人难以准确说出犯罪嫌疑人等相关人员的身高、体态、相貌、犯罪时间等细节,可以参照未成年人熟悉的时间、人、事物获得相对性的信息。如①位置信息("后面""前面""下面""上面"等),需要让未成年人解释这些词语的含义;②时间信息,可以使用令人难忘的或经常发生的事件作为参考标记,例如生日、幼儿园或家庭的作息;③对于身高、体重、年龄等信息,可以参照未成年人熟悉的时间、人、事物对其进行询问。

(二)7—12岁

(1)需要判断该年龄段未成年人是否能回忆并完整叙述具体事物或某一

事件(任何一件未成年人提到的活动,或者就近发生的事情)。如果能够完整叙述,可以按照正常询问指引进行询问,若不具备该能力,则需要参照2—7岁年龄段询问的注意事项进行询问。

(2)办案人员应当对这一年龄段未成年人的作证能力进行前置审查,可以询问一些与案件无关的常识问题,以判断其能否辨别是非、能否正确表达。

(三)12—17岁

(1)在询问前核实其与犯罪嫌疑人或被告人的关系及日常交往情况。

(2)核实未成年人年龄是否已满12周岁或14周岁。

此年龄段未成年人容易受到父母、老师、同伴等外界因素的干扰,不如实或虚假陈述的可能性与2—12岁未成年人相比更高。应当单独询问其是否需要或同意法定代理人在场,询问过程中也要避免在场的法定代理人插话、干扰作证。

 条文主旨

未成年人与成年人相比,心智发展还未完全成熟,而不同年龄阶段的未成年人也具备不同的发展特点。本条设计拟根据不同年龄段的不同特点采用不同的询问方法,目的是兼顾未成年人权益保护与确保未成年人能够提供准确的陈述。

 条文释义

认知能力指的是理解和处理信息、解决问题以及进行思考和学习的能力。在刑事诉讼中,对未成年人的作证能力进行评估时,认知能力是指未成年人在案件相关信息上的理解、记忆和分析能力。

表达能力指的是以口头或书面形式有效地传达思想、观点和意见的能力。对于未成年人而言,表达能力包括他们是否能够用适当的语言、词汇和语法表达自己的想法,以及能否清晰地表达事件、情感和观察。

与案件无关的常识问题指的是为了评估未成年人的基本认知和表达能力,而与具体案件无关的问题(参见表1-1)。

表 1—1　与具体案件无关的问题

与具体案件无关的问题概述	举例
基本身份信息	询问未成年人的姓名、年龄、家庭成员等基本身份信息,以确保其理解和记忆能力
日常活动和熟悉场所	询问未成年人平常在哪里上学、在家里做什么、喜欢去的地方等,以验证未成年人对自己的日常活动和熟悉场所的认识
颜色、形状和数量	询问未成年人一些与案件无关的关于颜色、形状和数量的问题,例如让他们描述一个红色的苹果或是几个圆形的球
季节和天气	询问未成年人关于季节和天气的问题,例如询问未成年人最近是夏天还是冬天,或是询问某一天的天气状况
基本社交礼仪	询问未成年人关于基本社交礼仪的问题,例如如何与他人打招呼、感谢别人或是请求帮助等

通过询问这些问题,办案人员可以判断未成年人是否理解问题的意义、能否准确回答,并评估他们在提供陈述时的可靠性。需要注意的是,问题的选择应该根据未成年人的年龄和发展水平来确定,以确保问题的合理性和适当性。

条文论证

根据皮亚杰认知发展阶段论①,未成年人分为四个发展时期:

第一时期为感知运动阶段(0—2 岁)。该年龄段相当于婴儿期,还不具备语言沟通能力和认知因果关系的能力,仅能通过动作和叫声来作出一些回应,并感知事物的存在,用自己形成的启动模式原始地去认识自己所见到的事物或事件。这一年龄段未成年人的特征是不能在概念上去"思维",但不得不采用某种行为去"思维",也就是用动作来"思维"。

第二时期为前运算阶段(2—7 岁)。这一年龄段的未成年人尽管已经具备了心理表征和使用语言的能力,不过主要的认知活动还要靠感觉运动来支持,他们已经可以使用简单的语言、数字对事件及物体进行描述,但由于逻辑思

---

① 尹忠泽:《论皮亚杰儿童认知发展理论中的辩证法思想》,载《山西师大学报(社会科学版)》2006 年第 3 期;李友莉:《皮亚杰认知发展理论对小学数学教学的启示》,载《现代教育科学》2019 年第 2 期。

考能力不足,会想象出一些虚幻的人、事、物,往往难以分清想象与真实。这一阶段未成年人思维的一个特点是自我中心线,即只能从单方面观察、描述一个物体。另一个特点是知觉集中倾向,即未成年人只能注意到情境的一个方面,不能认识事物的可逆性。这一年龄段,皮亚杰提出在未成年人语言行为前期的发展中基本上有两个时期。第一时期,未成年人的语言是自我的,皮亚杰称之为独白期。这种语言以缺少真实的交流为特征。在第二时期(6岁、7岁前)语言变成了交际性的语言,以交流为特征。

第三期为具体运算阶段(7—12岁)。这一阶段未成年人具有了组织完备的认识系统,构成了此年龄段未成年人认识和感知的基础,但这一时期未成年人认识系统倾向于处理具体的事物或事件,在处理数字、空间、时间等概念上以及区分现实与想象能力上都已经有了较大的发展。同时,由于逻辑思考能力的提升,他们可以从不同的角度展开对问题的思考,以自我为中心的现象开始减少,未成年人的思考过程变得逐步逻辑化。皮亚杰称之为逻辑行为期,也就是说未成年人开始了逻辑思维过程(行为),能够更有逻辑地解决问题。未成年人不再受感知的局限,开始关注感知和意义的相互转换方面,因而发展了合作性、非自我的交流。这时,未成年人第一次变成了社会人。

第四时期为形式运算阶段(12—15岁)。这一阶段未成年人的思维接近成年人的思维水平,即可在头脑中将形式与内容分开,凭借假设和推论进行逻辑推演的思维。形式运算使未成年人不受时间和空间的限制去认识和把握事物的发展规律。

基于以上心理学领域的研究,本指引对刑事诉讼中可能询问的被性侵害未成年人大致区分了三个年龄段。2岁以下未成年人因处于婴儿期,其不具有交际能力或处于交际能力初期,这个年龄阶段的未成年人因不具备作证能力不满足作为刑事诉讼证人的要求,因此本指引中对于年龄的划分不包括2岁以下未成年人。同时,15—18岁与12—15岁没有太突出的差别,因此在年龄划分时也将其合并,最终将12—17岁作为年龄的一个阶段,17岁指的是不满18岁。同时,三个年龄阶段存在交集,如果被询问的未成年人为12岁,则需要参照7—12岁、12—17岁未成年人阶段性特点,具体判断其更符合哪一阶段的特征。需要说明的是,有关未成年人年龄段对于其作证能力的影响在研究和实践中均存在较大的争议,也有不同的年龄阶段划分,本指引采用其中最为通用的划分方式。同时,具体个案中的未成年人的实际作证能力还需要进行个案评估,年龄段的划分只是提供了大致的分类与指向。

2—7岁未成年人的突出特点表现为:其一,该年龄段未成年人可能非常依恋熟悉的人,比如父母,与不熟悉的成年人单独在房间里接触会使得其变得焦虑。其二,该年龄段未成年人在使用数字和时间方面可能会遇到困难,当被问及某事多久发生一次时,该年龄段未成年人有可能会任意选择一个数字并在后续询问中对其更改。未成年人在能够准确使用小时、日期、月份之前,只了解它们的名称,因此该年龄段未成年人在被询问"什么时候发生"的时候,他们的回答可能会是随机的。其三,该年龄段未成年人在同一时间只能专注于一个要点,且只能理解简单的问题,因此若办案人员过长地描述事实或陈述问题,该年龄段未成年人可能只会捕捉其中一句话或一个问题,甚至可能完全无法理解问题。其四,该年龄阶段为未成年人语言发展的独白期和交流初期,并不具备与他人交流的能力,需要尽量使其自由叙述。[1] 其五,该年龄段未成年人注意力不容易集中,对于事件的感受也不那么深刻,因此,该年龄段的未成年人对于事件的记忆正确性较低,也就是记忆度较低。[2] 总体而言,在对该年龄段未成年人询问中,需要特别关注其在场人员、询问方式、询问内容。

7—12岁未成年人的突出特点表现为:其一,该年龄段未成年人比学龄前未成年人更熟练地使用语言,并具有更好的推理能力。其二,该年龄段未成年人仍然难以理解复杂的句子与专业术语。其三,该年龄段未成年人在认知和道德发展方面都取得了较大的发展。他们意识到对事件的评价存在不同的观点,因此,该年龄段未成年人回答问题时可以考虑更多的要点。其四,该年龄段未成年人建构了逻辑思维,能够初步推理和解决问题,以及预测事件、

---

[1] The Scottish Government, Guidance on Joint Investigative Interviewing of Child Witness in Scotland, available at: https://www.gov.scot/binaries/content/documents/govscot/publications/advice-and-guidance/2011/12/guidance-joint-investigative-interviewing-child-witnesses-scotland/documents/0124263-pdf/0124263-pdf/govscot%3Adocument/0124263.pdf, 2024-07-29.

[2] 陈慧女、林明杰:《儿童性侵案件中的专家证人与儿童作证》,载《社区发展季刊》2003年总第103期。

预见事件的后果。① 因此,对于该年龄段未成年人而言,需要首先判断该年龄段未成年人是否能回忆并完整叙述具体事物或某一事件,若不具备该能力,则需要参照 2—7 岁年龄段询问的注意事项进行询问。同时,办案人员也需要对该年龄段未成年人的作证能力进行前置审查。

12—17 岁未成年人的突出特点表现为:其一,该年龄段未成年人已经非常接近成年人的语言水平,但仍可能对一些法律术语产生误解。其二,该年龄段未成年人非常注重自我身份的发展,通常非常具有自我意识,并且对他人的看法十分敏感。其三,该年龄段后期未成年人基本可以准确地估计时间、距离和身体尺寸。他们相较于低龄未成年人有更好的时间感。② 因此,对于该年龄段未成年人而言,在语言水平方面可以参照成年人询问,但也需要关注其对于专业词汇的理解,同时关注其自我意识和社会关系可能对其陈述真实性的影响。需要特别提示的是,在本年龄段需要重点核实未成年人是否已满 14 周岁,以满足罪名区分的需要。

关联条文

《最高人民法院、最高人民检察院、公安部、司法部关于办理性侵害未成年人刑事案件的意见》

第二十五条第一款　询问未成年被害人应当问明与性侵害犯罪有关的事实及情节,包括被害人的年龄等身份信息、与犯罪嫌疑人、被告人交往情况、侵害方式、时间、地点、次数、后果等。

第三十条第一款　对未成年被害人陈述,应当着重审查陈述形成的时间、背景,被害人年龄、认知、记忆和表达能力,生理和精神状态是否影响陈述的自愿性、完整性,陈述与其他证据之间能否相互印证,有无矛盾。

第三十一条　对十四周岁以上未成年被害人真实意志的判断,不以其明确表示反对或者同意为唯一证据,应当结合未成年被害人的年龄、身体状况、被侵害前后表现以及双方关系、案发环境、案发过程等进行综合判断。

---

① 参见联合国毒品和犯罪问题办公室、联合国未成年人基金会 2015 年发布的《为执法官员举办的关于如何对待儿童受害者和犯罪儿童证人的培训方案》。
② 同上。

域外参考规定

《关于在涉及罪行的儿童被害人和证人的事项上坚持公理的准则》

7.准则的制订顾及到以下诸方面：

……

(b)认识到儿童易受损害,需要得到与其年龄、成熟程度和个人特殊需要相当的特别保护；

……

《为执法官员举办的关于如何对待儿童受害者和犯罪儿童证人的培训方案》

2.3.3 以儿童—敏感性的方式询问儿童受害者和案件证人

在访谈儿童被害人和证人时一些事项特别重要：理解发展的不同阶段、访谈的结构以及访谈中的主要注意事项。

2.3.3.1 理解发展的不同阶段

每个孩子都是独一无二的,诸如社会环境、教育、文化等因素会影响他的能力和发展。儿童发展的阶段表明儿童在某个年龄通常能拥有的能力。但是,专业人士应注意,处于新环境中和/或因经历过犯罪等而感到沮丧的孩子可能会退步至较早的发展阶段。这意味着孩子可能无法理解问题的信息,也无法准确回答他或她可能早已(相比于当前的发展阶段)能够理解并回答的问题,即使在威胁较小的环境中。

学龄前儿童(约4至6岁)

- 儿童,尤其是学龄前儿童,在使用数字和时间方面可能会遇到困难。他们经常会在不知道如何计数之前背诵数字,以及在对记忆中的事件进行计数之前就能够对物体进行计数。因此,当被问及某事多久发生一次时,孩子可以任意选择一个数字并在每次访谈中对其更改。这可能导致陈述不一致,这不是因为孩子在说谎,而是因为他或她没有完全理解数字的概念。

- 类似地,孩子们在能够准确使用小时、日期、月份之前,会学习它们的名称。因此,事实上,年幼的孩子随机回答时,对时间问题的回答对于访谈员来说可能听起来很准确。

- 幼儿的推理也不同于成年人,这可能导致答案看起来很奇怪或不准确。

- 幼儿在同一时间只能专注于一个要点。因此,问题应该保持简单,每个问题只能包含一个要点。

学龄儿童(约6至13岁)
- 学龄儿童比学龄前儿童更熟练地使用语言,并具有更好的推理能力。但是,他们可能仍然难以理解更复杂的句子。另外,应避免使用专业术语。最好使用孩子自己使用的词语,如果孩子不理解该问题,则可以改编问题。
- 在学龄阶段,儿童在认知和道德发展方面取得了可观的收获。他们意识到了不同的观点,这使他们可以考虑更多的要点。他们建构了逻辑思维,这有助于他们推理和解决问题,以及预测事件并预见事件的后果。

青少年(大约13至18岁)
- 一般而言,年轻的青少年非常接近成年人的语言水平。但是,法律术语可能仍会被误解。
- 青少年会产生强烈的正义感。他们可以考虑道德操守,并回答有关行为对错的问题。
- 在青少年后段时期,孩子们可以准确地估计时间、距离和身体尺寸。他们相较于年幼的孩子有更好的时间感。
- 考虑青少年的社会情感能力的发展以及他们的脆弱性是非常重要的。青少年非常注重自我身份的发展,因此通常非常具有自我意识并且对他人的看法十分敏感。

第十二条 特殊询问对象

办案人员应当综合考虑未成年人的身心状况,在询问过程中关注特殊未成年人的需求。对于特殊询问对象,如患有精神疾病、发育迟缓等认知能力低下的未成年人以及有残疾的未成年人,询问时应当注意场所环境、人员、方式、时间、辅助工具的运用、信任关系的建立等方面的特殊性。

(一)心理年龄测评

询问前进行心理年龄测评,根据心理年龄推测其认知发展水平,参照与其心理年龄相仿的未成年人进行询问,即以认知能力的同等程度为标准,而不是在实际年龄方面的相当程度。

(二)广泛收集相关信息

在询问前阶段广泛收集与未成年人相关的信息,如关于未成年人身心特点的信息,为有经验的专门人员介入询问提供便利;向熟悉该疾病的专家就如何根据未成年人的特殊需求调整询问寻求建议,如询问特殊词汇、询问环境、询问在场人员、询问时长等。

（三）询问时间

为正式询问安排符合未成年人需求的询问时间，在询问时灵活把握询问时长。

（四）重点关注特殊未成年人所具备的能力

若未成年人不能通过语言沟通，可以通过玩偶、图画、肢体语言等方式进行询问。

（五）询问环境

能够容纳特殊设施（如轮椅等）。

（六）询问问题

询问问题应该用简单的方式表达，使用未成年人能够理解的语言或者方式，避免专业、抽象的词汇或概念；每个问题都应该简短且仅限于一点；在某些情况下，未成年人可能会不理解抽象的概念，因此办案人员需要仔细考虑如何设计问题。

条文主旨

特殊的未成年人可能由于精神疾病、认知能力低下或残疾等原因，对信息的理解和表达能力有限。为了保护他们的权益，在询问时应采用适合他们特殊需求的方法，以确保他们能够参与诉讼过程，并尽可能准确地进行陈述。

条文释义

"患有精神疾病的未成年人"包括各种类型的精神疾病，如抑郁症、焦虑症、注意力缺陷多动障碍（Attention Deficit and Hyperactive Disorder，ADHD）、孤独症谱系障碍（Autism Spectrum Disorder，ASD）、精神分裂症等。这些精神疾病会对未成年人的认知、情绪和行为产生显著的影响，需要在询问过程中特别关注该类未成年人的特殊需求和处理方式。

"认知能力低下的未成年人"指的是在智力发展或认知功能方面相对于同龄人而言存在明显差异或延迟的未成年人。这可能包括有智力障碍、学习障碍、发育迟缓、孤独症谱系障碍等未成年人，该类未成年人可能在记忆、理解、思维、语言、解决问题和学习能力等方面受限或有困难。

"心理年龄测评"指的是通过对个体的心理、认知、情绪等方面进行评估,以确定其在心理发展上的相对成熟程度。心理年龄测评通过采用各种心理测量工具和评估方法,以客观和系统的方式来评估个体的心理年龄,并与其实际年龄进行比较,从而提供对其心理发展水平的量化评估和描述。心理年龄测评常用于心理学、教育学和临床实践中,帮助了解个体的心理发展状况以提供个性化的干预或教育计划。

"未成年人相关的信息"是指与未成年人有关的各种信息。这些信息可能包括个人身份信息、家庭背景、教育情况、心理发展、法律权益保护等方面的内容,收集未成年人相关的信息是为了了解和处理未成年人的特殊需求,以便为他们提供适当的支持和保护。

 条文论证

(一)询问特殊对象的注意事项

特殊的未成年人可能由于精神疾病、认知能力低下或残疾等原因,对信息的理解和表达能力有限,与其他未成年人可能存在差异。在对该类未成年人进行询问时应当结合具体情况采用不同的询问方法,例如提供额外的时间、使用简化的语言、视觉辅助工具或其他适当的方式,帮助他们理解问题并表达自己的观点。

1.心理年龄测评

实验研究表明,心理年龄水平在评估未成年人心智发展水平、认知能力等方面时是一个比较好的指标。未成年人的心理年龄实际上是通过与同龄人相比的"智商得分"来确定的,因此未成年人心理年龄的确认方式实质上也明确了未成年人在某项任务上或者在发展上可能处于哪个年龄阶段的未成年人。① 在对特殊的未成年人进行心理测评后,一方面可以将心理测评年龄作为其真实年龄,将心理测评年龄结果对应至各年龄阶段的未成年人的询问要点中;另一方

---

① See M. E. Lamb, D. J. La Rooy, L. C. Malloy & C. Katz eds., *Children's Testimony: A Handbook of Psychological Research and Forensic Practice*, 2nd ed., Wiley-Blackwell, 2011, p. 252.

面可以将各年龄段询问要点以及特殊的未成年人询问要点结合。

2.广泛收集相关信息

在询问前阶段广泛收集与未成年人相关的信息以及向专家寻求建议的目的是更好地了解未成年人的身心特点和特殊需求,以便在询问过程中进行相应的调整和提供支持。这样做可以帮助办案人员采取更恰当的询问方式,包括使用适合未成年人理解的语言和方式,调整询问环境,确保在场人员的适宜性,以及合理安排询问的时长。通过获取专业建议和了解特殊需求,可以提高办案人员对特殊未成年人的理解以及优化各方沟通效果,促进其有效参与刑事诉讼过程。

3.询问时间

特殊未成年人可能不具备持续的注意力和集中力,或者在心理和情绪方面更容易疲劳和受到压力。因此,过长或过于紧张的询问过程可能会影响他们的情绪稳定和表达能力,进而对他们产生不良影响。合理控制询问的时长可以确保未成年人能够在充分的状态下提供相对更为准确的陈述。这意味着办案人员应当根据特殊未成年人的能力和需求,合理安排询问的时间,并注意观察他们的反应和疲劳程度。如果未成年人表现出疲劳、焦虑或其他不适,办案人员应该给予适当的休息时间或调整询问的进程,以确保他们能够在最佳状态下进行陈述。此外,患有精神疾病或残疾的未成年人可能需要更多的时间来理解问题、组织思维和表达信息。适当延长询问的时长可以给予他们充足的时间来回答问题。关注询问的时间可以在尊重他们的能力和需求前提下,帮助患有精神疾病或残疾的未成年人在充分准备和适当的状态下提供准确的陈述。

4.重点关注残疾或疾病未成年人所具备的能力

其一,某些未成年人可能无法通过正常的语言沟通方式来有效表达事件经过。办案人员应了解不同未成年人的沟通障碍并寻找适合的替代性沟通方式,例如使用肢体语言、图画、符号、写作或其他辅助工具来帮助他们表达。其二,精神疾病或残疾可能影响未成年人的认知能力,包括记忆、理解、逻辑推理和问题解决等方面。办案人员应了解他们的认知水平,并相应地调整询问方式和问题难度,以确保他们能够理解问题并提供准确的回答。其三,患有精神疾病或残疾的未成年人可能更容易受到情绪波动、焦虑或压力的影响。在询问过程中,办案人员需要特别关注他们的情绪状态,提供支持和安抚,并确保他们在平静和安全的环境中接受询问。其四,患有不同精神疾病或残疾的未成年人可能需要不同的额外支持和辅助,如专业人员的陪同、心理辅导、特殊设备或其他适当的帮助。办案人员应与相关专家合作,确保提供适当的支持和资源。其五,残疾或患有疾病未成年人会因为残疾或疾病的不同,出现理解困难、表达困难等问题,但也因残疾或疾病可能在某一方面表现出较强的能力。例如,患有唐氏综合征的未成年人可能存在语言问题、口头短期记忆困难,并且由于表达语言困难而难以理解,然而他们对视觉和空间细节的回忆可能相对较强。患有孤独症谱系障碍的未成年人可能在记忆个人和/或社交事件以及表达自己方面存在困难,由于不具备正常的语言能力和社交能力,他们在表达事件经过时可能更加客观。患有威廉姆斯综合征的未成年人可能具备突出的语言技能,但他们回忆和理解视觉、空间细节或概念的能力可能较弱。[1] 通过重点关注患有精神疾病或残疾的未成年人所具备的能力,办案人员可以更好地利用其优势,减少询问困难,这样做不仅能够保护特殊未成年人的权益,还有助于更高效地获得可靠的陈述。

5.询问环境

其一,患有精神疾病或残疾的未成年人可能更容易受到外界环境的影响,需要额外关注其安全。其二,舒适和放松的环境可以帮助患有精神疾病或残疾的未成年人放松情绪,减少焦虑和紧张感。办案人员应考虑提供适宜的环境条件,如舒适的座位、适宜的温度和光线等,以提供一个让未成年人感到安心和舒适的环境。其三,询问环境应该营造一个专业和支持性的氛围,让患有精神疾病或残疾的未成年人感到被尊重和理解。其四,办案人员应当展现出友善、耐心和同情心,给予未成年人足够的时间和空间来回答问题,鼓励他们发表自己的意见和感受。

6.询问问题

其一,患有精神疾病或残疾的未成年人可能在理解和沟通方面存在困难。使用简单的方式表达问题和使用他们能够理解的语言或方式可以帮助他们更

---

[1] M. E. Lamb, D. J. La Rooy, L. C. Malloy & C.Katz eds., *Children's Testimony: A Handbook of Psychological Research and Forensic Practice*, 2nd ed., Wiley-Blackwell, 2011, p. 251.

好地理解问题的含义,并提供更有效的回答。这有助于确保他们能够充分参与询问过程,表达自己的经历和感受。其二,一些患有智力障碍或其他认知障碍的未成年人可能在言语短期记忆方面存在困难。因此,每个问题应该简短且集中于一个具体的点,避免过多的信息负荷,以确保他们能够记住问题并提供准确的回答。其三,患有精神疾病或残疾的未成年人可能对抽象概念的理解存在困难。一些概念如"信任""昨天""明天""热""冷""软"等可能对他们来说较为抽象。办案人员需要考虑到这一点,并选择更具体和直接的语言来描述问题,以确保未成年人能够准确理解并回答问题。

(二)国内实践现状与域外法律参考

国外实际上将患有精神病、残疾等未成年人与低龄未成年人一样,都作为一种"脆弱证人",在询问时对其施加特殊保护。需要说明的是,国外对于脆弱证人的定义并不仅限于低龄未成年人或患有精神疾病、残疾未成年人,本部分仅归纳概括与患有精神疾病、残疾等未成年人与认知能力低于通常未成年人相关的条文,旨在呈现不同国家划定与判断这部分群体的依据(参见表1-2)。

表1-2 不同国家划定与判断患有精神疾病、残疾等未成年人与认知能力低于通常未成年人群体的依据

英国《1999年少年司法与刑事证据法》(The Youth Justice and Criminal Evidence Act 1999)第16条和第17条	第一,在作证时不满17周岁的证人。第二,因智力障碍、身体残疾、患有精神疾病或其他疾病,法院认为可能影响证言质量的证人。 (证言的质量指证言的完整性、连贯性和准确性。连贯性指的是证人回答问题的能力。不仅指证人能够回答对其提出的问题,而且指其证言能够被公众所理解。)
《加拿大刑法典》第486.2条和第486.3条	第一,18岁以下的证人或由于身体或精神上的原因作证困难的证人; 第二,采用一般的作证方式不利于完整地、准确地陈述案件事实的证人。 在认定上述脆弱证人时,法官应当考虑证人的年龄、证人的精神障碍或身体残疾、犯罪的性质、证人与被告人的关系以及其他相关因素。

（续表）

《日本刑事诉讼法典》157条之二、第157条之三、157条之四等	在询问可能会因为不同原因受到影响的证人时，需要考虑的范围包括证人的年龄、证人的精神状况或身体状况等。
《意大利刑事诉讼法典》第498条第4款	未成年人。因患有精神疾病、年幼或残疾而害怕作证的证人以及因出庭作证对健康产生危害的证人。
《俄罗斯刑事诉讼法》第191条	规定了未成年人参与讯问、对质、辨识与供述的特点，该条规定在未满16周岁的未成年人刑事被害人或者证人，抑或达到该年龄，但罹患精神障碍或者心理发育滞后的未成年刑事被害人或者证人参与讯问、对质、辨识以及供述的情况下，教师或者心理学家必须参与。在上述侦查行为中有已满16周岁的未成年人参与的，是否邀请教师或者心理学家参与的事宜由侦查官斟酌处理。

根据目前的调研，我国实践中对于精神状况调查的主要目的为判断未成年人是否由于性侵产生精神伤害，为后续帮扶、救助奠定基础。对于询问是否需要特殊保护，实践中主要以实际年龄来判断，精神疾病、发育迟缓等认知能力低下的未成年人以及有残疾的未成年人的特殊询问需要还未被作为重点关注的领域。

关联条文

《最高人民法院、最高人民检察院、公安部、司法部关于办理性侵害未成年人刑事案件的意见》

第三十条第一款 对未成年被害人陈述，应当着重审查陈述形成的时间、背景，被害人年龄、认知、记忆和表达能力，生理和精神状态是否影响陈述的自愿性、完整性，陈述与其他证据之间能否相互印证，有无矛盾。

《最高人民法院关于适用〈中华人民共和国刑事诉讼法〉的解释》

第八十条 下列人员不得担任见证人：

（一）生理上、精神上有缺陷或者年幼，不具有相应辨别能力或者不能正确表达的人；

（二）与案件有利害关系，可能影响案件公正处理的人；

（三）行使勘验、检查、搜查、扣押、组织辨认等监察调查、刑事诉讼职权的监察、公安、司法机关的工作人员或者其聘用的人员。

对见证人是否属于前款规定的人员,人民法院可以通过相关笔录载明的见证人的姓名、身份证件种类及号码、联系方式以及常住人口信息登记表等材料进行审查。

由于客观原因无法由符合条件的人员担任见证人的,应当在笔录材料中注明情况,并对相关活动进行全程录音录像。

第八十七条 对证人证言应当着重审查以下内容:

(一)证言的内容是否为证人直接感知;

(二)证人作证时的年龄、认知、记忆和表达能力,生理和精神状态是否影响作证;

……

第二章
询问流程

针对遭性侵害未成年人案件被害人的调查询问存在许多特殊问题。由于未成年人在认知能力、表达能力、判断能力、沟通能力等方面受制于年龄而与成年人存在较大的差异，在询问过程中更易出现心理和情绪问题等，传统的询问被害人的流程不利于办案机关获取有关犯罪行为和事实细节的重要信息，也可能给未成年人带来压力甚至伤害。为适应不同的未成年被害人的具体情况和个别化需要，对传统询问流程作出适当调整是应对此类案件询问困境的可行路径。本章的主要内容分为三部分，分别对应询问流程的三个阶段，即询问前准备、初步沟通与正式询问。图2-1 的询问流程图更为直观地呈现了询问的各个阶段及其具体环节与步骤，便于办案人员从整体上明晰、掌控询问流程与进度。具体而言，在询问前准备阶段，办案人员通过全面收集未成年人的相关信息与先行收集案件的其他证据、线索以确定询问方案。初步沟通阶段包括：介绍环节、建立信任关系、说明规则与陈述练习。介绍人员、环境和询问的目的，以及建立彼此相信和理解的融洽关系均有助于消除未成年人紧张、焦虑与不安的情绪，避免其因负面情绪而影响询问的进展。说明规则与陈述练习用于评估未成年人的理解与表达能力，训练未成年人详细叙述事件，为正式的询问奠定基础。正式询问阶段又进一步划分为权利义务告知、引入案件相关话题、使用开放式问题与自由陈述、针对性提问以及结束询问五个步骤。同时，在询问过程中，办案人员应当根据未成年被害人的具体情况采取必要的询问策略。

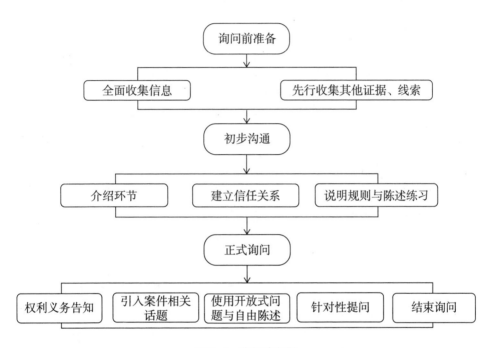

图 2-1 询问流程图

第一部分 询问前准备

提示:通过事前资料的搜集为实现"一次询问,全面询问"做必要的准备。

第十三条 全面收集未成年人的相关信息

向了解未成年人情况的人(如父母、亲戚、教师、心理学专家、青少年工作者等相关人员)收集与其相关的信息,掌握未成年人的特殊需求并对未成年人的能力进行简单评估。

条文主旨

办案人员通过搜集未成年人的相关信息明确询问策略、沟通注意事项以及询问参与人员等,为实现"一次询问"做必要的准备。

 条文释义

未成年人的相关信息包含客观生活状况和主观心理状态。

客观生活状态包括未成年人年龄、性别、民族、文化程度、宗教、语言(是否需要翻译)、认知能力、注意力与记忆能力、语言能力(表达能力、表达方式、常用词汇)、家庭组成以及与家庭成员或看护人的关系、日常生活情况(如未成年人的用餐时间、就寝时间、上学时间等)。

主观心理状况包括情绪状况(如未成年人或其家庭是否存在压力源)、心理状况(如是否存在多动症、孤独症、抑郁症等)。

 条文论证

未成年人身心发展未臻成熟,他们的认知能力、表达能力、判断能力、沟通能力受制于年龄的限制与成年人存在较大的差异。若办案人员不熟悉未成年人的身心特点、不掌握特殊的沟通技巧,询问工作往往难以展开。答非所问、沉默不语以及"二次伤害"皆成为当前司法实践中常常遇到的问题。实务人员反映采用原有的询问方式在未成年人面前基本失效,询问笔录基本没有证据价值。① 为此,询问前获取充足的未成年人信息对于询问策略的选择、询问参与人员的明确、询问方法的确定至关重要。具体而言:充分掌握未成年人客观生活状况和主观心理状态会为办案人员建构一个更为立体的未成年被害人形象,不仅有助于办案人员与被害未成年人形成充分、高效的互动,也可以避免未成年人遭受二次伤害。因此,在这个环节中,办案人员应初步接触待询问未成年人的父母、老师、邻居等与未成年人密切接触者,了解该未成年人的身心发育状况,这样就可以对症下药,根据未成年人

---

① 王嘉懿:《浅析性侵案件中对未成年被害人询问工作的功能定位与发展问题》,载《预防青少年犯罪研究》2018年第4期。

的综合情况恰当选择适当的询问方法以达到良好的询问效果。例如了解到未成年被害人是否有视觉或者听觉上的障碍，是否有抑郁症或孤独症，可以确定是否需要邀请心理专家或者翻译介入。再如了解被害未成年人的表达能力、注意力、认知水平、出现什么症状表明需要休息了，可以提高询问的质量。而了解到未成年人日常生活的规律，可以选择更为适宜的询问时间以减少对未成年人生活的干扰。需要注意的是，在获取相关信息时，办案人员必须加强对被害人隐私的保护。尤其在性侵害案件中，若被害人隐私曝光不仅会使他们因羞耻感而拒绝配合案件办理，亦可能造成他人对被害未成年人议论、指责，从而加深他们的心理创伤。

关联条文

《中华人民共和国未成年人保护法》

第一百零二条　公安机关、人民检察院、人民法院和司法行政部门办理涉及未成年人案件，应当考虑未成年人身心特点和健康成长的需要，使用未成年人能够理解的语言和表达方式，听取未成年人的意见。

《人民检察院刑事诉讼规则》

第四百九十条　人民检察院办理侵害未成年人犯罪案件，应当采取适合未成年被害人身心特点的方法，充分保护未成年被害人的合法权益。

《未成年人刑事检察工作指引(试行)》

第一百三十四条　【询问提纲】办案人员应当根据案件具体情况和未成年被害人身心特点、成长经历、家庭情况等制定详细的询问提纲或者询问方案。

第一百四十条　【不同策略】对不同年龄段的未成年人要采取不同的询问策略，防止机械、武断的成年人思维方式和行为伤害到未成年人的身心健康及合法权益。

相关案例

南昌市青山湖区人民检察院提前介入一起未成年人被性侵害案件，承办检察官在交流时发现，该案件未成年被害人不满14周岁，身心尚未发育成熟。案发后，女孩存在羞怯恐惧心理，不仅变得自卑、厌学，还时常把自己锁在家里，不愿与人交谈，询问难以顺利开展。检察官考虑到未成年人身心特点，在掌握其生活情况、成长环境、家庭背景下，邀请具有专业资质的心理咨询团队进行心理测试、心理访谈和心理干预。检察官与心理咨询师利用"一站式询问"工作室内的温馨环境，让被害未成年人舒缓紧张的情绪，并通过沙盘游戏、开放式聊天等形式消除被害未成年人抵触心理。经过耐心疏导,未成年被害人逐渐打开心扉,询问工作也得以开展。①

第十四条　先行收集案件的其他证据、线索

有条件的情况下,办案人员应当先行收集案件其他证据、线索以确定询问方案,为正式询问做准备。

条文主旨

办案人员在询问前应尽可能了解案件的细节以确定询问提纲和询问重点,保证正式询问的全面性。

条文释义

案件的证据包括:办案人员应及时对性侵害犯罪现场进行勘查,对未成年被害人、犯罪嫌疑人进行人身检查,提取体液、毛发、被害人和犯罪嫌疑人指甲内的残留物等生物样本,指纹、足迹、鞋印等痕迹,衣物、纽扣等物品;及时提取住宿登记表等书证,现场监控录像等视听资料;及时收集证人证言和犯罪嫌疑人供述等证据。

案件的线索包括:发案过程与情况;未成年被害人与犯罪嫌疑人之间的关系;未成年被害人的情绪、神情和行为反应;未成年被害人及其家庭是否有诬告、陷害的动机;被告人是否实施过相似的、与指控类似的行为等。

条文论证

性侵害未成年人案件普遍存在客观证据缺乏,言词证据采集、固定、审查困难等问题。因其隐蔽性特点,此类案件中实物证据诸如物证、书证、视听资料、电子数据等大部分情形下难以获得。一方面源于该类案件普遍延迟报案,未成年被害人由于缺乏认知加害行为的能力或因极度害怕和恐惧,大多不能及时将遇害事实告知父母以及司法机关。研究表明,精液、DNA 或痕迹证据在性侵害

---

① 《江西南昌青山湖:开展"一站式询问"为未成年被害人进行心理疏导》,载百家号"人民资讯",https://baijiahao.baidu.com/s?id=1719383710008556701&wfr=spider&for=pc,最后访问时间:2024 年 7 月 1 日。

发生后的短时间内可以找到,但在性侵害发生12小时之后,被害人的体内或身体上难以发现这类证据。另一方面,性侵害未成年人案件中熟人性侵的比例极高,相较于使用暴力制服,他们更倾向于通过欺骗、威胁以及引诱等手段,因此未成年人身体上较少出现伤痕。同时,此类案件中目击证人也寥寥无几。为此,办案人员在该类案件中除了收集被害人身上、衣物上留下的体液、毛发、痕迹物等证据,也应当扩大对证据材料和线索的收集。例如被害人与被告人的关系、案发前有无矛盾等背景情况,案发经过是否自然、犯罪嫌疑人是否有性侵前科等。这类信息虽然不能直接或间接地证明犯罪的要件事实,不能作为认定被告人实施犯罪的证据,但对判断言词证据的真实性有一定辅助作用。① 询问前掌握案件的其他证据和线索不仅有利于询问提纲的确定,明晰询问中的重点和细节,亦可以减少二次询问的发生,避免对未成年人造成二次伤害。

  司法实践中因为询问准备不充分而引发多次询问的情况时有发生。询问次数过多的原因在于准备不充分以致每次询问的质量不佳,遗漏关键问题。侦查机关反复询问,给被害人及其家属造成了极大困扰。而且反复询问也导致被害人父母对侦查机关乃至整个司法机关产生抵触情绪。在一起案件中,当案件移送检察机关审查起诉时,检察机关承办人希望再次接触被害人进一步了解两个人交往的细节情况,希望从细节入手,发现犯罪嫌疑人应当明知被害人是不满14周岁幼女的线索,但之前的多次询问导致被害人母亲直接拒绝了检察机关的要求。A市S区人民检察院对该区办理案件调研显示接受过2次以上询问的未成年被害人达61.7%,其中接受过3次以上询问的被害人达42.6%。② 多次询问未成年被害人,尤其是性侵害案件的被害人,如同一次次撕开他们的伤疤,迫使他们多次重复叙述被害过程、回忆被害的痛苦经历以致加深其心理创伤。

  关于是否在正式询问前先行收集其他证据,在司法实践中存在一些争议。在我国现行的侦查工作实践中,被害人报案后办案人员需要先对被害人进行询问以确定是否存在犯罪行为需要追究刑事责任,以满足《刑事诉讼法》第112条规定的立案条件,这基本是目前被害人报案后的常规操作。在本指引的征求意

---

① 李婷、王仁高:《性侵未成年人犯罪案件中的证据审查》,载《人民司法(案例)》2015年第24期。
② 王春风、李凯、赵晓敏:《我国未成年被害人询问工作机制构建》,载《人民检察》2016年第5期。

见和试点过程中,也有办案人员提出这一要求与实际办案流程不符。对于性侵害未成年人案件而言,这种常规操作需要基于尽量一次性获得高质量陈述的要求进行适当调整,例如是否可以先询问被害人的父母或其他已经通过被害人的转述了解案件情况的人,或者是否可以先进行一个简单初步的询问了解基本情况后先行收集其他证据,之后再进行正式的询问。《刑事诉讼法》第112条规定的"有犯罪行为需要追究刑事责任"的立案条件必须在立案时满足,但并非必须通过询问未成年被害人才可以满足。

关联条文

《最高人民法院、最高人民检察院、公安部、司法部关于办理性侵害未成年人刑事案件的意见》

第二十一条 公安机关办理性侵害未成年人刑事案件,应当依照法定程序,及时、全面收集固定证据。对与犯罪有关的场所、物品、人身等及时进行勘验、检查,提取与案件有关的痕迹、物证、生物样本;及时调取与案件有关的住宿、通行、银行交易记录等书证,现场监控录像等视听资料,手机短信、即时通讯记录、社交软件记录、手机支付记录、音视频、网盘资料等电子数据。视听资料、电子数据等证据因保管不善灭失的,应当向原始数据存储单位重新调取,或者提交专业机构进行技术性恢复、修复。

第二部分 初步沟通

第十五条 介绍环节

消除未成年人紧张、焦虑与不安的情绪,使其不会因负面情绪而影响询问进展。

(1)介绍人员

办案人员应向未成年人介绍参与询问的人员(警察、检察官、社工人员等),用未成年人能够理解的语言解释他们在场的原因与目的。

【例】(出示工作证件)你好,我叫×××,我是×××公安局(人民检察院)的警察(检察官),今天是×年×月×日,现在是×点×分,我是在×××房间问你问题,房间里还有×××(介绍房间内的其他人员)。

(2)核实未成年人的基本情况

核实未成年人信息:姓名、出生年月日、学习和工作情况、户籍地及居住地。

(3)说明询问目的

为了缓解未成年人内心的自责、羞耻及恐惧心理,办案人员可以告诉未成年人这起案件不是他们的错,且陈述案情可以让那些做坏事情的人不能继续做坏事,进而保护他人不被同样的行为伤害。注意观察未成年人的情绪反应、表情及身体语言,尽量帮助未成年人安心地坐在椅子上从容地与办案人员交谈。

【例】我的工作就是和你聊天,聊聊那些发生在你身上的事情,你愿意跟我聊聊吗?这样我才能帮助你。

  条文主旨

办案人员在正式询问前进行初步沟通,通过介绍人员、环境和询问的目的消除未成年人紧张、焦虑与不安的情绪,避免被害未成年人因负面情绪而影响询问的进展。

  条文释义

首先,办案人员向未成年人介绍询问参与的人员和询问室内的环境及摆设,并告知未成年被害人询问参与人员在场的目的是什么,会如何帮助他。

其次,办案人员应当以未成年人能够理解的语言核实未成年被害人的基本情况(姓名、性别、年龄、民族、职业、籍贯等)、家庭状况、与犯罪嫌疑人的关系等方面的情况。

最后,办案人员向未成年被害人说明访谈的目的。办案人员应当告知未成年被害人这并非他们的过错,参与询问不仅可以避免他们再次受到伤害,帮助他们面对以后的学习生活,还有助于保护其他人不被同样的行为所伤害。

  条文论证

在传统司法实践中,办案人员对未成年被害人、证人进行询问的初始阶段通常具有程序性、格式化的特征。典型的询问开始是:首先,办案人员向证人出示工作证件,告知证人自己的工作单位、职务并向证人说明本次来访的目的。其次,办案人员告知证人有如实作证的义务,并说明作伪证要负相应的法律责任。接下来,办案人员会询问证人的基本情况。最后,办案人员向证人提出一个开放性的问题:"关于某某案件你都了解哪些情况?"[①]而上述方式并不完全适合未成年被害人、证人。对于心智尚未成熟的未成年人而言,询问室内陌生的办案人员、严肃的询问环境都会使其产生紧张感和恐惧感。他们不了解为何要对这些陌生的人说出他的遭遇,不清楚接受询问的意义。

受我国传统贞操观念的影响,对于性侵害案件被害人而言,他们可能不能如其他案件的被害人一般获得同情和支持,而且大众容易不问缘由、对错地歧视性侵害案件的被害人。当未成年人因为遭受性侵害求助时,他们可能难以获得信任和支持。例如司法实践中出现过8岁未成年人被父亲同事猥亵,向父母求助却被骂撒谎。被害的未成年人在进入司法程序之前内心可能已经充满了自责与愧疚,甚至丧失了向司法机关求助的勇气。为此,在询问之前,安抚被害人受伤的心灵,向他们介绍参与人员及其在场的原因,说明询问目的不仅可以帮助他们缓解内心的焦虑、不安,也会使他们慢慢重拾勇气,更为积极地配合办案人员的询问。需要注意在整个环节办案人员一定要注意观察未成年人的情绪反应、表情及身体语言,尽量帮助未成年人能安心地坐在椅子上从容地与办案人员交谈。

关联条文

《未成年人刑事检察工作指引(试行)》

第一百三十一条 【语言方式】询问未成年被害人的语言要符合未成年人的认知能力,能够被未成年人所充分理解。

询问可以采取圆桌或者座谈的方式进行。

询问过程中要注意耐心倾听,让未成年被害人有充分的机会表达自己观点。尽可能避免程式化的一问一答取证方式,确保其陈述的连贯性和完整性。

对于未成年被害人提出的疑问或者法律问题,应当认真予以解释和说明。

---

① 方斌:《论侦查询问中的交流技巧——以证人和被害人为中心》,载《中国刑事法杂志》2013年第1期。

> **第十六条　建立信任关系**
>
> 信任关系的建立有助于减少未成年人的焦虑、不安和恐惧,以提高获取陈述的质量。
>
> (1)通过各种形式,拉近与未成年人的距离
>
> 办案人员应当与未成年人建立信任关系,通过言语鼓励、提供水或饮料等形式减少与被询问人的距离感和不信任感。即使被询问人在之前已经与办案人员有过接触或熟悉办案人员,也不应省略建立信任关系的环节。
>
> (2)选取中立事件,引导被害人描述
>
> 办案人员选取一个中立的、被害人亲身经历的事件(与未成年人学校、爱好、生日、假期等相关)让未成年人从头到尾进行描述。

 条文主旨

办案人员与未成年人建立信任关系可以减少未成年人的焦虑、不安和恐惧,以提高被害人陈述的质量。

 条文释义

信任关系是在询问双方之间建立的一种彼此相信和理解的关系。询问的成功在很大程度上是办案人员与未成年被害人、证人共同合作的结果,离不开询问双方的积极参与。询问双方的互动水平越高,交流越充分,办案人员获取的信息总量就越多、质量也越高。

建立信任关系可以通过谈论一些未成年人喜欢的话题营造一种舒适、融洽的氛围,减少彼此之间的陌生感,增加双方的投契程度。办案人员应当使用开放式问题鼓励未成年人自由地陈述他们的想法(所见、所闻、所听、所感等)。例如,办案人员可以问:"我想更多地了解你,你平时喜欢做什么事情呀?"等未成年人回答后,可以鼓励他们:"请你再多讲一些?我觉得很有趣,想知道更多一点。"但应避免讨论电视节目、电动玩具游戏和未成年人幻想的事情,以免过于冗长的闲聊让未成年人陷入幻想情节。

建立信任关系的时间应当相对较短,以避免未成年人在作出关于案件的陈

述前就感到疲劳，或者对询问的目的产生混淆。具体的时长应当由办案人员根据其经验和未成年人的具体情况决定。

 条文论证

刑事诉讼程序对于未成年人而言极为陌生，他们往往对此充满了紧张感与恐惧感。当他们进入询问室，陌生的环境与脸孔会让他们害怕进而陷入焦虑与不安。如果未成年人在这种情绪状态下讲述自己本想忘掉或已经压抑至潜意识的痛苦经历，他们可能会选择逃避、抗拒，在询问过程中沉默不语。因此，办案人员在一开始是否能与受询问者建立正向的信任关系，将影响到询问能否顺畅进行。

然而，当前我国传统的询问程序具有格式化的特征。在正式询问前，办案人员首先会介绍自己的单位和职务，例如"我是某某公安局的侦查人员"。这种介绍方式彰显了办案人员的"官方色彩"，但是却忽视了未成年人容易顺从、讨好权威人士的特点且不利于双方信任关系的建立。此外，办案人员对被询问人权利义务的告知也会增加未成年人的焦虑感进而降低他们配合询问的意愿。随后，办案人员便会选择直接开门见山，单刀直入，让未成年人讲述遭遇的被害经过。例如，一项对30份侦查案卷进行的实证研究表明，办案人员在被害未成年人到场后，简单介绍自己后便直接进入有关案件事实的询问。① 这样的开场更多是冷冰冰的介绍，难以缓解未成年人的负面情绪。为此，正式询问之前营造和谐氛围、与未成年人建立信任关系十分重要。例如，办案人员可以根据事先对未成年人的了解，选择与未成年人讨论他们喜欢的电影、食物、运动等来拉近未成年人的距离。

在交流的过程中，办案人员还可以尝试与未成年人建立最低限度的生理接触，如可以与被害未成年人握手。被害人在遭遇侵害后希望获得他人的理解和关怀。适度的触摸可以展现办案人员对未成年被害人的关爱，从而拉近彼此关系。此外，在建立信任关系阶段无须拘泥于面对面坐在椅子上交谈，可以由未成年被害人选择在询问室的任何位置，以他们舒适的方式进行。

---

① 王国帅：《儿童证人询问程序标准化的心理学研究》，中国人民公安大学2018年硕士学位论文。

第十七条　说明规则与陈述练习

在正式询问之前必须让未成年人了解询问过程中说实话的重要性。说明基本规则的目的在于确认未成年人是否具备作证能力,也有助于应对辩方对未成年人陈述证据能力及证明力的质疑。

对于低龄未成年人,办案人员不应直接问被询问人是否理解规则。相反,应该举出适合未成年人年龄、经历和理解能力的例子,并要求他们根据实例作出判断。

如果未成年人在这一阶段不能区分真话和谎言,则应考虑委托一位专家对未成年人的能力进行评估;如果未成年人在询问过程中对真话和谎言缺乏理解,则可能严重损害询问的证据价值。

(1) 说明规则

【例】在我们开始之前,我想要确定你是否了解对我说实话有多么重要。

① 说真话与假话

【例】办案人员身穿白上衣,却问:"我现在穿的是红颜色的衣服吗?"等被询问的未成年人回答了正确的答案后,询问员可以说:"对,非常棒,你已经知道说实话的意思了。"

② 说不懂或者不知道

如果办案人员询问未成年人觉得太难或不清楚的问题,未成年人应该及时告知办案人员他不懂或不知道,这样办案人员可以重新措辞,或者以不同的方式提出问题。关键在于,不应让未成年人通过猜测作答。

【例】如果你听不懂我的问题,你可以说"我不懂",好吗?(停顿)

如果我听不懂你讲的话,我也会告诉你。(停顿)

【例】如果你不知道答案,只要回答"我不知道"就可以。

例如我问你,你知道我养的小狗叫什么名字吗?你怎么回答我?

【例】未成年人回答:"我不知道"。办案人员回复:"对了,你不知道。"

【例】如果未成年人随意猜测,办案人员可以说:"不,你不知道,因为你并不认识我,当你不知道答案的时候,不要用猜的,直接告诉我你不知道就好了。"

③ 纠正办案人员的错误

如果办案人员让未成年人感到不舒适,或说了不真实的话,未成年人可以纠正办案人员。

【例】如果我说错了,你要直接告诉我好吗?(等待对方回答)

如果我说,你爸爸叫×××,你应该说什么呢?(等待对方回答)对,因为你爸爸并不叫×××,我说的不对,你要及时纠正我。

④办案人员重复提问

办案人员可以再次提出同样的问题,同时应当说明反复问相同的问题并不意味着未成年人之前的回答是错误的,而是为了帮助办案人员更好地记录。

【例】今天,我可能会问你同样的问题。或者,我可能会问你一些别人已经问过你的问题。这并不意味着你之前的回答不对,只是为了帮助我记住你所说的话。因此,如果我再次问到同样的问题,只告诉我你亲眼看见、亲耳听见的好吗?

(2)陈述练习

①训练未成年人回答对特定情节或特殊事件的回忆

办案人员可先选定一件未成年人最近经历过的事情(第一天上学、庆祝某个节日、生日派对等),然后问一些有关这件事的问题。尽量选一件跟本案犯罪事实发生时间相近的事情来提问,如果犯罪刚好就发生在特定节日或者活动当天,就选择其他时间来问。

【例】两周前,就是开学那一天,你还记得是怎么过的吗?请告诉我那一天你都做了什么?

请你回想(具体活动或事件),然后告诉我,那天你从早上起床到(未成年人之前提到的某件事情)为止都发生了哪些事情?(等待对方回答)

然后呢?接下来发生了什么事情?(等待对方回答)

请你告诉我,在(未成年人提到的某件事情)之后,到你晚上上床睡觉之前,还发生了哪些事情?(等待对方回答)

你刚刚提到(未成年人刚提到的某个活动),可以跟我多说一些有关那件事情的细节吗?(等待对方回答)

【例】如果未成年人回答得非常具体,办案人员可以说:"你肯把自己记得的事情全部都告诉我,这个非常重要的,不管好事还是坏事,请你都要告诉我。"

②训练未成年人对于昨天生活的记忆及陈述

【例】我想更多地了解你的生活,请告诉我,昨天从你早上醒来到晚上睡觉之间发生的全部事情?

我希望你把全部的事情都告诉我,不要漏掉任何细节。请告诉我,昨天从你早上醒来到(未成年人前一题中提到的某件事情)为止,发生了哪些事情?(等待对方回答)

然后呢?(等待对方回答)

请你告诉我,在(未成年人提到的某件事情)之后,到你晚上上床睡觉之前,还发生了哪些事情?(等待对方回答)

你刚刚提到(未成年人刚提到的某个活动)可以跟我多说一些有关那件事情的细节吗?(等待对方回答)

【例】请你告诉我,昨天从起床到晚上睡觉,你都做了哪些事情?请依照时间先后的顺序全部都告诉我。(等待对方回答)

(等未成年人回答后,办案人员可以跟未成年人依照时间的先后顺序排列一遍,并请未成年人从头到尾自己全部述说一遍。)

③训练未成年人对于前天生活记忆的回忆及陈述

当未成年人能陈述昨天的生活内容,办案人员就可以进一步询问前天的生活内容,看未成年人的短期记忆是否可以延伸到前天。

【例】你知道前天的意思吗?(等待对方回答)

如果未成年人不知道前天的意思,办案人员可以告诉他:"你刚才已经告诉了我,昨天做了哪些事情,我想进一步知道你在这天的前一天做了哪些事情。"

(然后重复有关昨天生活的问题,改问前天发生的事情和细节。)

条文主旨

说明规则与陈述练习的目的在于确认未成年人是否具备作证能力,同时通过谈论完整的事件训练未成年人如何详细叙述事件,为正式的询问奠定基础。

条文释义

说明规则是指办案人员向未成年人讲述询问中必须遵守的一些基本规则。未成年人是否理解这些规则在一定程度上影响着未成年人陈述的证据能力与证明力。办案人员不仅需要询问未成年人是否理解这些规则,还应当通过举出适合未成年人年龄、经历和理解能力的例子来评估他们是否真的理解这些规则。

基本规则包括：①未成年人应当在谈话过程中说真话；②当未成年人不理解问题时，应当及时告知办案人员自己不懂；③办案人员说了不真实的话，未成年人应当及时纠正；④即使遇到了重复的问题，未成年人也应当始终讲自己所听所见。

陈述练习是指办案人员通过与未成年人谈论完整的事件来评估其作证能力（认知能力、记忆能力、表达能力、理解能力等），掌握未成年人对词汇的理解程度、表达方式和常用语。此外，应当训练未成年人使用叙述方式详细描述一件事情，从而为正式询问奠定基础。

陈述练习的方式：选取特定事件让未成年人从头到尾描述；鼓励未成年人详细自由陈述全部事情；然后按照时间先后顺序帮助未成年人排列一遍，并请未成年人从头到尾自己再述说一次。陈述练习阶段的时长由未成年人具体情况及办案人员对未成年人的了解状况而定，并非需要完整描述多件事情。

 条文论证

（一）说明基本规则的重要性

未成年人身心发展未臻健全，不能完全理解刑事诉讼的性质和目的，难以判断诉讼过程中自己提供证词的意义，若不能意识到讲真话的重要性，将严重影响案件真相的发现。在专门针对侦查审讯进行的研究中，许多研究运用了多种方法，一致得出结论称虚假供述的风险在儿童与青少年中比成年人更高。[①] 受限于认知能力与辨别能力，未成年人在接受询问时易于受到诱导。由于年幼未成年人容易顺从、讨好权威人士（父母、教师、司法人员等）。他们通常认为询问者向他们提问时已经知道了答案，当办案人员采取暗示性的询问方法（例如重复询问、同侪压力、选择性加强等），他们往往会讲出办案人员想要的答案。多项研究表明，当未成年人接受这些具有强烈暗示性的询问时，其错误陈

---

① 向燕：《论性侵儿童案件中被害人陈述的审查判断》，载《环球法律评论》2018年第6期。

述的概率会显著提高甚至会超过 50%。① 我国司法实践中,部分地区询问未成年人多选择在公安机关内进行,办案人员基本都是身着警服,还会向未成年人讲述自己的单位与职务,彰显自己的权威身份。加之,在印证证明模式的影响下,部分办案人员在询问未成年人时极其关注未成年被害人能否详细描述案件发生的细节。这是因为,只有当被害人陈述的细节与其他证据相互印证时,才能够达到印证证明的标准。但是,采用多次询问的方式反复确认案情容易使未成年人对自己的陈述产生疑问,进而选择修改答案。

此外,性侵害未成年人案件往往呈现"以被害人陈述为核心"的证据构造,为此,被害人陈述的真伪对案件事实的认定往往发挥着关键性的作用。辩护律师辩护的最佳策略就是质疑未成年被害人不存在作证能力或被害人陈述受到诱导以致存在"失真"可能。司法实践中辩护律师对此提出疑问的情况频频发生。例如在郝某海猥亵儿童一案中,辩护律师提出,被害人年龄太小,陈述存在多处自相矛盾,不能作为定案的证据。② 再如在沈某甲强奸、猥亵儿童一案中,辩护律师提出,沈某乙、杨某甲均系幼儿,因其年幼,不能作为证人。③

为此,办案人员通过举出适合未成年人年龄、理解能力的例子,让未成年人进行判断可以评估未成年人是否理解讲真话与假话,以此判断他们是否具有作证能力。同时通过向未成年人强调询问中的基本规则可以帮助未成年人更敢于提出疑问,表达自己不懂问题以及减少重复询问对他们的影响,以提高陈述的准确性。

(二)陈述练习的必要性

未成年人对自身经历的表达能力与陈述的质量与数量息息相关。未成年人的年龄、智力、认知能力、记忆能力等都会影响到陈述的流畅性、完整性与准确性。具体而言:

第一,认知能力不同。未成年人的认知能力差别较大,2 岁以前还不具备语言沟通能力,仅能够通过动作和叫声进行回应;2 岁到 7 岁阶段的未成年人可

---

① Richard D. Friedman, Stephen J. Ceci, "The Suggestibility of Children: Scientific Research and Legal Implications", 86 *Cornell L. Rev.* 33, 54, 2000.
② 北京市昌平区人民法院一审刑事判决书(2017)京 0114 刑初 587 号。
③ 安徽省蚌埠市禹会区人民法院一审刑事判决书(2015)禹刑初字第 00008 号。

以使用简单的语言、数字对事件及物体进行描述,但是往往难以分清想象与真实;7岁到12岁的未成年人在处理数字、空间、时间等概念上以及区分现实与想象能力上都已经有了较大的发展;12岁以后的未成年人已经可以运用抽象思维和逻辑思维能力,其已经具备阅读、理解、沟通、运算以及演绎的能力。①

第二,语言能力不同。未成年人语言发展大致可以分为五个时期。从出生到1岁,从哭啼或笑声到能够发出咿咿呀呀的声音;1岁半之前属于单字词阶段,这一时期他们仅能发出妈、爸等简单名词;到了2岁左右,幼童除了可以使用名词以外也开始使用动词和形容词,并且可以使用两个相关的词来表达自己的意思或描述正在发生的事情,如玩玩具。②13岁左右,他们已经有了更多的字词可以运用,并且开始扩充语言的表达方式(如过去式)同时开始尝试着与他人进行沟通。到了4岁至5岁,幼童已经开始使用简单句和复杂句,开始对时间有了概念,对于自己熟悉的事务,他们可以描述得很好,但是若是抽象的图片则表现仍旧不佳。从上小学之后,由于开始与更多的人接触,并且正式学习语言文字,他们的中间沟通能力迅速提升。所谓中间沟通能力系指了解沟通中所发生的状况,能听懂对方说话的意思,也开始理解对方是否明白自己的意思。

第三,记忆能力不同。根据信息处理理论,记忆事物需要经历三个步骤:编码输入、运作储存以及取出。与编码输入联系较为紧密的是人的注意力,而注意力与扫描和选择这两个技巧紧密相关。相较于成年人,年幼的未成年人对于新奇的事物会注视比较久。同时,幼童在扫描一件事物时,缺乏系统性的方式,而这就导致他们往往会忽略许多细节。③ 此外,记忆能力也与一个人的知识储备以及技巧策略存在联系。例如,研究发现年纪较大的未成年人懂得使用较复杂的检索方式并成功提取记忆,但是年幼未成年人可能会用单独的检索方式

---

① 参见尹忠泽:《论皮亚杰儿童认知发展理论中的辩证法思想》,载《山西师大学报(社会科学版)》2006年第3期。

② 参见[美]黛安娜·帕帕拉、萨莉·奥尔茨、露丝·费尔德曼:《发展心理学:从生命早期到青春期》(第10版上册),李西营等译,人民邮电出版社2013年版,第159页。

③ 同上书,第301页。

提取,因此其回忆量可能较少。① 而且当人对需要记忆的事件较为熟悉(理解且了解基础知识),记忆的内容准确性会更高。

需要注意的是,即便是相同年龄的未成年人,由于先天能力与后天培养的不同,也存在较大差别。为此,办案人员必须充分了解未成年人自身特点才能选择适合他们的询问方法。通过与未成年人进行陈述练习办案人员可以基本了解未成年人的认知能力、记忆能力、表达能力等从而有助于后续进行高效的沟通。

此外,未成年人认知发展中的优先级与成年人不同。对未成年人来说,什么是"关键"信息可能与成年人认为的关键信息截然不同。例如,我们经常需要一些描述性的信息,但是在未成年人看来,这些信息是无关紧要的。所以,在描述信息的时候,办案人员必须告诉未成年人他们希望从未成年人这里获得什么样的内容。有的时候办案人员会说:"我希望你能够尽可能详细地回答我的问题。这时办案人员应当通过一定的方法告诉未成年人什么是详细的描述。例如,让未成年人描述一支笔,可能部分未成年人会说那就是一支透明的笔,中间是黑色的笔芯,他们认为这样已经非常清楚。此时办案人员可以详细地描述一遍,如这支笔有一个小钩子可以卡在口袋里,它的盖子是白色的,可以取下来,里面是黑色的笔芯,笔头是银色的。所以需要了解,当询问未成年人问题时,他可能只会非常简要地讲述,但是办案人员可以通过引导其描述事物的细节来提醒他们应当讲述更细致的内容。因此,陈述练习的另一目的即在于通过引导训练未成年人如何详细描述一个事件,这样就可以形成一个有用的模式,使未成年人了解办案人员需要怎样的描述。一旦确立了上述回答模式,后续在正式询问中办案人员就可以要求未成年人按照陈述练习的回答模式作出对案件较为详细的陈述。

关联条文

《未成年人刑事检察工作指引(试行)》

第一百三十八条 【作证能力评估】询问年幼的未成年被害人,要认真评估其理解能力和作证能力,并制定交流的基本规则,未成年人的回答可以是"我不理解"。

---

① K. Saywitz, "Developmental Underpinnings of Children's Testimony", in H. L. Westcott, G. M. Davis & R.H.C. Bull eds., *Children's Testimony: A Handbook of Psychological Research and Forensic Practice*, Wiley-Blackwell, 2002, p.8.

域外参考规定

《关于在涉及罪行的儿童被害人和证人的事项上坚持公理的准则》

14.本准则中所说明的所有互动均应在考虑到儿童特殊需要的适当环境中根据儿童的能力、年龄、智力成熟程度和不断变化的行为能力以具有儿童敏感性的方式进行。它们还应当以一种儿童能够使用并且理解的语言进行。

第三部分 正式询问

第十八条 权利义务告知

办案人员应当考虑到未成年人的敏感性、脆弱性特征,以符合未成年人年龄、成熟程度和行为能力的方式,使用通俗易懂的语言进行权利告知。具体告知应当区分不同情形,对低龄未成年人应当直接告知其法定代理人,若法定代理人不在场,也应当通过适当方式告知法定代理人,并记录在案。对其他未成年人按照一般方式进行告知。

(1)回避

告知未成年人申请侦查人员(检察人员)回避的权利。

【例】接下来由我向你提问,可以吗?如果你觉得由我们进行询问对案件的公正处理有影响,可以换另外的侦查人员(检察人员),需要换人吗?

(2)合适成年人

告知未成年人其法定代理人或者合适成年人有权到场参与询问,并就谁在场征求未成年人的意见。

【例】我们对你提问时你的父母应当在场陪同,也可以由其他的叔叔阿姨在场,你更希望谁在场陪着你?

(3)女性工作人员

告知女性未成年人对其询问应当由女性工作人员进行。

(4)法律援助等权利

告知未成年人及其法定代理人享有法律援助、司法救助、心理疏导、临时监护等权利(根据案件及各地配套制度的具体情形予以告知)。

(5)获得赔偿的权利

告知未成年人及其法定代理人由于被告人的犯罪行为遭受人身损害的,被告人应当赔偿医疗费、护理费、交通费、营养费、住院伙食补助费等为治疗和康复支付的合理费用,以及因误工减少的收入。鉴定意见、医疗诊断书等证明需要对未成年人进行精神心理治疗和康复的,所需的相关费用应当认定为合理费用。

(6)同步录音录像

告知未成年人及其法定代理人询问会进行录音录像,并就询问过程中涉及的相关隐私信息的保密性和安全性进行解释。

【例】今天的询问我们需要进行录音录像,但是请你放心,我们会保护你的隐私,所有信息只会由相关办案人员在案件具体办理中使用,相关信息安全性与保密性都可以得到保障。

条文主旨

办案人员通过权利义务告知以保障未成年人的知情权,维护未成年人的基本诉讼权利,并对询问的基本情况进行进一步的说明。

条文释义

权利义务告知是指在正式询问前应当就未成年人享有的基本诉讼权利进行全面告知,涉及告知内容、告知方式、区分情形告知这三个方面:

(一)权利义务的告知内容

告知的内容结合我国《刑事诉讼法》的要求确定,具体包括:

1.申请回避权

未成年人认为侦查人员、检察人员同案件或案件的当事人有利害关系或者其他可能影响案件公正处理的特殊关系,有权依法提出申请,要求其退出诉讼活动。

2.法定代理人或合适成年人询问时在场权

公安机关、人民检察院、人民法院询问未成年被害人、证人,应当依法通知其法定代理人或者其成年亲属、所在学校的代表等合适成年人到场，并采取适当方式，在适当场所进行，保障未成年人的名誉权、隐私权和其他合法权益。如果未成年人对法定代理人到场明显排斥或者法定代理人到场可能引起未成年人焦虑、恐慌等不利于询问的情绪，应当就二者由谁在场征求未成年人的意见。实践中，合适成年人一般为兼职合适成年人，即合适成年人有自己的本职工作，日常从事本职工作，需要参加诉讼时以合适成年人的身份参与，主要包括社工、辩护律师、志愿者、学校教师、心理咨询师等。

3. 由女性工作人员询问女性未成年人

对于女性未成年人，应当由女性工作人员进行询问。女性工作人员应当是女性侦查人员或者女性检察人员。

4. 申请法律援助等权利

未成年人因经济困难或其他原因无法获得法律帮助，或者因侵害行为导致生活陷入困境，法律援助机构或公安机关、人民检察院、人民法院、司法行政部门应当对需要法律援助或者司法救助的未成年人给予帮助，依法为其提供法律援助或者司法救助。对因监护缺失或监护不当情形陷入困境的未成年人，应当给予应急处置、临时监护等特别保护措施。未成年人因犯罪遭受心理损害或心理创伤的，社会组织、社会工作者等可以参与案件办理，对未成年人进行心理干预。未成年人及其法定代理人享有申请法律援助、司法救助、心理干预、临时监护的权利，由于案件具体情况及各地配套措施的建设情况不尽相同，办案人员应当根据案件及各地配套制度的具体情形予以告知。

5. 获得赔偿的权利

应当告知未成年人及其法定代理人，因犯罪行为遭受人身损害的，有获得赔偿的权利，对于赔偿费用的范围以及是否认定为合理费用的依据等，应当向其进行全面解释，确保其理解并根据自身情况获得相应赔偿。

6. 同步录音录像

同步录音录像是对未成年人进行询问时同步进行的录音录像，以录音录像的形式呈现询问过程的全部画面和信息。在询问前应当告知未成年人及其法定代理人会对询问过程进行同步录音录像，并向其解释询问中涉及的相关隐私信息的保密性和安全性。

（二）权利义务的告知方式

在告知未成年人权利义务的方式上应体现与成年人的区别和差异，注意未成年人身心发育的特殊性。考虑到未成年人的敏感性、脆弱性特征，应当以符合未成年人年龄、成熟程度和行为能力的方式，使用通俗易懂的语言进行告知。

（三）区分情形告知

在对未成年人进行具体告知时，应当根据不同年龄区分情形予以告知。对于低龄未成年人应当直接告知其法定代理人，若法定代理人不在场，也应通过适当方式告知法定代理人，并记录在案，对其他未成年人则按照一般方式进行告知。

 条文论证

（一）权利义务告知的重要性

对于因遭受犯罪行为侵害而进入司法程序的未成年人，办案人员应考虑到其敏感、脆弱的身心特征并以适宜的方式告知权利义务，使未成年人处于较为稳定且有所预期的心理状态之下，更好地应对办案人员的询问，增强询问效果。原因在于：其一，不告知或者不全面告知权利义务可能使未成年人处于较为被动的境地，导致其无法有效维护自身的合法权益；其二，不注意权利义务的告知方式或者以成年人的方式告知，不足以保障未成年人获得特殊保护与优先保护，可能导致"二次被害"，不利于未成年人身心发育与健康成长；其三，低龄未成年人受制于年龄与成熟程度，若直接告知本人可能不利于保障其充分行使诉讼权利，应当直接向其法定代理人告知权利义务，确保实现未成年人的最大利益。实践中，已经有部分地区在探索施行的地方规范性文件中对未成年人权利义务告知作出明确规定，例如深圳市光明区在《性侵害未成年人刑事案件办理规范》中规定，应当在取证前向被性侵未成年人告知并通俗地解释其权利义务。告知被性侵未成年人可以说"不知道""不记得""不明白""你弄错了"等。必要时可以问几个简单的问题，测试其理解和表达能力。①

---

① 参见深圳市光明区《性侵害未成年人刑事案件办理规范》（2021 年制定）。

办案人员在告知未成年人权利义务的过程中应当恪守以下几项原则:其一,客观真实原则。办案人员告知未成年人的信息必须是客观真实的,不能编造也不能歪曲事实。其二,全面原则。所有涉及未成年人权利义务的信息都应当告知,不能有所隐藏甚至故意隐瞒。其三,及时原则。应当在询问前及时告知未成年人权利义务,因为滞后的告知可能对未成年人来说毫无意义。例如,在询问前并未告知未成年人法定代理人或者合适成年人有权到场参与询问,即使询问过程中再告知其有权要求法定代理人或者合适成年人在场,未成年人在前期接受询问过程中因法定代理人或者合适成年人未在场而遭受的身心伤害是无法弥补的。

(二)权利义务告知的实践问题

实践中,权利义务告知主要有书面告知与口头告知两种方式。书面告知形式较为规范,告知内容也较为全面、具体,是了解权利义务的有效途径。但对理解能力有限且不识字的未成年人来说,这种方式不利于其获知相关信息。书面告知还有可能异化为对相关告知书签字确认的形式告知,未成年人难以对权利义务的内容留有印象。口头告知的形式更为灵活,但口头告知是否能考虑到未成年人的敏感性、脆弱性特征,以符合未成年人年龄、成熟程度和行为能力的方式,使用通俗易懂的语言予以告知,对办案人员提出了相对较高的要求。有些情形下口头告知往往流于简单,并未给予充分解释,另一些情形下办案人员可能仍然以未成年人难以理解的法律术语进行告知,不利于未成年人了解相关权利义务。

关联条文

《中华人民共和国未成年人保护法》

第一百零二条 公安机关、人民检察院、人民法院和司法行政部门办理涉及未成年人案件,应当考虑未成年人身心特点和健康成长的需要,使用未成年人能够理解的语言和表达方式,听取未成年人的意见。

《公安机关办理刑事案件程序规定》

第三百二十六条第二款 询问未成年被害人、证人,应当以适当的方式进行,注意保护其隐私和名誉,尽可能减少询问频次,避免造成二次伤害。必要时,可以聘请熟悉未成年人身心特点的专业人员协助。

《未成年人刑事检察工作指引(试行)》

第一百三十七条 【权利告知】办案人员应当告知未成年人及其法定代理人或者合适成年人依法享有的诉讼权利、相关法律规定以及案件的进展情况,并要求未成年人及其法定代理人或合适成年人在权利义务告知书上签字确认(年幼的未成年人可以由法定代理人或合适成年人代签)。告知诉讼权利时,应当进行解释说明,重点告知未成年被害人及其法定代理人提起附带民事诉讼及获得赔偿的权利。告知的情形应当记录在案。

域外参考规定

《关于在涉及罪行的儿童被害人和证人的事项上坚持公理的准则》

19.儿童被害人和证人、他们的父母或监护人和法律代表从第一次与司法过程打交道而且在整个司法过程中都应当被迅速而充分地告知以下方面的情况,但以可行和恰当为限:

…………

(g)根据《儿童权利公约》和《为罪行和滥用权力行为受害者取得公理的基本原则宣言》儿童被害人和证人享有的相关权利。

第十九条 引入案件相关话题

尽量减轻未成年人的心理负担,使其自由陈述案件事实。

(1)自然过渡

办案人员应当以自然的方式引入与案件相关的话题,逐步过渡到正式询问,避免生硬的转换导致前期建立的信任关系流于形式。

【例】合适的方式:你看咱们聊得挺好的,我也对你有一些了解了,现在能跟我说说最近发生什么事了吗?

不适宜的方式:我听说你和××之间发生了一些不好的事情,是吗?

(2)自由陈述

鼓励未成年人自由陈述相关事实,办案人员应当提供足够的空间,让所有年龄段的未成年人充分描述他们对事件的看法。在自由陈述阶段,办案人员应当扮演积极倾听者的角色,不得以澄清问题、跟进重要证据或记录询问笔录为由打断被害人陈述,确保陈述的连贯性和完整性。

如果未成年人闭口不谈,办案人员应当保持耐心,注意观察未成年人的表情、肢体动作等非语言行为,以缓和的语气询问未成年人,避免表露个人情绪,禁止对未成年人进行威吓、训斥或责备。同时,办案人员应当表现出自信并且有能力帮助被害人,令未成年人放心与信赖。可以连续变换几种方式继续询问,直到其主动开口陈述。

【例】我知道发生了一些事情,你能跟我说说吗?

【例】我知道你在(时间/地点)跟(医生/社工/老师/其他专业人士)提到过,你能告诉我和他们讲了什么吗?(注意不要提到犯罪嫌疑人的名字或者任何与本案有关的犯罪事实细节。)

(3)耐心等待

如果未成年人不能流畅陈述事实,办案人员应该耐心等待。如出现未成年人紧张、恐慌、激动、抗拒等情形,办案人员应当及时引导、化解,必要时可以暂停询问,待专业人员到场协助消除以上情形后再进行询问。注意等待未成年人自己开口陈述,询问中向未成年人透露的案件细节越少越好。

【例】你是不是(累/渴/不开心)了?我们休息一下好吗?

 条文主旨

办案人员通过自然引入与案件相关的话题,尽量减轻未成年人的心理负担,使其自由陈述案件事实。

 条文释义

引入与案件相关的话题是指办案人员应当有意识地从初步沟通逐步过渡到促使未成年人对案件事实进行自由陈述的阶段,以自然的方式引入与案件相关的话题,避免生硬的转换导致前期建立的信任关系流于形式。在此阶段,办案人员应当注意与正式询问之间的衔接过渡,尽可能以自然而非生硬的方式展开对案件事实的询问,从自然过渡、自由陈述、耐心等待三个方面为正式询问奠定基础。

(一)自然过渡

自然过渡是指办案人员应当以自然的方式引入与案件相关的话题,可以在与未成年人形成初步信任关系的基础上逐步过渡到正式询问。例如在双方通过聊天已经达到彼此较为熟悉的状态下,适时以"最近发生了什么事情"作为切入口,逐步过渡到对案件事实的正式询问。但注意不应以带有负面色彩或者可能引起未成年人负面情绪的口吻开启正式询问,例如"我听说你最近发生了一些不好的事情,是吗?"这种生硬的转换将导致前期建立的信任关系流于形式。

(二)自由陈述

自由陈述是指由未成年人自己主动、自发地就案件事实进行陈述,办案人员只在必要时起到一定的引导未成年人自由陈述的作用,从询问态度、询问语言和交流互动三个方面促使未成年人自由陈述。其一,在询问态度方面办案人员应当保持耐心,以缓和的语气询问被害人,避免表露个人情绪,禁止对未成年人加以指责。同时,办案人员应当表现出自信并且有能力帮助被害人,令未成年人放心与信赖。其二,在询问语言方面,办案人员应当注意采用与未成年人认知能力相符合的语言,使问题能够被未成年人充分理解,避免使用成人语言和法律术语。所以,办案人员应当更多地了解未成年人对词汇的使用和理解,并据此作出相应的调整。例如,了解未成年被害人如何称呼身体的各个部位,并在后续的询问中使用这些词汇。其三,在交流互动方面,办案人员应始终为所有年龄段的未成年人提供足够的机会描述他们对事件的看法。办案人员应当认真倾听,尊重被害人,与未成年人保持目光接触,适当点头表示肯定,让未成年人感受到陈述已经被办案人员理解与接受。询问过程中办案人员应当扮演积极倾听者的角色,可以连续变换几种方式继续询问,直到未成年人主动开口陈述。应注意尽量避免打断未成年人陈述,确保陈述的连贯性和完整性,尤其不得以澄清问题、跟进重要证据或记录询问笔录为由打断被害人陈述。当未成年被害人表达不清或表达存在困难时,给予其重新回答问题或采用辅助工具回答问题的机会。在使用辅助工具方面,应注意,图画、图片、照片、玩偶等辅助工具通常适用于年龄较小的未成年人及其他有沟通困难的未成年人。使用询问工具之前应当充分了解被询问未成年人,可以通过咨询被害人家长、司法社工、心理咨询师等辅助人员的意见,选取恰当的工具。

(三)耐心等待

耐心等待是指在未成年人不能流畅陈述事实的情况下,办案人员应该耐心等待,及时引导、化解。如果出现未成年人紧张、恐慌、激动、抗拒等情形,或者未成年人在陈述事件中表现出痛苦,办案人员应当鼓励未成年人,帮助他们放松心情。例如,告诉他们"没关系,我在听"。必要时,办案人员可以暂停询问,待专业人员到场协助消除以上情形后再进行询问。一旦未成年人感到不适,办案人员应该暂时停止询问,必要时,应当再次与未成年被害人建立信任关系。注意等待未成年人自己开口陈述,询问中向未成年人透露的案件细节越少越好。

 条文论证

(一)理论阐释

当前我国科学询问未成年被害人的研究刚刚起步,还没有形成一套成熟理论和经过实践证明行之有效的操作规程,实践中存在着多人多次询问、问题设置不合理等问题。例如,句式选择不当,词语选择不当,敏感词过多,带有语用意义的词语选择不当,基本与询问成年人一致。实际上,对于不同性别的遭受性侵害的未成年人应有所区别,由于女性群体具有特殊的生理条件、心理条件,询问女性未成年被害人,更应给予其尊重理解和情感支持,通过减压,心理疏导等合适的方法对其进行询问,使其克服心理压力,如实地陈述案件事实及相关情况。询问未成年人时应当注意的具体事项主要包括:①努力建立同未成年人的心理接触,取得他们的信任和好感。对他们的优点和积极陈述案件情况的表现进行鼓励,以激发其作证的合作性。②从他们感兴趣的问题问起,逐步将询问引入正题,一般不要直奔主题,使他们因为没有足够的心理准备而不知如何回答。③使用未成年人熟悉的和容易理解的语言、表达方式。④未成年人有易受感染和富于幻想的特点,对他们要特别注意避免使用诱导和暗示性提问。①

研究者在微观层面从询问态度、语气及肢体动作等方面提出了一些建

---

① 参见《公安机关办理刑事案件程序规定》第317条至第332条。

议,也是上述条文在设计时考量的要素。例如,办案人员应以认真的态度争取被害人的信任;对询问工作要有耐心;使用和缓的语气及适当的肢体语言,在问题设置的句式选择上减少封闭问题、长句、复杂句,适当引导并进行心理疏导,注意保护未成年人的自尊心,询问结束后与监护人进行必要沟通等。此外,研究者在提问方式上就开放式提问和诱导式提问均有探讨,这些讨论也是上述条文设计的重要依据。例如,对于开放式提问,应当注意问话尽量以不设限的非诱导方式开始,对受访者表明被问及的事件,充分保障其陈述自由,允许其以"我不知道""我不记得"或"我暂时不想回答"等作答。当问及具体问题时,应采用连续进行的方式,依问题具体与重要程度,循序连续进行。年龄较小或智能发育迟缓的未成年人由于心智发展未臻成熟,有时非以具体问题做诱导式发问不足以激发其对所发生事件的记忆。但也有学者认为,应当避免诱导性、暗示性询问或者反复询问,防止因产生熟悉感而作出虚假陈述,可以借助模型或动画人物形象,拉近与未成年被害人的距离,以便促使其更为准确地描述犯罪嫌疑人行为过程及对其采取的行为程度,询问的语言要符合未成年被害人的认知能力。① 但需注意,诱导式发问在询问规则里是有所禁止和限制的,对于如何在必要情况下加以节制使用,需进一步探索和研究。

此外,有学者借鉴美国经验,提出询问未成年被害人的具体规则,例如漏斗式提问规则、禁止多次询问规则、适度追问规则、适时暂停询问规则、适宜环境规则。② 还有学者针对未成年人言词证据的特点提出,在运用传统的询问方式收集言词证据的同时,可酌情采取模拟案件发生法、回顾与反复相结合提问法、录音录像法、非语言方法等。③ 这些询问的方式方法同样在条文设计中有所考虑。

(二)实践探索

一些地区公安机关和司法机关根据自身实践经验,已经开始探索如何设置科学、规范的未成年人询问流程,这些探索经验也被本询问指引所吸纳。例如,开展

---

① 杜国伟、梁家俊:《提升未成年被害人陈述证据品质》,载《检察日报》2019年8月15日,第3版。
② 参见莫然、龙潭:《未成年证人侦查询问程序实证分析及构建》,载《青少年犯罪问题》2017年第4期。
③ 刘立霞、郭欣阳:《收集未成年人言词证据研究》,载《政治与法律》2004年第2期。

询问、取证工作前，办案人员应当与合适成年人、儿童保护工作人员、心理工作人员等询问组人员，共同对未成年被害人或证人进行必要的沟通，以营造安全、和缓、舒适、温馨的氛围，以及对未成年被害人进行身体检查、提取鉴定材料等。在开展询问、取证的过程中，应当采取和缓的、符合未成年人心理的方式进行询问。对于理解和表达能力较为有限的未成年被害人或证人，应当采用其易于理解和便于表达的方式方法进行询问。询问过程中，可充分利用儿童玩偶、绘画工具等物品辅助未成年人对案件相关情况进行描述。此过程，可由儿童保护、心理工作等专业人员参与配合完成。在询问过程中，未成年被害人或证人出现较为严重的恐慌、紧张、激动、抗拒等情形的，办案人员应当及时暂停询问，应待儿童保护、心理工作等专业人员到场协助消除上述情形后再进行询问。

各地调研显示，多地对于询问的基本要求和方法形成了较为一致的做法，这些达成的共识也在一定程度上被本指引吸收。主要包括：第一，在对未成年被害人进行询问时，办案人员通常不穿警服或者正式的工作装，以减少未成年被害人的紧张、害怕和对抗情绪。例如，深圳市光明区在《性侵害未成年人刑事案件办理规范》中规定，为减少被性侵未成年人紧张情绪，办案人员原则上着便装开展询问。第二，办案人员会使用简单易懂的语言询问，但也存在法律专业术语如何准确转化为未成年人足以认知的通俗表达的问题。询问过程中，办案人员应当注意询问规范，避免以诱导式提问等方式给未成年被害人暗示或者提示。例如，深圳市光明区《性侵害未成年人刑事案件办理规范》规定，办案人员应当使用与被性侵未成年人年龄、认知能力、理解和表达能力一致的通俗语言进行询问取证。必要时可以使用手势、形体语言和模型、玩偶等辅助工具予以说明。避免过度使用法言法语和成人语言。第三，做游戏、使用玩偶、沙盘等辅助方法与未成年被害人建立信任关系或者安抚被害人的情绪。例如，北京市朝阳区人民检察院和昆明市盘龙区人民检察院规定，在遇到未成年被害人年龄较小、对整个事发经过表述不清时，办案人员可以结合玩偶和画画等不受外界影响的方式获取未成年人的证言。第四，心理疏导是询问中不可忽视的方法之一，但办案机关通常不会在询问前进行心理疏导，一般是先询问后疏导或者是边询问边疏导。

关联条文

《最高人民法院、最高人民检察院、公安部、司法部关于办理性侵害未成年人刑事案件的意见》

第二十三条第二款　询问未成年被害人,应当采取和缓的方式,以未成年人能够理解和接受的语言进行。坚持一次询问原则,尽可能避免多次反复询问,造成次生伤害。确有必要再次询问的,应当针对确有疑问需要核实的内容进行。

《公安机关办理刑事案件程序规定》

第三百二十四条　讯问未成年犯罪嫌疑人应当采取适合未成年人的方式,耐心细致地听取其供述或者辩解,认真审核、查证与案件有关的证据和线索,并针对其思想顾虑、恐惧心理、抵触情绪进行疏导和教育。

讯问女性未成年犯罪嫌疑人,应当有女工作人员在场。

第三百二十六条第一款　询问未成年被害人、证人,适用本规定第三百二十三条、第三百二十四条、第三百二十五条的规定。

《未成年人刑事检察工作指引(试行)》

第一百三十一条　【语言方式】询问未成年被害人的语言要符合未成年人的认知能力,能够被未成年人所充分理解。

询问可以采取圆桌或者座谈的方式进行。

询问过程中要注意耐心倾听,让未成年被害人有充分的机会表达自己观点。尽可能避免程式化的一问一答取证方式,确保其陈述的连贯性和完整性。

对于未成年被害人提出的疑问或者法律问题,应当认真予以解释和说明。

第一百四十条　【不同策略】对不同年龄段的未成年人要采取不同的询问策略,防止机械、武断的成年人思维方式和行为伤害到未成年人的身心健康及合法权益。

第一百四十一条　【注意事项】询问中应当尽量使用开放性问题,便于未成年人自由叙述回答,以此获取准确信息。注意避免诱导性询问或者暗示性询问以及对同一问题的反复询问,防止其因产生熟悉感而作出虚假性陈述。对未成年人的回答,办案人员不得用明示或者暗示的方式予以赞赏或者表示失望。

域外参考规定

《关于在涉及罪行的儿童被害人和证人的事项上坚持公理的准则》

10.在整个司法过程中应当以关爱和敏感的态度对待儿童被害人和证人,考虑到他们的个人处境和紧迫需要、年龄、性别、伤残情况和成熟程度，并充分尊重他们的身体、精神和道德的完整性。

11.每个儿童都应当被当作是有个人需要、意愿和情感的个人来对待。

13.为了避免给儿童造成更多的痛苦，应当由受过训练的专业人员以敏感的、尊重人的和周密的方式进行面谈、检查和其他形式的调查。

14.本准则中所说明的所有互动均应在考虑到儿童特殊需要的适当环境中根据儿童的能力、年龄、智力成熟程度和不断变化的行为能力以具有儿童敏感性的方式进行。它们还应当以一种儿童能够使用并且理解的语言进行。

第二十条　使用开放式问题与自由陈述

使用开放式问题进行询问，在询问笔录中如实记载未成年人陈述内容和陈述时的表现，以确保获取的案件信息更准确、全面、详细。

(1) 如实记录,避免成人化语言

办案人员应当尽可能提出开放式问题，避免使用封闭式问题，以确保未成年人自由陈述。在询问笔录中应当如实记载未成年人的陈述内容和陈述时的神态、动作等表现，避免使用成人化的语言进行概括总结。办案人员应当更多地了解未成年人对词汇的使用和理解，并据此作出相应的调整。例如，了解未成年人如何称呼身体的各个部位，并在后续的询问中使用这些词汇。

【例】你刚刚提到(复述未成年人提到的案件事实)，把发生的事情都告诉我好吗？然后发生了什么事情？

【例】你刚才提到(某人/某个东西/某个活动)，能多告诉我一些有关(某人/某个东西/某个活动)的事情吗？

(2) 认真倾听,避免表现权威性

办案人员应当认真倾听，与未成年人保持目光接触，适当点头表示肯定，让未成年人感受到陈述已经被询问人员理解与接受，促使其陈述更多的案件信息。办案人员应当尽量避免表现出权威性，避免打断未成年人或者对其陈述作出任何评论，防止未成年人作出顺从性回答。在未成年人陈述后，办案人员可以使用不含诱导性内容的提示性问题鼓励未成年人进一步陈述。

【例】我知道了,你(复述未成年人讲过的某个事情),接下来发生了什么?可以继续跟我说说吗?

(3)适当鼓励,禁止威胁与引诱

如果未成年人在陈述过程中表现出痛苦,办案人员应当鼓励未成年人,帮助他们放松心情。办案人员可以对未成年人表示同情,但不要过于个人化。应当避免与未成年人进行身体接触。对于低龄未成年人,陪同在场的人员可以在适当时抱抱他们。

办案人员不得以任何形式引诱或威胁未成年人,也不得向未成年人承诺任何奖励。一旦未成年人感到不适,办案人员应当暂时停止询问,必要时,应当再次与未成年人建立信任关系。

【例】可以使用:

没关系,慢慢来,我在听。

这不是你的错,我会陪着你。

【例】不能使用:

只要你告诉我,你就可以回家。

如果你不告诉我,你就不可以回家。

 条文主旨

办案人员通过使用开放式问题进行询问,并在询问笔录中如实记载未成年人陈述的内容和陈述时的表现,以确保获取的案件信息更准确、全面、详细。

 条文释义

使用开放式问题与自由陈述是指办案人员应当通过使用开放式问题以确保未成年人对案件事实进行自由陈述。使用开放式问题是未成年人自由陈述的前提,只有采取开放式提问,未成年人才可能进行自由陈述,而封闭式提问则限定了未成年人的答案,不利于获取准确、全面、详细的案件信息。

(一)如实记录,避免成人化语言

如实记录,避免成人化语言,是指办案人员在询问笔录中应当如实记载未成年人的陈述内容和陈述时的神态、动作等表现,避免使用成人化的语言进行概括总结。被害人陈述是《刑事诉讼法》规定的法定证据种类之一,尤其是在性侵害案件中,犯罪行为具有隐蔽性,往往出现被害人延迟报案的情况,导致客观证据灭失,此类案件中被害人的陈述对认定案件事实具有至关重要的作用。办案人员在制作询问笔录时,应当减少语言的加工,尽量如实地记录未成年被害人的陈述。例如,在记录被害人陈述的一些细节问题时,将未成年被害人的语气停顿、犹豫以及情绪反应等都记在笔录当中。

在具体询问过程中,办案人员可以先用未成年人之前使用的语言重述他提到的案件事实,然后采用开放式问题获得更多信息。办案人员应当尽可能提出开放式问题,避免使用封闭式问题,以确保未成年人自由陈述。例如,办案人员可以未成年人刚刚提到的案件事实为切入口,简单复述这一事实,然后询问未成年人"发生了什么事情?"或者以未成年人自由陈述中提到的相关地点、人物、活动作为展开进一步询问的引子,询问未成年人更多关于上述事实的信息。办案人员应当更多地了解未成年人对词汇的使用和理解,并据此作出相应的调整。例如,了解未成年人如何称呼身体的各个部位,并在后续的询问中使用这些词汇。

(二)认真倾听,避免表现权威性

认真倾听是指办案人员应当认真倾听未成年人的陈述,与未成年人保持目光接触,适当点头表示肯定,让未成年人感受到陈述已经被办案人员理解与接受,促使其陈述更多的案件信息。避免表现权威性是指办案人员在询问过程中应尽量避免表现出权威性,尽量不打断未成年人或者对其陈述作出任何评论,防止未成年人作出顺从性回答。在未成年人陈述后,办案人员可以使用不含诱导性内容的提示性问题鼓励未成年人进一步陈述。例如,使用"嗯""然后呢"来表示听懂了,等待未成年人继续陈述,或者重复未成年人最后一句陈述,提出"关于你提到的……接下来发生了什么?可以继续跟我说说吗?"

(三)适当鼓励,禁止威胁与贿赂

适当鼓励是指,如果未成年人在陈述过程中表现出痛苦,办案人员应当鼓励未成年人,帮助他们放松心情,以保障询问顺利进行。例如,办案人员可以使用"没关系,慢慢来,我在听""这不是你的错,我会陪着你"等方式安抚未成年人。办案人员可以对未成年人表示同情,但不要过于个人化,在正式询问开始后应尽量避免与未成年人进行身体接触。例如,不要俯身拥抱未成年人或使用"亲爱的""小可爱"等亲昵的语言称呼未成年人。禁止威胁与引诱是指,办案人员不得以任何形式威胁或贿赂未成年人,例如,询问时提到"只要你告诉我,你就可以回家"或者"如果你不告诉我,你就不可以回家",也不得向未成年人承诺任何奖励。

 条文论证

(一)理论阐释

相较于成年人,未成年人身心发展未臻健全,易于受到暗示和伤害,西方国家往往将他们归为"脆弱证人"。正是基于未成年人具有脆弱性和易受暗示性两大特征,需要构建适合未成年人的询问程序。围绕询问程序进行的相关研究表明,作为一名经验丰富的警察,询问未成年人一般都从闲聊开始,让未成年人先陈述,随便说什么都可以。也可以在询问前 10—15 分钟什么都不说,只是等待未成年人自己开口陈述。有时可能出现未成年人在两个多小时的时间内都不开口陈述,直到第三个小时才开始陈述的情况,办案人员要有耐心,未成年人自己愿意陈述至关重要。在自由陈述过程中,很多未成年人难以将整个案件事实的经过和盘托出,这源于记忆的局限性,所以尽管办案人员可能会对未成年人的陈述抱有一些预期,但是这种预期绝对不可以成为对他们的要求。

未成年人,特别是低龄未成年人具有易受暗示性的特征,在与成年人的交流中,他们会表现出"尊重"而避免发生冲突。因此,未成年人愿意顺从、取悦成年人,他们会在成年人的提问中推断出成年人喜欢的答案而做出回答,即使这个答案不是真实情况。为了避免得到错误的回答,办案人员就应当极力避免使用带有暗示性的询问方法。国外儿童司法询问理论将暗示性询问方法定义为"使用陈述或问题,引入未公开的有关指控的信息(或使用假设方法提出),并以强烈传达预期回应的方式来表达"。如当未成年人说出"我们躺在沙发上"时,访谈者提问:"他躺在你身上,还是你躺在他身上?"这就引入了未成年人并未提及的两人位置关系,并引发了未成年人的"识别"而非"回忆"。

为了避免发生暗示,以及在暗示下获得虚假陈述,研究者开发了漏斗式的系列问题提问方法。简言之,此方法强调使用开放式问题(漏斗的宽口),作为询问起始和主要(至少是前期)交流方式。根据未成年人回答给出的信息,将问题逐渐具体(收窄的过程),其实质就是询问由外(外围)至内(中心)、由虚(模糊抽象)至实(清晰具体),先开放再封闭的过程。开放式问题对回答的范围限定较小,能够引出被询问者更多的陈述;且一般不会"引入未公开的有关指控的信息",通常不具有暗示性,会带来更准确的回答;开放式问题的优势还因不控制或最小控制对方回答内容,而使未成年人处于主导地位,依靠自由回忆来回答问题。如"请说说今天你为什么会到我们这里?",如果未成年人回答"一个叔叔摸我了",办案人员可以根据此回答给出的信息线索,继续使用开放式问题"请详细说说那个叔叔摸你的事情",以得到更多细节陈述。一位挪威首席警官在研究中发现,在采用开放式和封闭式问题的询问过程当中,可以发现那些采用开放式问题询问的定罪率要远远高于封闭式问题。所以,如果可以,一定要尽量问开放式的问题。研究人员发现,90%有矛盾有冲突的细节,都是由封闭式和暗示性问题导致的,而且这种矛盾的信息98%都关乎指控。但是,如果采用开放式的提问方式,询问并没有出现矛盾性的细节。[①] 因此,对于被害未成年人的询问应当以开放式问题和自由陈述为开端,并遵循漏斗式提问的方法。

  对于年幼未成年被害人陈述的内容,办案人员的记录应当忠实于原话,不得随意加工或归纳,要客观描述被性侵害的部位和方式。可以在笔录中记载未成年人陈述时的语气、神情、动作等,以增强未成年人陈述的证明力。询问笔录要保持未成年人的语言风格和特点,不应把未成年人的陈述记录为成年人用语,造成人为的失真。办案人员应当在笔录中注意记载未成年被害人陈述时的语气、神情和动作。询问笔录应当交由未成年被害人及到场的法定代理人或合适成年人当场阅读核对。对于没有阅读能力的,应当向其宣读。未成年被害人及到场的法定代理人或合适成年人核对无误后,分别在笔录上逐页签名确认。一些地区检察机关联合公安机关出台关于刑事案件未成年被害人"一站式"取证工作的规定,并下发未成年被害人询问笔录参考模板,进一步规范询问人员、

[①] 参见《域外丨性侵害未成年人案件办理机制线上研讨(五):英格兰威尔士地区办理性侵害未成年人案件询问程序中的关键步骤与技巧》,载微信公众号"法司年少",https://mp.weixin.qq.com/s/AlYQ7rR1AqjXD-k1jy4DvA,最后访问时间:2024年7月18日。

时间、地点、用语、隐私保护等内容。对需借助儿童保护、心理工作人员等专业人员的帮助、辅助才能表述清楚的问题，办案人员应当在笔录中如实记录该过程，并应另行就帮助、辅助回答的过程和内容，对儿童保护、心理工作等专业人员进行询问，形成询问笔录附卷。

(二) 实践探索

调研发现，虽然各地区办案机关都意识到未成年被害人陈述对于办理性侵害未成年人案件的重要性，要求询问未成年被害人必须进行同步录音录像，但对于如何制作未成年人询问笔录则缺少相应的规范，公安机关制作的询问笔录内容较为粗糙。例如，笔录归纳内容过多、缺乏准确的被害人语气、神情及细节记载，或者存在按照成年人用语习惯对未成年被害人的陈述进行概括性记录的情况等。由于这是实地调查中反映较为普遍的问题，询问指引在相关条文设计中做了针对性的设计。

此外，个别地区在地方规范性文件中就询问技巧作出了规定，例如，深圳市光明区在《性侵害未成年人刑事案件办理规范》中规定，被性侵未成年人对发案可能存在过失，或者案件有其他可能令人产生较大不良情绪的，办案人员应当在询问过程中注意保持情绪平和，避免表露个人情绪或使用非理性语言。为保护被性侵未成年人记忆的完整性，办案人员应当安排被性侵未成年人不间断自由叙述。不轻易打断陈述，避免出现记忆断层和心理暗示。办案人员不应当因书写或打字需要而打断未成年人的陈述。无法同步记录的，可以在询问结束后，根据同步录音录像的记录整理笔录，交未成年人及其法定代理人或合适成年人确认。

关联条文

《最高人民法院、最高人民检察院、公安部、司法部关于办理性侵害未成年人刑事案件的意见》

第二十五条　询问未成年被害人应当问明与性侵害犯罪有关的事实及情节，包括被害人的年龄等身份信息、与犯罪嫌疑人、被告人交往情况、侵害方式、时间、地点、次数、后果等。

询问尽量让被害人自由陈述，不得诱导，并将提问和未成年被害人的回答记录清楚。

记录应当保持未成年人的语言特点,不得随意加工或者归纳。

《公安机关办理刑事案件程序规定》

第三百二十六条第二款 询问未成年被害人、证人,应当以适当的方式进行,注意保护其隐私和名誉,尽可能减少询问频次,避免造成二次伤害。必要时,可以聘请熟悉未成年人身心特点的专业人员协助。

《未成年人刑事检察工作指引(试行)》

第一百三十一条 【语言方式】询问未成年被害人的语言要符合未成年人的认知能力,能够被未成年人所充分理解。

询问可以采取圆桌或者座谈的方式进行。

询问过程中要注意耐心倾听,让未成年被害人有充分的机会表达自己观点。尽可能避免程式化的一问一答取证方式,确保其陈述的连贯性和完整性。

对于未成年被害人提出的疑问或者法律问题,应当认真予以解释和说明。

第一百四十条 【不同策略】对不同年龄段的未成年人要采取不同的询问策略,防止机械、武断的成年人思维方式和行为伤害到未成年人的身心健康及合法权益。

第一百四十一条 【注意事项】询问中应当尽量使用开放性问题,便于未成年人自由叙述回答,以此获取准确信息。注意避免诱导性询问或者暗示性询问以及对同一问题的反复询问,防止其因产生熟悉感而作出虚假性陈述。对未成年人的回答,办案人员不得用明示或者暗示的方式予以赞赏或者表示失望。

第一百四十二条 【适时引导】询问过程中,对于有过错的未成年被害人,办案人员应当结合具体案情及未成年被害人的个体情况,适时开展有针对性的行为规范和法治教育。

域外参考规定

《关于在涉及罪行的儿童被害人和证人的事项上坚持公理的准则》

16.向儿童被害人和证人及其家庭提供的司法过程和支助服务应当以敏感的态度对待儿童的年龄、愿望、理解、性别、性趋向、种族、文化、宗教、语言和社会背景、种姓、社会经济条件以及移民或难民地位,同时还应以敏感的态度注意到儿童特殊需要,包括健康、能力和行为能力。专业人员应当接受有关这些差别的培训和教育。

第二十一条　针对性提问

促使未成年人陈述尚未讲出/讲清的案件事实,如果涉及多起犯罪事实,确保未成年人完整陈述每一次犯罪事实。

(1)结合已获取信息进行针对性提问

在办案人员尽可能提出开放式问题后,未成年人仍然没有讲出/讲清案件事实的重要细节,应当结合未成年人在自由陈述过程中提到的信息进行针对性提问,以获取更多的案件信息,或者澄清歧义。

注意首先将未成年人的注意力集中到他之前主动提到的细节上,然后再进行针对性提问。提问内容应当明确,每次只提出一个问题,每个问题只包含一个要点,让未成年人有足够的时间完成回答后,再问另一个问题。

【例】复述未成年人提到的(地点/人/物等),然后直接提出问题:

"你提到你当时在(商店/公园),那你是在(商店/公园)的哪个地方?"

"你刚刚说××(用一个长长的东西打你),描述那个东西给我听好吗?"

(2)复述问题或提问完毕后再次询问

当未成年人不理解询问问题时,办案人员可以适当复述问题。如果未成年人暂时不愿意回答或无法回答特定问题,办案人员可以在其他问题提问完毕后,再回到这个问题上,而不是坚持要求未成年人立即回答。如果未成年人对某一特定问题的回答不完整或存在歧义,办案人员可以采用不同的提问方式再次提出这个问题。

【例】如果未成年人没有回答出关于案件发生更为具体的地点,则继续提问:

"你当时是在这里(未成年人提到的地点)吗?"

"这里(未成年人提到的地点)有什么让你印象深刻的(人/物/活动)吗?"

(3)涉及多起案件可使用特定问题识别

在明显存在多起性侵害案件的情况下,可以使用特定问题加以识别。办案人员可以将未成年人的注意力聚焦于第一次或最后一次性侵害事件,让未成年人完整地描述该事件。待未成年人完整描述某一特定事件后,可以将这一事件作为询问其他(先前/后续)事件的参照。在开始询问下一次犯罪事实之前,要确保已经就这一次犯罪事实取得所有需要知道的细节。

> 注意：询问非常年幼的未成年人时这一方法可能帮助不大，因为他们对"第一次""最后一次"等时间术语的理解往往是有限的。
> 【例】告诉我(第一次/最后一次)发生的全部事情好吗？
> 然后发生了什么？能再多告诉我一些有关(未成年人刚才提到的某人/某物/某个活动等)的事情吗？

 条文主旨

办案人员通过针对性提问促使未成年人陈述尚未讲出或者尚未讲清的案件事实，如果涉及多起犯罪事实，确保未成年人完整陈述每一次犯罪事实。

 条文释义

（一）结合已获取信息进行针对性提问

结合已获取信息进行针对性提问是指，在办案人员尽可能提出开放式问题后，未成年人仍然没有讲出或者讲清案件事实的重要细节，办案人员应当结合未成年人在自由陈述过程中提到的信息进行针对性提问，以获取更多的案件信息或者澄清歧义。办案人员应当注意首先将未成年人的注意力集中到他之前主动提到的细节上，然后再进行针对性提问。例如，复述未成年人提到的地点、人员、物品等，然后直接提出问题，"你提到你当时在商店、公园，那你是在商店、公园的哪个地方？"或者"你刚刚说××用一个长长的东西打你，描述那个东西给我听好吗？"办案人员应注意，提问内容应当明确，每次只提问一个问题，每个问题只包含一个要点，确保未成年人有足够的时间完成回答后，再问另一个问题。提问应当尽量简单，不提抽象的问题，不以假设为前提来提出问题，不使用双重否定句、复杂句式和长句。尽量使用主动句提问，尽量使用代称，如"他""她"和"他们"，而不是说出具体人名。办案人员应尽量使用未成年人已经提供的信息、词语或概念，例如时间、地点、人物等。当话题发生变化时，应当使用过渡性语句提示未成年人话题的转变，以减少歧义或误解，例如"我现在想继续谈论别的事情"。

（二）复述问题或提问完毕后再次询问

复述问题是指，当未成年人不理解询问问题时，办案人员可以适当复述问题。例如，如果未成年人没有回答出关于案件发生更为具体的地点，办案人员可以适当复述未成年人提到的地点，并询问"你当时是在这里吗？""这里有什么让你印象深刻的人、物或者活动吗？"提问完毕后再次询问是指，如果未成年人暂时不愿意回答或无法回答特定问题，办案人员可以在其他问题提问完毕后，再回到这个问题上，而不是坚持要求未成年人立即回答。如果未成年人对某一特定问题的回答不完整或存在歧义，办案人员可以采用不同的提问方式再次提出这个问题。必要时，可以要求被询问人复述办案人员提出的问题，以检验其是否准确理解问题。

在针对性提问过程中，如果未成年人的陈述中出现超出常识的概念时，办案人员有必要适度追问，澄清歧义。例如，把"精液"说成"胶水"或"牛奶"。当未成年人在陈述中使用了指代敏感部位的术语，办案人员不应认为未成年人已经完全理解术语的含义，应当态度温和地要求其作出解释。对身体敏感部位的确认不应直接在未成年人或办案人员的身体上进行，应该借助解剖图或玩偶完成。

低龄未成年人难以准确说出犯罪嫌疑人的身高、体态、相貌、犯罪时间等细节，可以参照未成年人熟悉的时间、人、事物获得相对性的信息。具体包括：①位置信息，例如"后面""前面""下面""上面"，需要让未成年人解释这些词语的含义；②时间信息，可以使用令人难忘的或者例行事件作为参考标记，例如生日、学校或家庭的作息；③长度、身高、体重、年龄等信息，可以参照未成年人熟悉的时间、人、事物对其进行询问。

(三) 涉及多起案件可使用特定问题识别

涉及多起案件可使用特定问题识别是指，在明显存在多起性侵案件的情况下，办案人员可以将未成年人的注意力聚焦于第一次或最后一次性侵事件，让未成年人完整地描述该事件。待未成年人完整描述某一特定事件后，可以将这一事件作为询问其他先前或者后续事件的参照。在开始询问下一次犯罪事实之前，要确保已经就这一次犯罪事实取得所有需要知道的细节。例如，可以这样询问未成年人，"告诉我第一次或者最后一次发生的全部事情好吗？然后发生了什么？能再多告诉我一些有关你刚才提到的某人、某物、某个活动等的事情吗？"应当注意，询问非常年幼的未成年人时这一技巧可能帮助不大，因为他们对"第一次""最后一次"等时间术语的理解往往是有限的。未成年人前后陈述不一致并不一定代表未成年人在说谎。办案人员应该在未成年人自由陈述结束后对前后陈述不一致的情况进行核实,在核实的过程中不应对未成年人表现出怀疑或暗示未成年人他们在说谎。

 条文论证

(一)理论阐释

相关研究表明,未成年人易于受暗示,部分专家一度认为未成年人的记忆是绝对不可靠的。但是,当前众多心理学研究已经证实,从5—7岁开始,未成年人的记忆基本上与成年人相同。而针对未成年人的询问是否可靠主要取决于办案人员如何提问,询问方法对于未成年人的询问质量至关重要。应当注意,每一个未成年人都是独特的,他们有自己的个性、记忆方式以及语言发展能力。尤其是针对低龄的未成年人,询问时可能听到未成年人陈述不属于这个年龄阶段的用语,但对此不能一概否定,因为每个未成年人的语言发展水平不同。询问时需要注意以下几点:

其一,在语义方面,需要注意未成年人陈述时所用语词的含义。未成年人在陈述某个词汇时的语义往往指向不是很清楚,他们可能对词汇有一些基本的理解,但是可能会过度延伸词语的意思,或者形成自己的独特语言理解。

其二,未成年人认知发展中的优先级与成年人存在差别。在认知发展中关键的中心性细节,尤其是与感情相关的,易于被人们记住。但是需要注意,对未成年人来说,什么是"关键"可能与成年人认为的截然不同。例如,我们经常需要的一些描述性信息,在未成年人看来无关紧要。所以,在描述信息的时候,办案人员必须告诉未成年人希望从他们这里获知的内容。例如,当询问未成年人时,他们通常只会进行非常简要的陈述,需要通过描述细节的方式来提醒他们,办案人员希望听到的是更细致的内容。

其三,未成年人对许多概念的认知与成年人有所不同,对于如身高、体重、位置、时间等概念的认知都不擅长。例如,未成年人可能不会理解后面、前面、上面、下面这样的位置性的概念。又如,未成年人可能会认为20岁左右非常老,之所以如此是因为他们可能知道的最大数字就是20,所以他们认为20岁就非常老了。这时有经验的办案人员应该问一些探究性的问题。例如,"你说20岁是指什么?""具体是什么样子?"办案人员要时时刻刻提示自己询问的对象是未成年人。

(二)实践探索

从实地调研来看,一些地区在一些具体的询问技术和程序操作上并没有特别的安排,与询问成年被害人适用同样的规则,实际上并没有突出未成年被害人的主体性,不利于对未成年被害人的特别保护。部分地区对未成年被害人陈述细节的审查较为细致,办案人员往往更加关注未成年被害人陈述的细节内容是否符合未成年人的年龄、身心特点、逻辑思维和语言表达能力等,陈述的过程是否符合正常逻辑,并会通过对未成年被害人的生活环境、家庭情况等进行社会调查,来辅助判断未成年被害人的认知观念和行为习惯。对于不同年龄段的未成年被害人所做的陈述,考虑的因素则有所侧重,对于年纪较小的未成年人只要能说明事实大概情况即可,比如受害日期、犯罪嫌疑人的身体特征、衣服颜色等。通常而言,对于年龄较小的未成年人,陈述缺乏逻辑就是最符合未成年人特点的情况,所以如果年龄较小的未成年人所做的陈述特别细致、完整,实际上并不符合其未成年人的身份特征,对于陈述的真实性就需要予以慎重考察。对于家长报案的案件中,未成年被害人陈述和家长报案时的陈述可能会出现不同,例如有的未成年被害人是自愿与他人发生性关系,但在家长到场的情况下未成年被害人可能会说有暴力、胁迫等情节,但同时又可能有其他证据表明未成年被害人是在说谎,这种情况下就不能认定未成年被害人陈述的真实性,具体情况需要根据个案进行分析。此外,实践中会出现未成年被害人陈述中的一些细节与案发环境或过程无法一一对应的问题,这就需要结合未成年人的思维方式来审查判断未成年被害人的陈述细节是否符合未成年人的一般逻辑。

对于未成年被害人陈述前后反复或个别情节不一致的审查,实践中检察官、法官往往会结合未成年被害人身心发育程度和遭受性侵害后的应激障碍等情况,综合分析未成年被害人陈述出现反复情况是否正常。只要未成年被害人对于遭受性侵害的时间、地点、方式等基本事实能够作出较为清晰的陈述,办案机关通常情况下会认定其陈述的真实性。

关联条文

《最高人民法院、最高人民检察院、公安部、司法部关于办理性侵害未成年人刑事案件的意见》

第三十条　对未成年被害人陈述,应当着重审查陈述形成的时间、背景,被害人年龄、认知、记忆和表达能力,生理和精神状态是否影响陈述的自愿性、完整性,陈述与其他证据之间能否相互印证,有无矛盾。

低龄未成年人对被侵害细节前后陈述存在不一致的,应当考虑其身心特点,综合判断其陈述的主要事实是否客观、真实。

未成年被害人陈述了与犯罪嫌疑人、被告人或者性侵害事实相关的非亲历不可知的细节,并且可以排除指证、诱证、诬告、陷害可能的,一般应当采信。

未成年被害人询问笔录记载的内容与询问同步录音录像记载的内容不一致的,应当结合同步录音录像记载准确客观认定。

对未成年证人证言的审查判断,依照本条前四款规定进行。

第三十一条　对十四周岁以上未成年被害人真实意志的判断,不以其明确表示反对或者同意为唯一证据,应当结合未成年被害人的年龄、身体状况、被侵害前后表现以及双方关系、案发环境、案发过程等进行综合判断。

域外参考规定

《关于在涉及罪行的儿童被害人和证人的事项上坚持公理的准则》

14.本准则中所说明的所有互动均应在考虑到儿童特殊需要的适当环境中根据儿童的能力、年龄、智力成熟程度和不断变化的行为能力以具有儿童敏感性的方式进行。它们还应当以一种儿童能够使用并且理解的语言进行。

第二十二条　结束询问

使用未成年人的用语总结其所提供的案件事实的重要信息,确保没有遗漏或者记录有误。

（1）查漏补缺

在结束询问前,如果未成年人仍然没有陈述案件的关键信息,可以先针对此前提到的案件事实再次进行询问,注意使用开放式问题引导未成年人陈述更多信息。办案人员应当对询问内容进行总结,注意尽可能使用未成年人使用过的语言和措辞概述他们所说的话,确保这些内容被正确理解。应当明确告知如果询问遗漏了任何内容,或者对某些事项记录有误,需要未成年人及时提出并纠正。

【例】(总结询问内容)是这样吗?
【例】我有没有漏掉什么内容?
【例】我刚刚讲到的有什么地方不对吗?

(2)针对救助事项专门询问

办案人员应当对未成年人需要救助的事项进行专门询问。

【例】生活上有什么困难吗?需要我为你提供哪些帮助?
【例】如果心里不舒服或者很难受,不要憋着,一定告诉我。

(3)确认是否需要补充

办案人员应当感谢未成年人就参与询问所花费的时间和付出的努力,询问是否有需要补充的内容,是否有需要向办案人员提出的问题,并告知未成年人询问结束后想要再次就案件事实提供信息的联系方式。

【例】还有什么没有说的话想告诉我吗?
【例】如果你还想找我聊聊,可以打这个电话号码。

(4)避免未成年人消极情绪

结束询问时可以聊一些"中性"的话题,无论询问结果如何,都应尽一切努力避免未成年人的消极情绪,使其保持积极的心态。

【例】今天你告诉了我好多事情,谢谢你,接下来打算去哪里呢?
【例】从这里回家要多久啊?最近有没有很想做的事情?

(5)书面自述

对羞于启齿的未成年人,可以采用书面自述的形式,鼓励未成年人把自己的想法与需求写下来。

条文主旨

办案人员使用未成年人的用语总结其所提供的有关案件事实的重要信息,以确保没有遗漏或者记录有误,并就救助等保护性事项进行专门询问。

条文释义

（一）查漏补缺

在结束询问前，如果未成年人仍然没有陈述案件的关键信息，可以先针对此前提到的案件事实再次进行询问，注意同样应当使用开放式问题引导未成年人陈述更多的信息。同时，办案人员应当对询问内容进行总结，注意尽可能使用未成年人使用过的语言和措辞概述他们所说的话，以确保这些内容被正确理解。在这一阶段，办案人员应当明确告知未成年人，如果询问遗漏了任何内容，或者对某些事项记录有误，需要未成年人及时提出并纠正。例如，办案人员在总结询问内容后继续询问，"是这样吗？我有没有漏掉什么内容？""我刚刚讲到的有什么地方不对吗？"

（二）针对救助事项专门询问

基于特殊保护和优先保护的需要办案人员应当就未成年人需要的救助事项进行专门询问，在了解未成年人需求的情况下链接相应社会资源为未成年人提供相关救助。例如，办案人员可以询问未成年人，"生活上有什么困难吗？""需要我为你提供哪些帮助？""如果心里不舒服或者很难受，不要憋着，一定告诉我。"

（三）确认是否需要补充

办案人员应当在感谢未成年人就参与询问所花费的时间和付出的努力的基础上，询问其是否有需要补充的内容，是否有需要向办案人员提出的问题，以确保未成年人已经就本次询问陈述了所有相关信息。同时，应当告知未成年人询问结束后想要再次就案件事实提供信息的联系方式，以方便未成年人随时联系办案人员并陈述相关案件信息。例如，办案人员可以询问未成年人，"还有什么没有说的话想告诉我吗？""如果你还想找我聊聊，可以打这个电话号码。"

（四）避免未成年人消极情绪

在很多情况下，无论询问如何避免或降低可能造成的伤害，未成年人回忆被害的过程都可能陷入消极情绪。办案人员在结束询问时可以聊一些"中性"的话题，尽量减少未成年人在接受询问过程中产生的消极、负面、悲观情绪。对于办案人员而言,无论询问结果如何,都应尽一切努力避免未成年人的消极情绪,使其保持积极的心态。例如,办案人员可以告诉未成年人,"今天你告诉了我好多事情,谢谢你,接下来打算去哪里呢?""从这里回家要多久啊?最近有没有很想做的事情?"

(五)书面自述

书面自述是指,对于羞于启齿的未成年人,可以采用书面自述的形式,鼓励未成年人把自己的想法与需求写下来。通过书面自述,帮助那些不愿意或者难以表达的未成年人把与案件事实相关的信息书写下来,从而避免未成年人在询问中"一言不发"导致办案人员难以获取相关信息。

 条文论证

(一)理论阐释

相关研究表明,在询问结束的阶段,办案人员应当对整个询问的内容进行总结,需要注意在总结被害人之前陈述的内容时,应当尽可能使用他们用过的一些词语和措辞。有时办案人员总结的过程可能会激活未成年人记忆中的某些信息,促使他们向警方提供一些额外的线索或证据。

(二)实践探索

调研发现,各个地区在链接社会资源方面采取的主流方式是通过"一站式"办案救助机制整合办案取证、身体检查、心理抚慰、社会支持等功能,从而发挥对未成年人予以综合保护、特别保护的作用。其中,对于需要心理辅导、法律援助、司法救助、社工帮助等服务的,办案人员也可以通过"一站式"办案救助机制为未成年被害人提供"一站式"、全方位的综合保护服务。但在实践中,由于可利用的社会资源有限,各地区在社工培育和发展、专业心理咨询人员的培训等方面还比较薄弱,尚无法适应司法实践的迫切需要。

此外,实践中链接社会资源有可能出现对未成年被害人隐私保护不力的情况。在个案中,需要为未成年人链接相关的医疗诊治、教育就学、心理辅导、司法救助、社会救助安置等相关资源,在链接其他社会资源的过程中可能会导致更多的群体和人员了解到未成年被害人的情况及其个体信息。特别是在为未成年被害人链接一些非必要或者非未成年被害人个体需要的社会资源时，就可能与保护未成年人隐私存在一定程度的冲突。因此，如何准确评估对不同的未成年被害人在链接社会资源上的必要性以及链接哪些社会资源，以将其他人员对未成年被害人相关信息的了解控制在最小范围内，严格落实保护未成年人隐私和个人信息的原则，减少对未成年被害人的二次伤害，仍需进一步关注和研究。

关联条文

《中华人民共和国未成年人保护法》

第一百零四条第一款　对需要法律援助或者司法救助的未成年人，法律援助机构或者公安机关、人民检察院、人民法院和司法行政部门应当给予帮助，依法为其提供法律援助或者司法救助。

第一百一十一条　公安机关、人民检察院、人民法院应当与其他有关政府部门、人民团体、社会组织互相配合，对遭受性侵害或者暴力伤害的未成年被害人及其家庭实施必要的心理干预、经济救助、法律援助、转学安置等保护措施。

第一百一十六条　国家鼓励和支持社会组织、社会工作者参与涉及未成年人案件中未成年人的心理干预、法律援助、社会调查、社会观护、教育矫治、社区矫正等工作。

《最高人民法院、最高人民检察院、公安部、司法部关于办理性侵害未成年人刑事案件的意见》

第三十二条　人民法院、人民检察院、公安机关办理性侵害未成年人刑事案件，应当根据未成年被害人的实际需要及当地情况，协调有关部门为未成年被害人提供心理疏导、临时照料、医疗救治、转学安置、经济帮扶等救助保护措施。

第三十六条　对未成年人因被性侵害而造成人身损害，不能及时获得有效赔偿，生活困难的，人民法院、人民检察院、公安机关可会同有关部门，优先考虑予以救助。

《未成年人刑事检察工作指引（试行）》

第九条　【内部联动机制】人民检察院未检部门在工作中发现侵害未成年人合法权益的犯罪线索，应当及时移送有关部门予以查处，并协调做好保护未成年人工作。其他检察业务部门在工作中发现侵害未成年人合法权益或者涉案未成年人需要心理疏导、救助帮教等情况，应当及时移送未检部门处理或者通知未检部门介入协助干预。

对于涉及未成年人权益保护的具有重大社会影响、疑难复杂等案件，上级人民检察院要加大对下级人民检察院的业务指导和案件督办。下级人民检察院应当及时将有关情况报告上级人民检察院。

第十一条 【外部联动机制】人民检察院应当加强与政法机关及教育、民政等政府部门、未成年人保护组织等机构的联系，积极促进和完善合作机制，形成司法保护与家庭保护、学校保护、政府保护、社会保护的衔接一致。

第十二条 【借助专业力量】人民检察院可以通过政府购买服务、聘请专业人士等方式，将社会调查、合适成年人到场、心理疏导、心理测评、观护帮教、附条件不起诉监督考察等工作，交由社工、心理专家等专业社会力量承担或者协助进行，提高未成年人权益保护和犯罪预防的专业化水平，推动建立健全司法借助社会专业力量的长效机制。

第七十四条 【基本要求】人民检察院应当充分维护未成年被害人的合法权益，协调相关部门，综合运用司法救助、心理救助、社会救助等多种方式和手段，帮助其健康成长。

第七十六条 【司法救助】未成年被害人具有下列情形之一的，人民检察院应当告知未成年被害人及其法定代理人或者其他近亲属有权申请司法救助：

（一）受到犯罪侵害急需救治，无力承担医疗救治费用的；

（二）因遭受犯罪侵害导致受伤或者财产遭受重大损失，造成生活困难或者学业难以为继的；

（三）赔偿责任人死亡或者没有赔偿能力、不能履行赔偿责任，或者虽履行部分赔偿责任，但不足以解决未成年被害人生活困难的；

（四）人民检察院认为应当救助的其他情形。

未成年被害人及其法定代理人或者其他近亲属提出司法救助申请的，未成年人检察部门应当及时将当事人情况、案件基本事实及救助申请等材料转交刑事申诉检察部门办理。

对于符合救助条件但未成年被害人及其法定代理人或者其他近亲属未提出申请的，未成年人检察部门可以主动启动救助程序，收集相关材料，提出救助意见，移送刑事申诉检察部门办理。

第七十七条 【心理救助】人民检察院对于遭受性侵害、监护侵害以及其他犯罪侵害，严重影响心理健康的未成年被害人，应当按照本章第五节的规定对其进行心理救助。

第七十八条 【社会救助】人民检察院可以根据未成年被害人的特殊困难及本地实际情况，协调有关部门按照社会救助相关规定进行救助。

未成年被害人家庭符合最低生活保障条件或者本人未满十六周岁，符合特困供养人员条件的，人民检察院可以帮助被害人向有关部门提出申请。

未成年被害人的监护人无法履行监护职责、生活无着的，人民检察院可以征询其本人意见，协调有关部门安置或者将其妥善送交其他愿意接收的亲属。

适龄未成年被害人有劳动、创业等意愿但缺乏必要的技能或者资金的，人民检察院可以协调有关部门为其提供技能培训、就业岗位申请等帮助。

第七十九条 【综合救助】未成年被害人同时面临多种严重困难的，人民检察院应当协调有关部门进行综合救助。

对于未成年人进行救助的情况应当记录在案，并随案将救助情况移送有关部门。

域外参考规定

《关于在涉及罪行的儿童被害人和证人的事项上坚持公理的准则》

22.儿童被害人和证人以及在适当情况下他们的家庭成员应当有权利用按下文第40至42段所述接受过相关培训的专业人员提供的援助。这种援助可以包括各方面的援助和支助服务，例如资金、法律、咨询、健康、社会和教育方面的服务，生理和心理恢复服务以及儿童重返社会所需要的其他服务。所有这些援助都应考虑到儿童的需要并使其能够有效地参与司法过程的各个阶段。

23.在协助儿童被害人和证人时，专业人员应当尽一切努力协调各种支助服务，以使儿童不受到过多的干预。

第三章

询问内容

性侵害未成年人案件主要涉及两类犯罪,一是强奸类犯罪,具体罪名包括强奸罪、负有照护职责人员性侵罪;二是猥亵类犯罪,具体罪名包括强制猥亵、侮辱罪和猥亵儿童罪。由于这两类犯罪是性侵害未成年人案件中最常见的犯罪,本章主要针对这两类罪名的询问设计指引,以确保询问内容具有针对性并且覆盖强奸类与猥亵类两类最主要犯罪定罪量刑所涉及的主要询问要点,尽量实现一次性询问。本章分为三部分内容,分别为基本信息、基本案情调查和其他内容。首先,调查核实案件基本信息和基本案情,根据侵害手段初步判断侵害未成年人的行为类型,以便对强奸或猥亵的行为类型再进行针对性的进一步询问。其次,根据强奸类与猥亵类犯罪的构成要件等展开后续的详细询问。最后,对两类犯罪涉及的其他共同询问内容,如再次核实报案情况、询问被害人对案件处理的意见和救助保护内容等。

需要说明的是,本章针对的是对强奸、猥亵案件构成要件细节之处的调查询问,设计对具体犯罪手段进行提问的例子的主要目的是提示办案人员应注意的询问要点。实践中这些询问要点(犯罪细节)往往是在经过本指引第二部分的开放式陈述和针对性询问之后才可能涉及。为此,部分提问例子展示了"漏斗式询问法"(详见本指引第20条)的提问过程,即在开放式问题或开放式问题配合指导式问题后,被询问未成年人未给出相关细节,最后使用指导式或选项式问题,进一步针对具体细节(询问要点)进行询问。同时,部分例子未完整展现漏斗式提问的过程,可以理解为在提出这些问题之前已经使用了开放式问题,在未获得足够有效信息的情况下,才使用了指导式或选项式问题进行提问,同时这些指导式或选项式问题的提出原则上也应当建立在之前的询问中未成年人已经提到的信息基础之上。

第一部分　基本信息

> **第二十三条　未成年人基本情况及其监护状况**
>
> 办案人员应当首先询问未成年人的基本情况，包括基本身份信息、学习和工作情况等，以及未成年人的监护状况，包括父母的基本信息、实际监护情况等。
>
> 【例】你的基本情况：姓名、性别、民族、出生年月日、公历农历、生肖属相、身份证号、文化程度、学习和工作情况、户籍地及居住地等。
>
> 【例】你父母基本情况：父母姓名、工作、联系方式、家庭情况、共同居住情况和实际监护情况等。
>
> 在询问低龄未成年人生日时，可采取较为生活化的模式判断公历与农历。
>
> 【例】你平时哪一天过生日？是不是每一年都是同一天呢？

 条文主旨

被害人基本情况及其监护状况系询问内容中不可或缺的部分，办案人员应当首先获知被害人的基本信息，厘清年龄因素、监护状况等内容，根据基础性质的信息内容开展后续的询问。

 条文释义

被害人基本情况包括但不限于下述要素：姓名、性别、民族、出生年月日、公历农历、生肖属相、身份证号、文化程度、学习和工作情况、户籍地及居住地。亦可在询问外，参考书面资料（如入学名册、儿童资料索引）等辅助确认被害人的基本情况。对于认知水平不足的低龄未成年人，可以采取较为生活化的询问方法，以具体判断公历与农历生日。

条文论证

性侵害未成年人案件中,因为被害人均为未成年人,年龄因素、监护状况等内容的获取对于询问工作的开展具有重要意义。厘清年龄因素直接决定了后续的具体行为之询问方向,获悉监护状况则有利于询问的顺利开展。上述两方面内容可以从被害人年龄、父母基本情况、父母姓名、工作、联系方式、家庭情况、共同居住情况和实际监护情况等细节问题入手。这一询问内容亦可结合相关背景资料加以核实,如有研究者认为,询问前应当了解基本案情和未成年被害人的情况,包括其性格、身体、成长、心理及精神状态以及家庭情况等。① 充分的背景信息掌握可以有效地规避低龄未成年人无法准确陈述情况等问题。

关联条文

《未成年人刑事检察工作指引(试行)》

第一百三十九条 【询问内容】询问未成年被害人主要有以下内容:

(一)核实未成年人,特别是性侵害案件未成年被害人的年龄身份情况,问明具体出生年月日、公历还是农历、生肖属相、每年何时过生日、就学就业经历、家庭成员的年龄情况等;

……

第二部分 基本案情

第二十四条 初步核实案情

办案人员就案情向未成年人初步核实时,可参考本指引第二章"询问流程"第十九条"引入案件相关话题"相关内容,以被害人开放式描述为主。

【例】请告诉我整件事情的经过,谢谢你。

【例】请告诉我那天发生了什么事情,谢谢你。

【例】请告诉我关于×××更多的细节?

---

① 参见张寒玉、王英:《办理性侵未成年人犯罪案件证据指引》,载《青少年犯罪问题》2019 年第 4 期。

条文主旨

在获取到被害人基本情况及其监护状况等基本信息后,基本案情系询问内容的一大重点,初步核实案情作为基本案情调查的第一步有着重要的意义,其对于回溯案情经过、复盘案件细节起着积极的作用,为后续针对"具体行为"的深入询问奠定基础。

条文释义

此部分是对基本内容的了解,先由未成年人进行叙述,办案人员根据回答内容作补充提问;目的是了解案情的基本内容,为进一步区分强奸/猥亵类犯罪打下基础。

条文论证

在办理性侵害未成年人犯罪案件的司法实践中,犯罪事实的证明困难成为案件打击不力的重要原因之一,以被害人陈述为核心构建证据标准是解决上述困难的应有之义。[①] 通过对被害人的询问初步获悉案件的基本全貌,核实调查资料与询问内容的契合程度,还原案情的经过。该部分具体的展开方式可参考本指引第 19 条"引入与案件相关的话题"等内容,被害人的开放式描述系构成本部分内容的核心,办案人员可以此为基础,深挖案件的相关的细节。而以被害人的开放式描述为主要参考,也可以较为完整地初步还原案件细节,为后续的进一步询问提供基础的参考。

关联条文

《最高人民法院、最高人民检察院、公安部、司法部关于办理性侵害未成年人刑事案件的意见》

第二十五条第二款 询问尽量让被害人自由陈述,不得诱导,并将提问和未成年被害人的回答记录清楚。记录应当保持未成年人的语言特点,不得随意加工或者归纳。

---

① 余敏、何缓、宋晓琼:《性侵害未成年人犯罪案件证明标准研究》,载《预防青少年犯罪研究》2022 年第 2 期。

> **第二十五条 核实案发的时间、地点等信息**
>
> 办案人员应向未成年人核实案发的时间、地点等信息。案发时间包括行为发生时间点,以及行为持续时间段;案发地点应当注意是否属于"公共场所"。对于低龄未成年人的询问应采用有利于他们理解的方式进行,或以他们熟悉的时间点、地点为参照进行。
>
> 【例】他是什么时候对你做这些事情的?请告诉我具体(大概)的日期、时间。
>
> 【例】距离你报案有多久了?
>
> 【例】大概持续了多长时间?
>
> 【例】事情发生时候你读几年级?是哪个学期?是上学期还是下学期?
>
> 【例】事情发生的时候是什么季节?天气热还是冷的时候?
>
> 【例】他在什么地方对你做这件事的?你之前去过那儿吗?(如被害人不确定,可根据他的自由陈述提供几个地点,供被害人选择,注意需要询问是否在校园、游泳馆、儿童游乐场、学生集体宿舍等公共场所)

 条文主旨

性侵害未成年人案件的案发时间和地点等信息系侦查内容的核心要素之一,通过对被害人的询问了解案发的时间,具体包括初次侵害的时间和是否存在可能的侵害持续时间段;获悉案发的地点,具体判断地点的基本属性,判断是否属于"公共场所"。

 条文释义

核实案发的时间、地点等信息的难点在于,未成年人对于时间和地点等因素的理解与把握可能较成年人会存在偏差,低龄未成年人尤甚。采取"时间点""地点"替代和参照的方法是较为行之有效的方法,例如学业年龄的节点、气候特征,类型化的地点阐述等。

条文论证

性侵害的时间、地点、现场的情况,以及到达案发地点的原因、路线和过程等是性侵害未成年人案件中询问必须涉及的主要内容。毋庸讳言,对时间、地点等信息的回溯和核实之于案件侦查有着积极的意义,不仅可以间接地还原部分案件全貌,而且对后续的侵害行为之具体认定也具有重要的参考作用。

关联条文

《最高人民法院、最高人民检察院、公安部、司法部关于办理性侵害未成年人刑事案件的意见》

第二十五条第一款 询问未成年被害人应当问明与性侵害犯罪有关的事实及情节,包括被害人的年龄等身份信息、与犯罪嫌疑人、被告人交往情况、侵害方式、时间、地点、次数、后果等。

《未成年人刑事检察工作指引(试行)》

第一百三十九条 【询问内容】询问未成年被害人主要有以下内容:

……

(三)问明案发时间、地点、经过、被侵害具体情况,尤其是侵害者是谁。要根据未成年人的年龄和心理特点突出询问重点,对与定罪量刑有关的事实应当进行全面询问;

……

第二十六条 核实犯罪嫌疑人信息与身份

办案人员向未成年人就犯罪嫌疑人信息与身份进行询问时,应当询问犯罪嫌疑人的人数、姓名、年龄等信息,犯罪嫌疑人的体征,以及犯罪嫌疑人的身份及与被害人的关系等内容。

(1)人数、姓名、年龄等信息

①人数

【例】当时对你做这件事的有几个人?

②姓名

【例】你知道他是谁吗?他叫什么名字?

【例】(询问低龄未成年人)你平时怎么叫他的?比如××老师、××叔叔?你爸爸妈妈有没有和你提过他是谁?你知道还有谁认识他吗?

③年龄

【例】你知道他多少岁吗?他和你提过他的年龄吗?

【例】(询问低龄未成年人)他的年龄看起来有多大?他看起来和你"哥哥/爸爸/爷爷"或"姐姐/妈妈/奶奶"(某一具体的未成年人熟悉的人)差不多大吗?

(2)身体体征

①面部特征

【例】你记得他长什么样子吗?可以和我们描述一下吗?他的脸上有什么让你记得特别清楚的地方吗?

②身高、体态等

【例】他看起来有多高?是胖还是瘦?

【例】(询问低龄未成年人)比我(办案人员)高(胖)还是比我矮(瘦)?

③口音、气味等

【例】他说话你听得懂吗?他说话有没有奇怪的口音?他讲的是你们当地方言吗?

【例】你闻到他身上有什么特别的气味(如酒味)吗?你曾经在别人身上闻到过类似的味道吗?

④身体(尤其是隐私部位)、内衣等明显特征

【例】他当时穿的是什么衣服?上面有什么特别的图形、字母、文字吗?

【例】他的身上有没有胎记、伤疤?大概在身上的什么位置、什么形状呢?(未成年人表述不清楚时)你可以画给我看吗?

(3)犯罪嫌疑人的身份及与被害人的关系

①与被害人关系

【例】你们之前认识吗?怎么认识的?有共同的朋友吗?

如果被害人与犯罪嫌疑人是通过网络认识的:

【例】你们是通过什么网络途径认识的?游戏还是社交媒体?具体是哪个APP?

【例】你们平时都聊些什么内容?你有没有保存和他的聊天记录?

②负有监护、收养、看护、教育、医疗等特殊职责的人员,与该未成年女性发生性关系的;与未成年人有共同生活的人员

【例】他和你是什么关系?他是你的亲戚吗?你平时和他住在一起吗?他负责对你日常照顾吗?

③国家工作人员或者冒充国家工作人员的人

【例】他和你说过他是什么身份、职业/做什么的吗?

【例】他当时穿的是制服/工作服吗?

 条文主旨

核实犯罪嫌疑人信息与身份,包括对犯罪嫌疑人人数、姓名、年龄等信息的核实,以面部特征、身高、体态、口音、气味等明显特征为代表的体征的核实,以及对犯罪嫌疑人特殊身份的核实。本条设计的目的是使询问内容更为全面,并注重对犯罪嫌疑人细节信息的获取,知悉、了解犯罪嫌疑人的特殊身份也有利于更为准确地认定行为。

 条文释义

本条承接上一条文,在询问未成年人所得到的初步陈述基础之上,继续询问有关案件犯罪嫌疑人的相关信息,首先应对犯罪嫌疑人的信息进行核实,询问未成年人犯罪嫌疑人是否具有特殊身份,了解双方的关系及是否存在日常交往情况。

 条文论证

该部分询问内容主要参考英国《在刑事诉讼程序中获取最佳证据》和《苏格兰儿童证人询问指南》,并根据实务现状进行了本土化的改良。如《苏格兰儿童证人询问指南》提到,涉及性行为的身体部位应该在解剖图上进行演示,而不是在被害人的身体上。然而,未成年人可能会自发地指向他们的身体,在发生这种情况时,应该要求其通过指向图表上的位置来确认该位置。

总体而言,犯罪嫌疑人的面部特征、身高、体态、口音、气味及当时的衣着等情况,身体(尤其是隐私部位)、内衣等有否明显特征是性侵害未成年人案件中询问应当涉及的主要内容,如果是熟人,还应询问其看起来与平时有何不同等。此外,犯罪嫌疑人的特殊身份也是询问内容中所必须获悉的一部分,涉及相关罪名(负有照护职责人员性侵罪)的认定,以及从重处罚、加重处罚的把握。

关联条文

《最高人民法院、最高人民检察院、公安部、司法部关于办理性侵害未成年人刑事案件的意见》

第二十五条第一款　询问未成年被害人应当问明与性侵害犯罪有关的事实及情节，包括被害人的年龄等身份信息、与犯罪嫌疑人、被告人交往情况、侵害方式、时间、地点、次数、后果等。

第二十七条　能够证实未成年被害人和犯罪嫌疑人、被告人相识交往、矛盾纠纷及其异常表现、特殊癖好等情况，对完善证据链条、查清全部案情具有证明作用的证据，应当全面收集。

第二十七条　核实犯罪嫌疑人对被害人年龄的认知情况

办案人员应当向未成年人核实犯罪嫌疑人对其年龄的认知情况，询问重点集中在犯罪嫌疑人是否明知未成年人年龄，以及未成年人是否明确告知犯罪嫌疑人可以推测年龄的信息。

(1) 是否明知被害人年龄【主要针对12—14周岁未成年人】

【例】他问过你多大吗？你有没有告诉他你的年龄？

(2) 被害人是否曾明确告知犯罪嫌疑人学校等可推测年龄的信息

【例】请告诉我你是如何向他介绍你自己的。(视回答内容)请告诉我你们如何交流你上学的事情？他知道你在上学吗？你告诉过他你在哪儿上学吗？你告诉过他你在读小学/初中/高中吗？

【例】你们在哪里见过面？有没有在学校/学校门口见过面吗？他有没有看到过你的照片？有没有看到过你穿校服(的照片或视频)、班级合照或者在学校的照片等？

(3) 被害人与犯罪嫌疑人通过网络结识

【例】你的社交媒体(询问时替换为具体的APP，以方便未成年人理解)资料栏都是怎么写的呀？其中有没有写你的真实年龄、学校等信息？

【例】你有没有在社交媒体(询问时替换为具体的APP，以方便未成年人理解)里发一些动态或者状态呀？(视回答内容)其中涉及你的学校、真实年龄吗？(比如分享的照片里有学校，或者穿着校服的自拍之类的信息)

【例】你有没有跟他打过游戏，或者讨论过游戏的内容呀？你是否和他抱怨过玩网络游戏被限制时间？

条文主旨

本条指向核实犯罪嫌疑人对被害人年龄的认知情况,尤其在于针对12—14周岁的未成年人是否明知被害人年龄,以及犯罪嫌疑人是否可能获知任何用于推测被害人年龄的信息。此外,亦需要重点把握犯罪嫌疑人可能接触到的社交媒体上的涉及年龄身份的信息。

 条文释义

本条系对犯罪嫌疑人是否"明知"未成年人年龄的询问内容,结合实践中的常见情形,对明知年龄因素的询问应当侧重在"推测年龄"等信息上,同时注重对社交媒体中可能透露的年龄信息进行甄别。

 条文论证

如何认定犯罪嫌疑人、被告人明知被害人系未满14周岁的幼女是司法实践中争议较大的疑难问题,而主观明知的证明需要建基于客观的情况,这些客观的情况需要在询问中涉及。与认定明知因素的相关信息应当包括:①证明被害人真实年龄的信息(参见本指引第23条"未成年人基本情况及其监护状况"),可能来自出生证明、身份信息、就读学校、证人证言等;②证明被害人的外貌体型同真实年龄是否相符的信息,如身体发育状况、言谈举止、衣着特征(例如是否着校服或存在类似自拍影像等)、生活作息规律、证人证言等;③证明犯罪嫌疑人知道、应当知道或可能知道被害人为幼女的信息,如犯罪嫌疑人与被害人或第三人的来往信息(例如社交媒体中的年龄信息)、实行猥亵行为的时间地点等。本条围绕法条规定和实践案例中的常见情况进行指引。

关联条文

《最高人民法院、最高人民检察院、公安部、司法部关于办理性侵害未成年人刑事案件的意见》

第十七条 知道或者应当知道对方是不满十四周岁的幼女,而实施奸淫等性侵害行为的,应当认定行为人"明知"对方是幼女。

对不满十二周岁的被害人实施奸淫等性侵害行为的，应当认定行为人"明知"对方是幼女。

对已满十二周岁不满十四周岁的被害人，从其身体发育状况、言谈举止、衣着特征、生活作息规律等观察可能是幼女，而实施奸淫等性侵害行为的，应当认定行为人"明知"对方是幼女。

相关案例

李国标强奸案，其申诉提出不知道且无法判断被害人不满14周岁真实年龄的意见。经查，李国标的供述（"我不知道钟某某的出生时间，只知道钟某某14岁，在黄塘中学读初一，当时在余某家里我问过钟某某多少岁，钟某某说她自己14岁""我6岁至12岁在九和小学就读，12岁至15岁九和中学就读，毕业后在蓝塘一间修车厂务工至今"）、证人钟某的证言["我14岁，过了年15岁"（询问时李国标在场）]、证人余某的证言（"我们一起喝酒开始时，我向李国标、发财、廖某介绍了钟某某的名字，也说了钟某某13岁"）、被害人的陈述（"李国标知道我14岁，我们紫金县说的14岁是虚岁"）、被害人的QQ资料页截图（显示年龄12岁）、被害人的外貌特征及户籍材料等在案证据可以相互印证，形成证据链条证实李国标具有对不同年龄段的认知能力，证明李国标知道或应当知道被害人系不满14周岁的幼女。原裁判认定李国标知道或应当知道被害人系不满14周岁的幼女事实清楚，证据充分。①

第二十八条　核实侵害未成年人的基本手段

办案人员核实犯罪嫌疑人侵害未成年人的基本手段，确定犯罪嫌疑人实施的行为是否属于暴力、胁迫或其他方法强迫的情形，注意不要进行暗示性询问。同时应当询问其他侵害考察因素的信息，如言语拒绝、自救行为、恋爱关系等内容。

（1）犯罪嫌疑人是否使用暴力、胁迫或其他方法强迫未成年人

①是否使用殴打、捆绑、拘禁等暴力手段

【例】你不愿意，他是怎么做的？你想离开时，他做了什么？

---

① 参见广东省河源市中级人民法院驳回申诉通知书（2022）粤16刑申10号。

②是否使用"告诉家长、学校未成年人不好的事情""公开未成年人私密照片""反抗就殴打未成年人"等胁迫、威胁手段(注意不要暗示性询问)

【例】请告诉我他对你说×××时,你的感受?当时他对你说×××这些话让你感到害怕了吗?让你不敢告诉父母或其他人吗?

【例】请告诉我你和他相处的感受?你害怕跟他相处吗?为什么呢?

③是否给未成年人灌酒、下药使其陷入昏醉状态或在未成年人自己陷入昏醉状态时对其实施强奸、猥亵行为

【例】当时他对你做了什么?是否给你喝过/吃过什么东西吗?房间里有什么特殊的气味吗?

【例】你在这个过程中的状态是什么样的?(视回答内容)睡着了吗?能感受到他正在对你做什么吗?

④是否欺骗未成年人致其不知正被强奸、猥亵

【例】他当时和你说在干什么了吗?你觉得你们是在干什么?

(2)其他未成年人被侵害手段的考察因素

①未成年人是否用言语表示拒绝

【例】当时你有说什么话吗?你有没有明确向他表示过你的意见?

②未成年人是否有呼救、反抗、挣脱行为以及嫌疑人的回应

【例】你当时做了什么回应?是呼救了吗?

(如果有反抗行为)你是怎么反抗的呢?反抗时对方有什么反应呢?

③未成年人与犯罪嫌疑人间是否存在恋爱关系,重点考察该恋爱关系与正常成年人恋爱关系相比的异常情况

【例】你们现在是什么关系?如何发展的?你在这种关系中的感受是?

④未成年人与犯罪嫌疑人间是否有物质、金钱往来及往来方式

【例】你们之间有没有持续的往来?他有没有送给你什么东西呢?他给你东西的时候说了什么呢?

⑤未成年人应激特性

【例】以前有没有受过欺负?在被别人打的时候你会怎么做?如果知道周围有人,会不会呼救?

条文主旨

本条旨在指引核实性侵害未成年人的具体手段,从广义的角度获悉犯罪嫌疑人的性侵害行为,为整个案件的询问内容奠定一个基调。也有利于后续更为细节化、具体化的询问。易言之,核实性侵害未成年人的手段实际是性侵害行为的整体核实询问,以此为基础,开启了后续强奸、猥亵不同涉嫌罪名更深入询问的分野。

 条文释义

本条设计了两个层次的询问角度:一是询问犯罪嫌疑人的强迫行为手段,包括暴力、胁迫或者其他方法,该手段要素也系成立性侵类犯罪的主要条件,询问应当侧重于与行为之强迫具有关联性的相关信息;二是其他未成年人被侵害手段的考察因素,包括言语反应、恋爱状况、金钱往来和应急特性等,主要用来辅助确定侵害行为的根本属性,询问应当尽可能全面地了解相关信息,以实现后续对行为的综合、全面的判断。

 条文论证

核实性侵害未成年人的基本手段系询问内容中的核心部分。该部分内容属于由询问"基本信息—基本案情调查"阶段过渡至具体区分行为罪名阶段的关键,该部分内容为后续的询问指明了方向,可以根据性侵害手段,初步判断性侵害未成年人的行为类型,并具体根据强奸与猥亵的构成要件等因素展开后续的详细询问。

关联条文

《最高人民法院、最高人民检察院、公安部、司法部关于办理性侵害未成年人刑事案件的意见》

第二十五条第一款 询问未成年被害人应当问明与性侵害犯罪有关的事实及情节,包括被害人的年龄等身份信息、与犯罪嫌疑人、被告人交往情况、侵害方式、时间、地点、次数、后果等。

第二十九条　在基本了解案情的基础上区分涉嫌猥亵类犯罪或强奸罪

办案人员在基本了解案情的前提基础之上,应当向未成年人询问判断猥亵类犯罪或强奸罪的关键信息,即犯罪嫌疑人生殖器是否接触、插入未成年人生殖器。

(1)犯罪嫌疑人是否显露生殖器,未成年人是否能明确辨别生殖器

("生殖器"可采用未成年人通俗易懂或者其之前提到的表述)

【例】他有没有露出(生殖器)?

【例】请详细说说你说的这个东西/请描述一下你说的这个东西的样子。

(2)犯罪嫌疑人的生殖器是否与未成年人的生殖器有接触

(对于低龄未成年人,可使用玩偶辅助判断)

【例】他的(生殖器)有没有碰到你的(生殖器)?

(3)犯罪嫌疑人的生殖器是否插入未成年人的生殖器

【例】他的(生殖器)有没有放进/戳进你的(生殖器)?

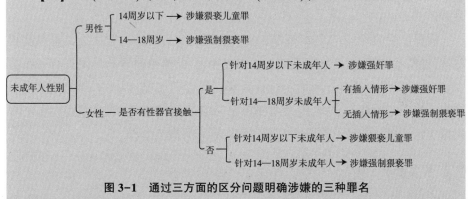

图 3-1　通过三方面的区分问题明确涉嫌的三种罪名

条文主旨

未成年被害人年龄、性别不同,犯罪嫌疑人的生殖器与未成年人生殖器的接触情况不同,可能涉嫌的罪名均有所区别。办案人员通过向未成年人询问犯罪嫌疑人生殖器的显露以及接触情况判断犯罪嫌疑人涉嫌的具体罪名,明确下一步的询问方向。

条文释义

针对未成年人的性侵类犯罪,依据未成年人的性别、年龄以及与犯罪嫌疑人生殖器的接触情况可区分为强制猥亵罪、猥亵儿童罪和强奸罪。其中,针对男性未成年人的性侵犯罪,无论犯罪嫌疑人的生殖器是否与未成年人接触,依据我国《刑法》的规定均不构成强奸罪。男性未成年人为14周岁以下的,犯罪嫌疑人涉嫌猥亵儿童罪,男性未成年人为14周岁至18周岁的,犯罪嫌疑人涉嫌强制猥亵罪。针对女性未成年人的性侵犯罪,首先要判断犯罪嫌疑人的生殖器是否与未成年人的生殖器直接接触。如有直接接触,女性未成年人的年龄为14周岁以下的,犯罪嫌疑人涉嫌强奸罪;女性未成年人年龄在14周岁至18周岁的,如犯罪嫌疑人生殖器有插入情形涉嫌强奸罪,无插入情形涉嫌强制猥亵罪。如无直接接触,女性未成年人年龄为14周岁以下的,犯罪嫌疑人涉嫌猥亵儿童罪;女性未成年人年龄为14周岁至18周岁的,犯罪嫌疑人涉嫌强制猥亵罪。

需要注意的是,由于强奸罪和猥亵类犯罪的实行行为内容往往具有高度相似性,特别是针对14周岁以下的女性未成年人,此罪与彼罪的界限只有一线之隔,在部分案件中还会有两类实行行为兼而有之的情况,因此本条的作用是明确下一步询问的重点方向,但并不排除另一犯罪的可能性,因此办案人员仍需根据实际情况确定是否需要补充询问另一犯罪的相关内容。

条文论证

区分涉嫌猥亵类犯罪或强奸罪的要点包括三个:未成年人性别、未成年人年龄,以及犯罪嫌疑人和未成年人生殖器的接触情况。就男性未成年人而言,由于我国现行刑法未将男性列为强奸罪的犯罪对象,依照罪刑法定的原则,对于男性或女性犯罪嫌疑人以暴力或胁迫的方式对男性未成年人进行强迫性行为的,不能适用强奸罪的相关规定定罪处罚。《刑法修正案(九)》出台后,强制猥亵罪的罪状描述由"强制猥亵妇女"修改为"强制猥亵他人",标志着侵犯男性性自主权的行为可以被刑法评价为犯罪行为,涉嫌强制猥亵罪或猥亵儿童罪。

就女性未成年人而言，相关情况的判断则更为复杂。一方面，要考虑受害未成年人的年龄。依据学界通说，强奸罪所侵犯的法益是女性的性行为自主权，而对于 14 周岁以下的未成年人，由于其身心发育尚未完全成熟，一般也认为其不具备性承诺的能力。① 因此，即便犯罪嫌疑人取得 14 周岁以下的女性未成年人的许可，也可能涉嫌构成强奸罪。不过，此时应当判断犯罪嫌疑人是否明知女性未成年人未满 14 周岁。对于女性未成年人未满 12 周岁的，应当认定行为人"明知"对方是幼女，而对于处于已满 12 周岁未满 14 周岁的女性未成年人，则还需要结合她的"身体发育状况、言谈举止、衣着特征、生活作息规律"等因素综合判断犯罪嫌疑人是否符合"明知"要件。另一方面，需要考虑未成年人与犯罪嫌疑人性器官的接触情况。1984 年，在"两高一部"发布的《关于当前办理强奸案件中具体应用法律的若干问题的解答》②中指出，在认定奸淫幼女罪时，只要双方的生殖器接触就应当视为奸淫的既遂。虽然在 2002 年时，奸淫幼女罪被并入强奸罪，但是其后并无进一步明确的立法或相关司法解释对这一标准提出修改。目前通说认为，普通强奸情形的既遂以"插入说"（又称"结合说"）为标准，奸淫幼女情形则采用更为严格的"接触说"标准。③ 因此，当受害的女性未成年人未满 14 周岁时，犯罪嫌疑人与之有性器官接触则涉嫌强奸罪；而当女性未成年人已满 14 周岁未满 18 周岁时，犯罪嫌疑人与之有性器官接触则涉嫌强制猥亵罪。而如果犯罪嫌疑人与女性未成年人没有性器官的接触，则仍以 14 周岁作为界分点，分别可能涉嫌强制猥亵罪或猥亵儿童罪。

关联条文

《中华人民共和国刑法》

第二百三十六条 【强奸罪】以暴力、胁迫或者其他手段强奸妇女的，处三年以上十年以下有期徒刑。

奸淫不满十四周岁的幼女的，以强奸论，从重处罚。

强奸妇女、奸淫幼女，有下列情形之一的，处十年以上有期徒刑、无期徒刑或者死刑：

---

① 张明楷：《刑法学》（第 6 版，下册），法律出版社 2021 年版，第 1133 页。
② 〔1984〕法研字第 7 号，1984 年 4 月 26 日发布，已废止。
③ 张明楷：《刑法学》（第 6 版，下册），法律出版社 2021 年版，第 1138 页。

(一)强奸妇女、奸淫幼女情节恶劣的;

(二)强奸妇女、奸淫幼女多人的;

(三)在公共场所当众强奸妇女、奸淫幼女的;

(四)二人以上轮奸的;

(五)奸淫不满十周岁的幼女或者造成幼女伤害的;

(六)致使被害人重伤、死亡或者造成其他严重后果的。

第二百三十六条之一 **【负有照护职责人员性侵罪】**对已满十四周岁不满十六周岁的未成年女性负有监护、收养、看护、教育、医疗等特殊职责的人员,与该未成年女性发生性关系的,处三年以下有期徒刑;情节恶劣的,处三年以上十年以下有期徒刑。

有前款行为,同时又构成本法第二百三十六条规定之罪的,依照处罚较重的规定定罪处罚。

第二百三十七条 **【强制猥亵、侮辱罪】**以暴力、胁迫或者其他方法强制猥亵他人或者侮辱妇女的,处五年以下有期徒刑或者拘役。

聚众或者在公共场所当众犯前款罪的,或者有其他恶劣情节的,处五年以上有期徒刑。

【猥亵儿童罪】猥亵儿童的,处五年以下有期徒刑;有下列情形之一的,处五年以上有期徒刑:

(一)猥亵儿童多人或者多次的;

(二)聚众猥亵儿童的,或者在公共场所当众猥亵儿童,情节恶劣的;

(三)造成儿童伤害或者其他严重后果的;

(四)猥亵手段恶劣或者有其他恶劣情节的。

《最高人民法院、最高人民检察院、公安部、司法部关于办理性侵害未成年人刑事案件的意见》

第十七条 知道或者应当知道对方是不满十四周岁的幼女,而实施奸淫等性侵害行为的,应当认定行为人"明知"对方是幼女。

对不满十二周岁的被害人实施奸淫等性侵害行为的,应当认定行为人"明知"对方是幼女。

对已满十二周岁不满十四周岁的被害人,从其身体发育状况、言谈举止、衣着特征、生活作息规律等观察可能是幼女,而实施奸淫等性侵害行为的,应当认定行为人"明知"对方是幼女。

第三十一条 对十四周岁以上未成年被害人真实意志的判断,不以其明确表示反对或者同意为唯一证据,应当结合未成年被害人的年龄、身体状况、被侵害前后表现以及双方关系、案发环境、案发过程等进行综合判断。

相关案例

关于强奸罪中奸淫幼女情形的既遂认定标准,司法实践与目前通说的观点是一致的。例如在吉某某强奸案中,北京市某中级人民法院认为,被告人多次通过生殖器接触的方式,与未满 12 周岁的女性未成年人发生性关系,应当以强奸罪定罪处罚。① 此外,四川刘某某强奸案、山西郭某强奸案、内蒙古王某某强奸案等多案也可以充分证明在奸淫幼女情形中,司法实践普遍以犯罪嫌疑人与幼女的生殖器接触作为既遂标准。②

第三十条 对具体强奸行为进行针对性询问

办案人员初步判断犯罪嫌疑人涉嫌强奸罪后,应针对强奸行为向未成年人进行针对性询问。询问内容可围绕犯罪嫌疑人信息、未成年人信息、行为信息和行为后果四方面展开,并充分利用前述询问内容中已获取的相关信息。

(1)犯罪嫌疑人信息
①是否负有特殊职责
②是否共同生活关系
③是否事实上负有照顾、保护等职责
④是否为二人以上

(2)未成年人信息
①被害人为多名(不局限于多名幼女)
【例】你知道他对其他人做过类似的事情吗?
②留守、残疾、精神疾病等情况
【例】你平常家里有几个人呀,分别是谁呢?
③年龄

(3)行为信息
①强制/诱骗手段,影像资料(是否用于胁迫)
(若有相关证据表明或被害人主动陈述有影像资料或相关事实,则可对

---

① 参见吉某某强奸案,北京市第二中级人民法院二审刑事裁定书(2021)京 02 刑终 67 号。
② 参见刘某某、刘某强奸案,四川省内江市市中区人民法院一审刑事判决书(2020)川 1002 刑初 310 号;郭某强奸案,山西省长治市上党区人民法院一审刑事判决书(2020)晋 0404 刑初 158 号;王某某强奸案,内蒙古自治区开鲁县人民法院一审刑事判决书(2020)内 0523 刑初 459 号。

细节进行进一步追问予以明确。)

②场所信息

A.强奸发生的地方是否有其他多人在场

【例】当时有其他人在场吗?

B.强奸地是否为其他人可随意出入的场所

【例】有其他人(可以)经过那里吗?你在那里能看到其他人吗?

C.是否为未成年人住所或学生集体宿舍

③多次/长期实施强奸

A.此前犯罪嫌疑人是否曾强奸被害人

【例】在这次之前,他对你做过类似的事情吗?这种事情发生了几次呢?

B.是否存在同类犯罪的其他被害人

【例】你知道他对其他人做过类似的事情吗?

④是否有严重摧残、凌辱行为

⑤是否有非法拘禁或者利用毒品诱骗、控制被害人的情况

(4)行为后果

①伤害情况

是否致被害人轻伤、重伤、感染艾滋病或其他严重性病、死亡、怀孕,或者造成其他严重后果。

(可以询问法定代理人或者通过相关就诊证明获悉,询问未成年被害人时需要注意避免"二次伤害"。)

A.生理

强奸行为是否造成被害人受伤、怀孕或感染性病。

【例】在这个过程中你受伤了吗?有没有感觉到不舒服?去医院检查过了吗?

【例】这件事情有没有造成你怀孕(或通过询问经期情况等方式)?

B.心理

是否造成被害人有心理创伤、心理障碍,事后有无失眠、惊悸、抑郁等情形。

【例】请说说发生这件事后你的感受。这件事情对你的情绪有影响吗?具体有什么影响?

事后有无自伤、自残、自杀等情形。

【例】你的学习、生活情况如何?(观察未成年被害人言行举止,可以进一步询问家族病史等,有针对性排查被害人是否有精神疾病或智力低下等情况。)

【例】(针对具体情况)有没有发病、就医、服药、诊治情况的材料?

②(制作的影像资料的情况下)影像资料

是否含有足以识别被害人的个人信息,是否致使被害人身份暴露。

表3-1 强奸罪询问要点中可能涉及的基本情节

犯罪嫌疑人信息	犯罪嫌疑人负有特殊职责(监护、收养、看护、教育、医疗等,包括与未成年人具有共同生活关系且事实上负有照顾、保护等职责的人员,例如同住的母亲的男朋友等)	询问未满14周岁的被害人(量刑情节)
		询问14—18周岁被害人:犯罪嫌疑人是否违背被害人意愿,与其发生性关系(是否构成强奸罪);询问14—16周岁的被害人:是否利用优势地位或者被害人孤立无援的境地,迫使被害人与其发生性关系(是否构成负有照护职责人员性侵罪)
	是否有听说过犯罪嫌疑人有前科劣迹	
	犯罪嫌疑人人数	
	犯罪嫌疑人是否为外国人	
未成年人信息	受害人数	
	是否有留守、残疾、精神发育迟滞等情况	
	年龄	
行为信息	强制手段:是否有暴力、胁迫、麻醉、制作影像资料以胁迫等情况;是否利用或多次利用其他未成年人诱骗、介绍、胁迫被害人	
	询问幼女:是否以金钱财物等方式引诱发生性关系	
	询问幼女:嫌疑人是否知道或者应当知道幼女被他人强迫卖淫而仍与其发生性关系	
	询问幼女:是否有人给嫌疑人介绍、提供帮助	
	场所信息:是否为校园、游泳馆、儿童游乐场、学生集体宿舍等公共场所	
	场所信息:是否进入未成年人住所	
	受害次数、受到侵害的时间跨度和存续期间	
	是否有严重摧残、凌辱行为	

(续表)

行为信息	是否有非法拘禁或者利用毒品诱骗、控制被害人的情况
行为后果	是否造成轻伤、重伤、感染性病或艾滋病、怀孕,是否有被害人死亡
	是否导致未成年人心理和精神伤害
	制作影像资料的情况下,是否致使影像资料向多人传播,暴露被害人身份

表3-2 强奸罪询问要点中可能涉及的从重或加重处罚情节①

从重或加重处罚情节			询问要点	
从重处罚情节	基本的从重处罚情节	奸淫幼女:未成年人信息(年龄未满14周岁)		
		强奸未成年妇女:未成年人信息(年龄已满14周岁不满18周岁)	犯罪嫌疑人信息	犯罪嫌疑人是否负有特殊职责(同上)
				犯罪嫌疑人是否曾因强奸、猥亵犯罪被判处刑罚
			未成年人信息	被害人是否系农村留守女童、患有严重残疾或者精神发育迟滞
			行为信息	场所信息:是否侵入住宅或者学生集体宿舍实施强奸
				强制手段:是否利用其他未成年人诱骗、介绍、胁迫被害人
			行为后果	是否致使被害人轻伤、患梅毒、淋病等严重性病
	适用较重从重处罚幅度的情节	奸淫幼女:未成年人信息(年龄未满14周岁),同时存在右侧情节	犯罪嫌疑人信息	犯罪嫌疑人是否负有特殊职责
				犯罪嫌疑人是否曾因强奸、猥亵犯罪被判处刑罚
			未成年人信息	被害人是否系农村留守女童、患有严重残疾或者精神发育迟滞
			行为信息	场所信息:是否侵入住宅或者学生集体宿舍实施奸淫
				强制手段:是否使用暴力、胁迫等手段;是否利用其他未成年人诱骗、介绍、胁迫被害人

---

① 表3-2使用说明:部分从重或者加重处罚情节由多项犯罪客观事实构成,因此表3-2中涉及两类或两类以上犯罪客观方面组成的从重或加重处罚情节,对分类后的情节,以斜体下划线方式标明。

（续表）

从重或加重处罚情节			询问要点
加重处罚情节	犯罪嫌疑人信息		犯罪嫌疑人是否<u>负有特殊职责</u>并多次实施强奸、奸淫
			是否两名以上犯罪嫌疑人实施轮奸
		犯罪嫌疑人是否负有<u>照护职责</u>，同时存在右侧情节	是否长期与被害人发生性关系
			是否与多名被害人发生性关系
			是否因发生性关系致使被害人感染艾滋病病毒或者患梅毒、淋病等严重性病
			是否对发生性关系的过程或者被害人身体隐私部位制作视频、照片等影像资料，致使影像资料向多人传播，暴露被害人身份
	未成年人信息		被害人是否<u>系农村留守女童、患有严重残疾或者精神发育迟滞</u>，遭受奸淫并怀孕
			是否有多名被害人（不局限于多名幼女）
			被害人是否不满10周岁
		被害人是否<u>不满14周岁</u>，同时存在右侧情形	是否造成轻伤
			被害人是否因奸淫行为患梅毒、淋病等严重性病
			是否存在对被害人身心健康造成其他伤害的情形
		犯罪嫌疑人是否负有照护职责，同时存在右侧情节	是否与<u>多名被害人</u>发生性关系
	行为信息		犯罪嫌疑人是否负有特殊职责并<u>多次实施强奸、奸淫</u>
			是否存在严重摧残、凌辱行为
			强制手段：是否非法拘禁或者利用毒品诱骗、控制被害人；是否多次利用其他未成年人诱骗、介绍、胁迫被害人；是否在强奸、奸淫过程或者被害人身体隐私部位制作视频、照片等影像资料并以此胁迫
			场所信息：是否在公众场所当众强奸
			是否长期实施奸淫、强奸

(续表)

从重或加重处罚情节			询问要点
	行为信息	犯罪嫌疑人是否负有照护职责，同时存在右侧情节	是否<u>长期与被害人发生性关系</u>
	行为后果	被害人是否不满14周岁，同时存在右侧情节	被害人是否系农村留守女童、患有严重残疾或者精神发育迟滞，遭受奸淫并<u>怀孕</u>
			制作影像的情况下，犯罪嫌疑人是否将强奸、奸淫过程的影像资料向多人传播，并暴露被害人身份
			是否有被害人死亡
			是否造成被害人重伤（强奸已满14周岁的未成年女性或者奸淫幼女，致使其感染艾滋病病毒的应当认定为"致使被害人重伤"）
			是否造成<u>轻伤</u>
			被害人是否因奸淫行为<u>患梅毒、淋病等严重性病</u>
			是否存在<u>对被害人身心健康造成其他伤害的情形</u>
		犯罪嫌疑人是否负有照护职责，同时存在右侧情节	是否因发生性关系致使被害人<u>感染艾滋病病毒</u>或者<u>患梅毒、淋病等严重性病</u>
			是否对发生性关系的过程或者被害人身体隐私部位制作视频、照片等影像资料，致使影像资料向多人传播，暴露被害人身份

📖 条文主旨

根据现有法律的规定，表3-1及表3-2对于强奸罪、负有照护职责人员性侵罪的相关情节进行了梳理，以期为办案提供助力。询问犯罪嫌疑人信息、未成年人信息、行为信息、行为后果等可以确定强奸罪、负有照护职责人员性侵罪的基本情节、从重或加重处罚情节。

条文释义

为方便办案,询问要点中涉及案件事实的"基本情节"被分为"犯罪嫌疑人信息""未成年人信息""行为信息"以及"行为后果"四个方面。办案人员可以围绕四个方面的要点进行提问,并结合其他证据确认相关要点。除此之外,询问要点中还列出了适用"从重处罚""加重处罚"的案件事实要点,办案人员可以结合其他证据确定是否适用"从重处罚""加重处罚"。询问时应考虑其身心特点,采取和缓的方式,以未成年人能够理解和接受的语言进行。坚持一次询问原则,尽可能避免多次反复询问造成次生伤害。确有必要再次询问的,应当针对确有疑问需要核实的内容进行。

条文论证

《强奸、猥亵未成年人案件解释》对于强奸罪、负有照护职责人员性侵罪作了更为细致的规定,对于办案也提出了更新的要求。比如"加重处罚"需要同时满足犯罪嫌疑人是"负有特殊职责的人员"及犯罪嫌疑人"多次"实施强奸、奸淫,因此在第一次询问中对于相关要点需要全面关注,询问结束后根据相关组合确定从重情节或加重情节,提高办案效率,争取实现一次询问的目标,避免对未成年人的多次询问。犯罪嫌疑人信息、未成年人信息、行为信息、行为后果等四个方面是询问的重中之重,下文将分别进行阐述。

(一)犯罪嫌疑人信息

犯罪嫌疑人信息主要包括是否负有特殊职责、是否具有前科劣迹、犯罪嫌疑人人数等。其中,前科劣迹并非询问未成年被害人的重点,而特殊职责、人数是询问的重点,需要在询问时关注。

"特殊职责"相关规定曾在 2013 年的最高人民法院、最高人民检察院、公安部、司法部《关于依法惩治性侵害未成年人犯罪的意见》中出现,后在《刑法修正案(十一)》中被规定为负有照护职责人员性侵罪的主体要件。在 2023 年的最高人民法院、最高人民检察院《关于办理强奸、猥亵未成年人刑事案件适用法律若干问题的解释》中"特殊职责"贯穿于基本情节、从重处罚、加重处罚的情节认定,因此第 15 条对"特殊职责"进行了统一的规定。"特殊职责"除了法律意义上的监护、收养、看护、教育、医疗等职责外,还增加了事实上的特殊照护职责,即共同生活且必须负有照护职责。

"犯罪嫌疑人人数"是为了保证没有遗漏犯罪嫌疑人以及确定加重处罚中"二人以上轮奸",需要在询问时对其予以关注。

(二)未成年人信息

未成年人信息主要包括受害人数,是否有留守、残疾、精神疾病等情况,年龄等。后两者虽然可以通过其他途径获取信息,但在询问被害人时也须予以关注。

受害人数涉及是否有其他案件以及本案的加重处罚情节。在一些案件中,受害者可能会指认犯罪嫌疑人强奸、猥亵了其他受害者,这并非案件无关信息,须主动询问并予以记录。

是否有留守、残疾、精神疾病等情况涉及从重处罚、加重处罚情节。通过询问未成年人的生活状况、言谈举止可以了解到未成年人是否系农村留守儿童,或者是否精神发育迟滞;而残疾情况主要通过残疾证来确定,必要时可以去指定医院鉴定。

不同年龄对于强奸罪的构罪具有较大的差异性,并涉及从重处罚、加重处罚的情节。未成年人或其监护人如对登记的年龄有异议,需结合户籍证明、出生证明文件、人口普查登记、无利害关系人的证言等证据综合判断,必要时可以进行骨龄鉴定予以参考。

(三)行为信息

行为信息主要包括强制/诱骗手段,影像资料(是否用于胁迫),场所信息,多次/长期实施强奸,是否有严重摧残、凌辱行为,以及是否有非法拘禁或者利用毒品诱骗、控制被害人的情况等。其中,强制手段是指在没有被允许、同意或理解的情况下,通过暴力、威胁、恐吓、控制或其他形式的强迫行为来实施性侵犯;诱骗手段是指以欺骗、误导和迷惑的方式,利用未成年人的信任、无知或易受影响的状态,使其发生性接触或参与性行为。严重摧残行为是指对未成年人造成严重身体伤害或精神创伤,可能包括殴打、酷刑、强奸、肢体上的伤害等;严重凌辱行为是指以贬低、羞辱和侮辱的方式对待未成年人,使其感到耻辱和自尊心严重受损,例如侮辱性言语、嘲笑、侮辱性动作、非法录像或拍摄等。上述信息都需要通过询问被害人得到相关信息。

暴力胁迫或其他强制手段是强奸罪的构罪要素,而影像资料(是否用于胁迫)是在2023年最高人民法院、最高人民检察院新提出的加重处罚情节。在社交软件和自媒体应用程序蓬勃发展的时代,通过拍摄、传播被害人的隐私影像资料胁迫被害人实施强奸的情况也屡见不鲜。这样的犯罪手段相比普通的强制手段对被害人身心健康的伤害都更大,社会影响更加恶劣,而且网络传播被害人隐私影像资料对被害人名誉产生的负面影响通常难以消除。因此,《强奸、猥亵未成年人案件解释》新设有关"对强奸、奸淫过程或者被害人身体隐私部位制作视频、照片等影像资料,以此胁迫对被害人实施强奸、奸淫,或者致使影像资料向多人传播,暴露被害人身份"的犯罪手段,旨在为涉及被害人隐私影像资料的犯罪手段提供典型模式,在办案的过程中办案人员应当围绕影像资料着重展开调查,结合其他在案证据明确此类强奸行为加重处罚的详细情况。

此外,实践中存在被害人逃学、结识社会不良犯罪分子后,不仅自身遭受性侵犯罪侵害,而且被利用拉拢其他未成年同伴加入犯罪团伙,并使其受到犯罪团伙的侵害的情形。对于利用未成年人诱骗、介绍、胁迫被害人的"猎艳"行为,《强奸、猥亵未成年人案件解释》第1条第5项、第2条第4项将其规定为奸淫、强奸行为的从重处罚、加重处罚情节,旨在严惩此类犯罪手段。

场所信息为从重、加重处罚的要点。其中,侵入住宅或者学生集体宿舍实施奸淫等《强奸、猥亵未成年人案件解释》中明确规定的从重、加重处罚情形为询问中应当注意的场所信息提供了明确的参考。实践中,学校、集体宿舍、游泳馆、住宅都是强奸行为的高发地点,在这些未成年人本该感觉安全的场所实施犯罪也在一定程度上增加了对未成年人身心健康法益的侵害程度。因此,《强奸、猥亵未成年人案件解释》对侵入住宅或者学生集体宿舍实施奸淫的行为设定了更高的打击力度,办案中办案人员需要重点关注"场所信息"要点,并结合"被害人能否听到他人说话"等问题综合判断。

多次/长期实施强奸、是否有严重摧残、凌辱行为以及是否有非法拘禁或者利用毒品诱骗、控制被害人的情况的要素一般应以被害人自由陈述、开放式提问为主,避免暗示性提问。

(四) 行为后果

行为后果主要包括伤害情况、影像资料传播情况等。伤害情况主要包括未成年被害人的轻伤、重伤、感染艾滋病病毒、患梅毒或淋病等严重性病、怀孕、死亡等情况。上述内容虽然可以通过其他途径获取信息，但在询问被害人时也须予以关注。

伤害情况对于从重处罚、加重处罚等情节的把握具有重要意义，往往需要与未成年人信息、犯罪嫌疑人信息等其他要点相结合进行综合判断。除此之外，伤害情况往往伴随被害人的心理创伤。办案人员在针对伤害情况开展询问时应当注意被询问未成年人的情绪问题，避免二次伤害。

影像资料传播情况在 2023 年《强奸、猥亵未成年人案件解释》中第 2 条第 7 项、第 5 条第 4 项中体现为致使影像资料向多人传播，暴露被害人身份的。影像资料传播情况带来的名誉损失通常也会给被害人带来心理创伤，办案人员通过被害人所提供的线索对影像资料传播情况进行核查时，交由被害人辨认需要征求监护人的意见，同时应当关注被询问未成年人的情绪问题。

关联条文

《中华人民共和国刑法》

第二百三十六条 【强奸罪】以暴力、胁迫或者其他手段强奸妇女的，处三年以上十年以下有期徒刑。

奸淫不满十四周岁的幼女的，以强奸论，从重处罚。

强奸妇女、奸淫幼女，有下列情形之一的，处十年以上有期徒刑、无期徒刑或者死刑：

（一）强奸妇女、奸淫幼女情节恶劣的；

（二）强奸妇女、奸淫幼女多人的；

（三）在公共场所当众强奸妇女、奸淫幼女的；

（四）二人以上轮奸的；

（五）奸淫不满十周岁的幼女或者造成幼女伤害的；

（六）致使被害人重伤、死亡或者造成其他严重后果的。

第二百三十六条之一 【负有照护职责人员性侵罪】对已满十四周岁不满十六周岁的未成年女性负有监护、收养、看护、教育、医疗等特殊职责的人员，与该未成年女性发生性关系的,处三年以下有期徒刑;情节恶劣的,处三年以上十年以下有期徒刑。

有前款行为,同时又构成本法第二百三十六条规定之罪的,依照处罚较重的规定定罪处罚。

《最高人民法院、最高人民检察院关于办理强奸、猥亵未成年人刑事案件适用法律若干问题的解释》

第一条 奸淫幼女的,依照刑法第二百三十六条第二款的规定从重处罚。具有下列情形之一的,应当适用较重的从重处罚幅度:

(一)负有特殊职责的人员实施奸淫的;

(二)采用暴力、胁迫等手段实施奸淫的;

(三)侵入住宅或者学生集体宿舍实施奸淫的;

(四)对农村留守女童、严重残疾或者精神发育迟滞的被害人实施奸淫的;

(五)利用其他未成年人诱骗、介绍、胁迫被害人的;

(六)曾因强奸、猥亵犯罪被判处刑罚的。

强奸已满十四周岁的未成年女性,具有前款第一项、第三项至第六项规定的情形之一,或者致使被害人轻伤、患梅毒、淋病等严重性病的,依照刑法第二百三十六条第一款的规定定罪,从重处罚。

第二条 强奸已满十四周岁的未成年女性或者奸淫幼女,具有下列情形之一的,应当认定为刑法第二百三十六条第三款第一项规定的"强奸妇女、奸淫幼女情节恶劣":

(一)负有特殊职责的人员多次实施强奸、奸淫的;

(二)有严重摧残、凌辱行为的;

(三)非法拘禁或者利用毒品诱骗、控制被害人的;

(四)多次利用其他未成年人诱骗、介绍、胁迫被害人的;

(五)长期实施强奸、奸淫的;

(六)奸淫精神发育迟滞的被害人致使怀孕的;

(七)对强奸、奸淫过程或者被害人身体隐私部位制作视频、照片等影像资料,以此胁迫对被害人实施强奸、奸淫,或者致使影像资料向多人传播,暴露被害人身份的;

(八)其他情节恶劣的情形。

第三条 奸淫幼女,具有下列情形之一的,应当认定为刑法第二百三十六条第三款第五项规定的"造成幼女伤害":

(一)致使幼女轻伤的;

(二)致使幼女患梅毒、淋病等严重性病的;

（三）对幼女身心健康造成其他伤害的情形。

第四条 强奸已满十四周岁的未成年女性或者奸淫幼女,致使其感染艾滋病病毒的,应当认定为刑法第二百三十六条第三款第六项规定的"致使被害人重伤"。

第五条 对已满十四周岁不满十六周岁的未成年女性负有特殊职责的人员,与该未成年女性发生性关系,具有下列情形之一的,应当认定为刑法第二百三十六条之一规定的"情节恶劣":

（一）长期发生性关系的;

（二）与多名被害人发生性关系的;

（三）致使被害人感染艾滋病病毒或者患梅毒、淋病等严重性病的;

（四）对发生性关系的过程或者被害人身体隐私部位制作视频、照片等影像资料,致使影像资料向多人传播,暴露被害人身份的;

（五）其他情节恶劣的情形。

第六条 对已满十四周岁的未成年女性负有特殊职责的人员,利用优势地位或者被害人孤立无援的境地,迫使被害人与其发生性关系的,依照刑法第二百三十六条的规定,以强奸罪定罪处罚。

第十五条 本解释规定的"负有特殊职责的人员",是指对未成年人负有监护、收养、看护、教育、医疗等职责的人员,包括与未成年人具有共同生活关系且事实上负有照顾、保护等职责的人员。

第三十一条 对具体猥亵行为进行针对性询问

办案人员初步判断犯罪嫌疑人涉嫌猥亵类犯罪后,应针对猥亵行为,向未成年人进行针对性询问。询问内容可围绕具体猥亵行为和加重处罚、从严惩处情节两方面展开,并充分利用前述询问内容中已获取的相关信息,同时也应当注意诸如网络猥亵等新兴犯罪行为。

（1）具体猥亵行为

①一般猥亵

A.亲吻行为

【例】请说说他都对你做了什么？他亲你了吗？亲了你的什么位置？

B.抠摸行为

【例】他有没有摸/抓你？

【例】他用手碰到你生殖器了吗？请说说当时你的感觉？当时你觉得疼吗？

C.手淫、口淫行为

【例】请说说他都让你为他做了什么？他有没有让你摸/抓/碰/亲他生殖器？他有没有用手摸/抓/碰/亲你的生殖器？

D.要求自慰行为

【例】他是如何让你做的呢？有没有让你摸/碰自己的生殖器？

E.使用工具行为

【例】除了手、生殖器这些身体部位，他还有没有用其他的东西对你做这件事？你可以形容一下这个东西什么样吗？

②网络猥亵

A.裸聊

【例】是谁提议裸聊的？

【例】你们裸聊的时候做了什么？

【例】你们是通过哪个软件平台(或手机APP)裸聊的？

B.拍摄私密照片、视频及传播情形

【例】他让你拍摄了哪些部位的照片、视频？

【例】他还有什么淫秽行为？

【例】他通过什么方式发送的照片、视频？

【例】照片、视频中是否具有能识别身份的个人信息？

【例】这些照片、视频你还有保存吗？保存在哪儿了？

【例】这些照片、视频他给别人看过吗？你知道有谁/有多少人看到了吗？

C.网络直播

直播的基本信息：如次数、持续时间、平台、观众数；直播的内容等。

【例】他当时使用的是哪个直播平台？观看直播的有多少人？

【例】他让你在直播的时候具体做了什么事？持续了多长时间？

D.线上转线下

【例】你们是否在现实生活中见过面？谁提议的？

【例】你们在线下见面的时候做了什么？

③猥亵男性未成年人(区分日常身体接触行为和猥亵行为)

【例】他之前和你在现实中有接触吗？有很多身体接触吗？

【例】你觉得他之前的行为和这次有什么区别？

【例】他有没有把他的生殖器放到你的肛门里？

【例】他有没有把什么东西放到你的肛门里？你知道是什么东西吗？

(2)加重处罚、从严惩处情节

①聚众或公共场所当众

A.是否有其他多人在场

【例】当时有其他人在场吗？

B.是否为公共场合（如学校集体宿舍、游乐园、游泳馆等）

【例】他在什么地方对你做这件事的？

C.是否为其他人可随意出入的场所

【例】这个地方其他人可以随便进来吗？

D.是否有多名犯罪嫌疑人（参见第二十六条）

②受害多次或多人

A.是否曾被同一人性侵犯

【例】在此之前,他对你做过类似的行为吗？

B.是否存在同类犯罪的其他未成年被害人

【例】你知道他对其他人做过类似的事情吗？

③造成儿童伤害或其他严重后果

（可以询问法定代理人或者通过相关就诊证明获悉,询问未成年被害人时需要注意避免"二次伤害"。）

A.生理

尤其需要注意"侵入型"猥亵的伤害情况,猥亵行为是否造成被害人受伤。

【例】在这个过程中你受伤了吗？去医院检查过了吗？

B.心理

是否造成被害人有心理创伤、心理障碍,事后有无失眠、惊悸、抑郁等情形。

【例】请说下这件事情发生后,你的感受？对你的情绪有影响吗？具体有什么影响？

事后有无自伤、自残、自杀等情形。

【例】你的学习、生活情况如何？（观察未成年被害人言行举止，可以进一步询问家族病史等，有针对性排查被害人是否有精神疾病或智力低下等情况）

【例】（针对具体情况）有没有发病、就医、服药、诊治情况的证明？

④手段恶劣或者有其他恶劣情节

A.犯罪嫌疑人实施严重摧残、凌辱行为

是否对被害人使用侮辱性言语或实施侮辱性行为、性虐待行为（例如鞭打、捆绑、强迫喝尿、精神控制行为等）。

【例】请说说他在此期间说过的话？他对你说过让你感到不舒服的话吗？

【例】他还做了别的伤害你的事吗？

B.犯罪嫌疑人有"侵入型"猥亵行为

是否以生殖器侵入肛门、口腔或者以生殖器以外的身体部位、物品侵入被害人生殖器、肛门等方式实施猥亵。

【例】请说下他都对你做了什么？他有没有把什么东西放进你的口腔、生殖器或嘴巴里？

【例】你可以说说是什么东西吗？

 条文主旨

本条旨在通过询问一般猥亵、网络威胁和猥亵男性未成年人的相关信息，确定具体猥亵行为的基本情节及从重处罚、加重处罚之要点。办案人员初步向未成年人询问犯罪嫌疑人的猥亵行为，在遇有特殊情形时还需要注意特殊要点。办案人员在前述询问基础上进一步确定犯罪嫌疑人是否实施了可能构成加重处罚情形的行为，为后续决定对犯罪嫌疑人是否适用升格刑提供充分证据支持。

 条文释义

具体猥亵行为的内容可分为三类。第一，一般猥亵行为。司法实践中，典型的一般猥亵行为主要包括亲吻、抠摸、手淫、口淫、要求未成年人自慰和使用工具猥亵等情形。第二，网络猥亵行为。网络猥亵是近年频发的新型猥亵犯罪类型，主要是犯罪嫌疑人通过网络社交软件、直播平台等电信网络渠道，以胁迫、欺骗、暗示等形式,要求未成年人提供隐私照片、视频、线上裸聊、进行色情直播等。部分网络猥亵犯罪还有可能进一步升级为线下的猥亵或强奸犯罪。第三,猥亵男性未成年人的行为。在被害未成年人是男性的情况下,猥亵行为还应当包括强迫男性未成年人与自己性交的行为。需要注意的是,当被害人为男性未成年人时,应当注意询问其是否能区分日常接触行为和程度较轻的猥亵行为。

2013年《强奸、猥亵未成年人案件解释》对《刑法》第237条规定的猥亵犯罪的加重处罚情节作出了进一步的细化和补充。其中,强制猥亵罪的加重处罚情节包括"聚众或公共场所当众"和"其他恶劣情节"两类;猥亵儿童罪的加重处罚情节除了以上两类之外则还包括"受害多人或多次""造成儿童伤害或其他严重后果"和"猥亵手段恶劣"三类。《强奸、猥亵未成年人案件解释》第7条、第8条和第10条进一步列举了加重处罚情节的具体情形,供办案人员参考。

 条文论证

(一)一般猥亵行为的认定

不同于"强奸"一词释义的泾渭分明,我国刑法理论与司法实践领域对于"猥亵"一词的内涵与外延缺少清晰的定义。有学者认为,猥亵是指用性交以外的方式对被害人实施的能够满足性欲和性刺激的淫秽行为。① 也有学者认为这一定义使得猥亵行为的外延过于宽泛,刑法的确定性要求在相对共识的基础上建立猥亵行为的违法性评价体系,该评价体系仅包含通常应当予以评价的猥亵儿童行为的要素,包括侵犯部位、侵犯方式、侵犯时间等行为自身要素和侵犯环境、侵犯主体、侵犯对象等行为外部要素两类。通过综合考虑以上两类因素,对猥亵行为的违法程度进行评价。② 张明楷教授认为,猥亵行为具有质的规定性,是指针对他人实施的,具有性的意义,侵害他人性自主决定权的行为。其中,"针对他人实施"除了直接对他人实施的猥亵行为外,还包括迫使他人对自己或第三人实施猥亵行为、强迫他人自行实施猥亵行为、强迫他人观看他人的猥亵行为、强迫他人与自己或第三者共同观看淫秽物品等。具体的猥亵方式包

---

① 赵俊甫:《猥亵犯罪审判实践中若干争议问题探究——兼论〈刑法修正案(九)〉对猥亵犯罪的修改》,载《法律适用》2016年第7期。

② 彭志娟:《猥亵儿童行为违法性评价要素分析》,载《犯罪研究》2021年第5期。

括以下四类：第一，性进入行为，包括犯罪嫌疑人将性器官插入被害人的肛门、口腔内；犯罪嫌疑人将手指或者异物插入被害人的阴道、肛门、口腔内；女性犯罪嫌疑人强制男性与自己实施性交行为。第二，性接触行为，包括犯罪嫌疑人的手直接接触、隔着衣物触碰被害人的性器官或部位或使被害人的身体接触自己的性器官或部位，较严重地接触被害人性器官以外的部位，如强吻被害人等。第三，在场但不接触的猥亵行为，包括强行观看被害人或强迫被害人观看自己的性部位或性行为；强行让他人与自己共同观看淫秽物品；强制他人听自己或为自己讲淫秽语言。第四，隔空式猥亵，主要是利用电信网络实施猥亵行为，如强迫被害人与自己裸聊等。①

（二）网络猥亵行为的认定

网络猥亵是近年频发的新型猥亵情形，实践中出现大量犯罪嫌疑人利用社交软件、直播软件、游戏软件等网络平台，通过伪造星探、生理老师、直播公司老板等身份欺骗未成年人或胁迫未成年人，要求未成年人显露身体隐私部位或作出淫秽行为的案例。中国裁判文书网显示，第一份公开的网络猥亵未成年人案件判决书出现在 2015 年，该案的辩护律师认为猥亵儿童罪的实行行为只包括接触式的手段，将无接触式的手段也纳入实行行为的范畴无法可依。② 可见，当时对于利用网络平台这种隔空式的手段是否可以解释为猥亵行为仍存在争议。2018 年，最高人民检察院发布第十一批指导性案例，其中在骆某猥亵儿童案中，第二审人民法院将骆某通过社交软件胁迫儿童线上提供裸照、视频和裸聊等行为定性为猥亵犯罪，明确网络猥亵同样属于猥亵犯罪的实行行为，为网络猥亵的刑事可罚性提供了关键的指导性意见。③ 2023 年，最高人民法院和最高人民检察院发布《强奸、猥亵未成年人案件解释》，正式确定胁迫、诱骗未成年人通过网络视频聊天、发送视频、照片或网络直播方式等方式，暴露身体隐私部位或者实施淫秽行为的，可以强制猥亵罪或猥亵儿童罪定罪处罚。在网络猥亵案件中，传统在认定猥亵犯罪时需关注的要点，如"多人""多次""公共场合当众""聚众"等都可能被赋予新的意义。例如，传统意义上"公共场所"包括校园、游

---

① 张明楷：《刑法学》（第 6 版，下册），法律出版社 2021 年版，第 1145—1146 页。
② 参见乔某某猥亵儿童案，江苏省兴化市人民法院一审刑事判决书（2015）泰兴刑初字第 182 号。
③ 骆某猥亵儿童案，最高人民检察院第十一批指导性案例，检例第 43 号。

乐园、游泳馆等场所，在网络猥亵案件中，网络直播间和公开社交平台都可能被认定为刑法意义上的公共场所。不仅如此，部分网络猥亵案件中还存在"线上转线下"的情形，具体是指犯罪嫌疑人对未成年人实施网络猥亵后，进一步提出线下见面的要求，并升级为线下的猥亵犯罪或强奸犯罪。

（三）猥亵男性未成年人行为的认定

囿于现行刑法对男性和女性性自主权保护的不平等，当前针对男性未成年人的性侵害行为只能通过强制猥亵罪或猥亵儿童罪进行评价。因此，在被害人是男性未成年人的情况下，猥亵行为的内容不仅包括除性交行为以外的针对他人实施的具有性意义的侵害他人性自主决定权的行为，还包括女性犯罪嫌疑人采用暴力、胁迫或其他手段，强行与男性未成年人性交的行为。此外，调研发现，此类案件办理在司法实践中的一个难点在于，男性未成年人对日常接触行为与猥亵行为的界分认识模糊，存在混淆两类行为导致对犯罪嫌疑人行为违法性的评价出现偏差的情形，办案人员对此应有所关注。①

（四）"多人"或"多次"的认定

依据《刑法》第237条的规定，具有"猥亵儿童多人或多次"这一加重处罚情节的，应当适用升格法定刑，判处5年以上有期徒刑。因此，办案机关需要在询问过程中确认受害未成年人的人数以及犯罪嫌疑人的作案次数。需要注意的是，由于罪刑法定原则的要求，在后续定罪量刑计算作案次数时，应只计入违法性评价达到构成猥亵儿童罪这一程度的行为。对于属《治安管理处罚法》规制范围的猥亵行为，不宜累计作为加重处罚的依据。② 因此，办案机关应尽可能在询问中明确每次猥亵的具体内容，为后续正确定罪量刑提供足够依据。

（五）"聚众"或"公共场所当众"的认定

1."聚众"和"当众"的认定

认定"聚众"对未成年人实施猥亵的行为不要求必须在公共场所实施。而

---

① 在课题组对北京市某区人民检察院调研过程中，受访的主办检察官介绍："很多男性未成年人不清楚什么行为属于性侵行为。除了对侵入性的行为有比较明确地识别，对于其他的诸如触摸式的猥亵行为，男性未成年人容易与日常打闹行为混淆，因此需要确定更多的细节以认定该行为的性质。"

② 张明楷：《刑法学》（第6版，下册），法律出版社2021年版，第1152页。

对于"公共场所当众猥亵"的情形,司法机关在办理此类案件时,只要求有其他人在场,而无论在场人员是否实际看到。最高人民检察院在发布的指导性案例中进一步明确,所谓"公共场所当众"是指犯罪实施地具有相对公开性且有其他多人在场,犯罪有被他人感知的可能性。[1] 也就是说他人的"感知可能性"是判断犯罪嫌疑人是否构成此项加重处罚情形的实质标准。对此种可能性的判断,不能简单以空间上是否有他人在场的标准进行"一刀切"的认定,还要结合案件的其他因素综合判断。例如,在场人员是处于熟睡还是清醒的状态对于其感知可能性的判断也将起到关键作用。[2] 又如,有研究者认为,如经考察发现案发地的环境特征和在场他人与案发地之间的距离,以一般人的标准进行判断,认为案发地处在其他在场多人视力与听力不可及的范围之内,也应当认为不具有"感知可能性",不成立"当众"情节。[3] 因此,办案机关在确定作案场所是否属于公共场所时,不宜仅通过现场是否有其他人员在场进行判断,应详尽询问作案场所的开放性、在场人员的距离、状态等细节,以便正确判断犯罪嫌疑人是否构成"公共场所当众猥亵"的加重处罚情节。

2.网络空间是否属于"公共场所"

关于网络空间是否能被解释为"公共场所",司法解释早在 2013 年已作出解答。"两高"发布的《关于办理网络诽谤等刑事案件适用法律若干问题的解释》明确指出,网络空间可被认定为刑法意义上的公共场所。但是需要注意的是,并非所有的网络空间都属于刑法意义上的"公共场所"。类似微信朋友圈、qq 空间、微博等社交媒体和抖音、斗鱼、快手等直播平台符合公共和开放属性,在认定上不存在太大障碍。但是实践中也存在未向公众完全开放的私密网络空间,办案人员需要根据用户量、平台类型和参与方式等因素具体判断[4],例如私聊的微信视频或设置密码的线上会议间就无法满足公共和开放属性,不应被认定为公共场所。

---

[1] 齐某强奸、猥亵儿童案,最高人民检察院第十一批指导性案例,检例第 42 号。
[2] 董亚楠、王辉:《公共场所当众猥亵的判断》,载《人民司法(案例)》2021 年第 20 期。
[3] 李琳:《〈刑法修正案(十一)〉中猥亵儿童罪加重情节的理解与适用》,载《现代法学》2021 年第 4 期。
[4] 张秉政:《网络直播性侵行为加重情节的认定》,载《中国检察官》2021 年第 6 期。

（六）对"聚众"或"公共场所当众"加重处罚情形"情节恶劣"的认定

不同于猥亵儿童罪的其他加重处罚情形，对于"聚众猥亵儿童"或"在公共场所猥亵儿童"这一加重处罚情形，《刑法》规定还需符合"情节恶劣"的认定标准。不过，理论界对于"情节恶劣"的定性还存在一定争议，主要分为"限制性条件"和"提示性条件"两类。支持"限制性条件"的学者认为，立法对儿童性犯罪零容忍的态度致使司法实践中存在一定程度的滥用"在公共场所当众"情节导致量刑畸重的现象，《刑法修正案（十一）》为该项加重处罚情节增加"情节恶劣"的限制条件，有助于司法机关对猥亵儿童罪加重情节的准确认定。我们认为，这种情形下的"情节恶劣"应当作限制性条件的理解，因而在询问未成年被害人时也需要注意，构成"聚众"或"公众场所当众"后是否有其他更为恶劣或严重的细节。

关联条文

《中华人民共和国刑法》

第二百三十七条 【强制猥亵、侮辱罪】以暴力、胁迫或者其他方法强制猥亵他人或者侮辱妇女的，处五年以下有期徒刑或者拘役。

聚众或者在公共场所当众犯前款罪的，或者有其他恶劣情节的，处五年以上有期徒刑。

【猥亵儿童罪】猥亵儿童的，处五年以下有期徒刑；有下列情形之一的，处五年以上有期徒刑：

（一）猥亵儿童多人或者多次的；

（二）聚众猥亵儿童的，或者在公共场所当众猥亵儿童，情节恶劣的；

（三）造成儿童伤害或者其他严重后果的；

（四）猥亵手段恶劣或者有其他恶劣情节的。

《最高人民法院、最高人民检察院关于办理强奸、猥亵未成年人刑事案件适用法律若干问题的解释》

第七条 猥亵儿童，具有下列情形之一的，应当认定为刑法第二百三十七条第三款第三项规定的"造成儿童伤害或者其他严重后果"：

（一）致使儿童轻伤以上的；

（二）致使儿童自残、自杀的；

（三）对儿童身心健康造成其他伤害或者严重后果的情形。

第八条 猥亵儿童，具有下列情形之一的，应当认定为刑法第二百三十七条第三款第四项规定的"猥亵手段恶劣或者有其他恶劣情节"：

（一）以生殖器侵入肛门、口腔或者以生殖器以外的身体部位、物品侵入被害人生殖器、肛门等方式实施猥亵的；

（二）有严重摧残、凌辱行为的；

（三）对猥亵过程或者被害人身体隐私部位制作视频、照片等影像资料，以此胁迫对被害人实施猥亵，或者致使影像资料向多人传播，暴露被害人身份的；

（四）采取其他恶劣手段实施猥亵或者有其他恶劣情节的情形。

第九条 胁迫、诱骗未成年人通过网络视频聊天或者发送视频、照片等方式，暴露身体隐私部位或者实施淫秽行为，符合刑法第二百三十七条规定的，以强制猥亵罪或者猥亵儿童罪定罪处罚。

胁迫、诱骗未成年人通过网络直播方式实施前款行为，同时符合刑法第二百三十七条、第三百六十五条的规定，构成强制猥亵罪、猥亵儿童罪、组织淫秽表演罪的，依照处罚较重的规定定罪处罚。

第十条 实施猥亵未成年人犯罪，造成被害人轻伤以上后果，同时符合刑法第二百三十四条或者第二百三十二条的规定，构成故意伤害罪、故意杀人罪的，依照处罚较重的规定定罪处罚。

《最高人民法院、最高人民检察院、公安部、司法部关于办理性侵害未成年人刑事案件的意见》

第十八条 在校园、游泳馆、儿童游乐场、学生集体宿舍等公共场所对未成年人实施强奸、猥亵犯罪，只要有其他多人在场，不论在场人员是否实际看到，均可以依照刑法第二百三十六条第三款、第二百三十七条的规定，认定为在公共场所"当众"强奸、猥亵。

第二十七条 能够证实未成年被害人和犯罪嫌疑人、被告人相识交往、矛盾纠纷及其异常表现、特殊癖好等情况，对完善证据链条、查清全部案情具有证明作用的证据，应当全面收集。

第二十八条 能够证实未成年人被性侵害后心理状况或者行为表现的证据，应当全面收集。未成年被害人出现心理创伤、精神抑郁或者自杀、自残等伤害后果的，应当及时检查、鉴定。

相关案例

(一)网络猥亵

曲某某为寻求性刺激,通过 QQ 聊天软件,冒充某影视公司的女性工作人员,以招募童星需先行检查身体发育情况为由,先后诱骗、唆使被害女童张某某、李某某等人(年龄均在 10—13 岁之间),要求被害人拍摄自身隐私部位的不雅照片、视频等供其观看。上海市某区人民检察院受理案件后,及时向公安机关提出意见,对涉案电脑中的电子数据进行恢复和固定,进而查明多名被害人的身份信息,最终查证曲某某通过网络猥亵各地女童 11 人的犯罪事实。2018 年 3 月,检察机关以曲某某涉嫌猥亵儿童罪向法院提起公诉。法院以曲某某犯猥亵儿童罪,判处其有期徒刑 10 年。①

(二)如何理解"公共场合当众"?

2011 年夏天至 2012 年 10 月,齐某在担任班主任期间,利用午休、晚自习及宿舍查寝等机会,在学校办公室、教室、洗澡堂、男生宿舍等处多次对被害女童 A(10 岁)、B(10 岁)实施奸淫、猥亵,并以带 A 女外出看病为由,将其带回家中强奸。齐某还在女生集体宿舍等地多次猥亵被害女童 C(11 岁)、D(11 岁)、E(10 岁),猥亵被害女童 F(11 岁)、G(11 岁)各一次。法院认为,实施强奸、猥亵未成年人犯罪的,只要场所具有相对公开性,且有其他多人在场,有被他人感知可能的,就可以认定为在"公共场所当众"犯罪。②

(三)如何理解"严重的摧残、凌辱行为"?

漏某某通过某语音社交软件与被害人通过互联网即时通信软件聊天获得被害人好感从而取得被害人自拍裸照,遂以曝光裸照等方式相威胁,通过网络教导被害人如何进行自慰并拍摄小视频、拍摄裸照。期间,被告人漏某某还胁迫被害人填写女 M 自评表、写保证书和检讨书、喝尿,对被害人使用侮辱性言语等。浙江省嘉兴市秀洲区人民法院认为,漏某某胁迫被害人填写女 M 自评表、写保证书、喝尿等行为属于其他恶劣行为,应当从严惩处。③

---

① 最高人民检察院:《检察机关依法严惩侵害未成年人犯罪 加强未成年人司法保护典型案例》,载 https://www.spp.gov.cn/spp/xwfbh/wsfbh/201912/t20191220_450718.shtml,最后访问时间:2024 年 6 月 6 日。
② 齐某强奸、猥亵儿童案,最高人民检察院第十一批指导性案例,检例第 42 号。
③ 漏某某猥亵儿童案,浙江省嘉兴市秀洲区人民法院一审刑事判决书(2019)浙 0411 刑初 515 号。

第三部分　其他内容

> **第三十二条　询问是否可能有其他证人、证据**
>
> 办案人员应当向未成年人询问可能存在的其他证人和证据,可以围绕着网络社交记录的痕迹展开。
>
> 【例】他对你做这件事的时候有没有其他人看见?你能说下看见这个事的其他人的情况吗?
>
> 【例】有没有把这件事告诉过哪个朋友?有没有记录日记,或者使用社交工具聊天、记录(如发微博)等?能具体说一下这些情况吗?
>
> 【例】你当时穿的衣服是如何处理的?你还记得对方穿的什么衣服吗?有没有脱下来?
>
> 【例】他在进入之前有没有做什么?有没有进行保护性措施?比方说戴安全套?(询问低龄未成年人)他有没有往自己的生殖器上套什么东西?如有,这个东西是什么颜色的/长什么样子你还记得吗?
>
> 【例】他的生殖器有没有流出什么东西?当时有擦拭吗?沾上这些东西的纸/毛巾/床单等在哪儿呢?
>
> 【例】在这件事情之后你有没有拍摄伤痕、现场和犯罪嫌疑人的照片呢?

条文主旨

本条旨在指引获悉可能存在的其他证人和证据,其他证人和证据对于性侵害未成年人案件的证明具有不可忽视的作用,往往可以解决性侵害未成年人案件中常常出现的被害人陈述与犯罪嫌疑人供述"一对一"的困局。

条文释义

询问被害人是否有其他证人、证据,可以从下述三个方面入手:其一,直接询问被害人案发现场是否存在目击者或是可能知晓案件情况的人;其二,侧面询问被害人是否在电子介质上对案件发生细节进行过记录,如社交软件等;其三,询问被害人是否存在可以证明案件发生过程的伤痕、印记或其他实物证据等,询问时需要注意对未成年人的特殊保护,避免"二次伤害"的发生。

 条文论证

司法实务中,性侵害案件尤其是猥亵儿童犯罪案件中犯罪嫌疑人与被害人呈现"一对一"情形较多,犯罪嫌疑人拒不承认犯罪事实或辩解称系被害人自愿行为,被害人与犯罪嫌疑人关于案发过程的叙述截然相反。[1] 这种情况之下,询问是否可能有其他证人、证据显得尤为重要。应注意收集其他证据,以期形成完整的证据链,排除合理怀疑、达到事实清楚、证据确实充分的要求。[2] 重点询问有无其他证人、书证、物证可佐证案件事实,这些证人可能包括目击者、家庭成员、朋友、教师或其他与受害者有接触的人,他们的证词和提供的证据可能进一步加强案件的可信度,并为检察机关或法院提供更多的证明。

关联条文

《最高人民法院、最高人民检察院、公安部、司法部关于办理性侵害未成年人刑事案件的意见》

第二十一条 公安机关办理性侵害未成年人刑事案件,应当依照法定程序,及时、全面收集固定证据。对与犯罪有关的场所、物品、人身等及时进行勘验、检查,提取与案件有关的痕迹、物证、生物样本;及时调取与案件有关的住宿、通行、银行交易记录等书证,现场监控录像等视听资料,手机短信、即时通讯记录、社交软件记录、手机支付记录、音视频、网盘资料等电子数据。视听资料、电子数据等证据因保管不善灭失的,应当向原始数据存储单位重新调取,或者提交专业机构进行技术性恢复、修复。

第二十二条第一款 未成年被害人陈述、未成年证人证言中提到其他犯罪线索,属于公安机关管辖的,公安机关应当及时调查核实;属于其他机关管辖的,应当移送有管辖权的机关。

---

[1] 车莲珠、吴萍:《性侵未成年人案件证明问题研究》,载《中国检察官》2020年第2期。
[2] 王莹:《低龄未成年被害人陈述的证明效力》,载《人民司法(案例)》2022年第32期。

第三十三条 核实案发、报案情况

在询问后半段,办案人员应当再次向未成年人核实案发、报案情况。

【例】你是如何离开现场的?当时有没有跟其他人讲?

【例】家长(或者其他人)有没有带你到医院和派出所?

【例】案发多久去派出所报案的?(如非第一时间报案,需问清原因)到派出所报案公安机关有没有给你制作笔录?

【例】家长有没有找过犯罪嫌疑人?谈了什么?

条文主旨

本条旨在指引办案人员核实案发、报案情况。核实性侵害未成年人案件的案发、报案情况具有重要意义,既是询问程序完整的应有之义,也可以在再次核实的过程之中了解到案发、报案时的细节。

条文释义

核实之时应该尽可能地细致,注意细节之处的信息,也可以采用间接维度的询问方法,从侧面了解案发、报案的情况,如可以询问"案发后有没有见过嫌疑人""案发后家长有没有找过嫌疑人"等问题,以此核实、确定案发后、报案前的状况。

条文论证

案发时的突发或并发事项是性侵害未成年人案件中询问的主要内容,对于获悉案件的全貌也有着积极的作用。通过向受害未成年人核实案发情况,可以获取更准确的信息和细节。这有助于了解犯罪的性质、时间、地点和犯罪嫌疑人的身份等重要信息,核实案发情况也可以为办案人员提供一定的指引,确保对案件进行适当的调查和追踪。在司法实践中,案发是否自然及报案过程是否符合常情常理,对于审查案件中是否存在诬告陷害等情况也具有重要的价值。对于报案情况的核实还可以全面地了解案件的背景信息,确定报案人的基本状况,以及与犯罪嫌疑人之间的既有关系。

关联条文

《未成年人刑事检察工作指引(试行)》

第一百三十九条 【询问内容】询问未成年被害人主要有以下内容:

……

(三)问明案发时间、地点、经过、被侵害具体情况,尤其是侵害者是谁。要根据未成年人的年龄和心理特点突出询问重点,对与定罪量刑有关的事实应当进行全面询问;

……

(五)其他应当询问的内容。

……

第三十四条 询问被害人对案件处理的意见、救助相关事项和是否需要补充

询问尾声,办案人员应当向未成年人询问其对案件处理的意见、救助相关事项和其他补充内容。

【例】你对案件的处理有什么意见?(如对犯罪嫌疑人的处理、要求赔偿、其他需求等)

【例】你还有什么想法吗?有什么要补充的吗?

【例】生活上有什么困难吗?需要我为你提供哪些帮助?

条文主旨

询问最后需要了解被害人对案件处理的意见,包括对犯罪嫌疑人的处理、要求赔偿、救助保护的相关需求等。

条文释义

询问被害人对案件处理的意见,亦承担一定的补充说明的作用,即在询问即将告终之时,再次询问被害人有无需要补充的信息。

条文论证

询问被害人对性侵害未成年人案件处理的意见具有必要性和重要意义。

询问未成年人对案件处理的意见体现了对其权利的尊重和关注,作为受害者,他们应该有权参与并表达对案件处理的意见,这可以使他们感到被重视,增加对整个司法过程的信任感。此外,听取被害人的意见也可以帮助未成年人及其家庭进行心理疏导和康复,通过表达对案件处理方式的看法,他们可以提出自己的需求和希望,询问机关可以为他们提供适当的支持和资源,最大限度减轻性侵害案件对未成年人及其家庭造成的伤害。本条与本指引第二章"询问流程"的第22条"结束询问"具有基本相同的功能,也可详见第22条的相关阐述。

关联条文

《未成年人刑事检察工作指引(试行)》

第一百三十九条 【询问内容】询问未成年被害人主要有以下内容:

……

(四)了解未成年被害人案发后获得赔偿的情况及其对侵害人的处理意见;

……

附录一

询问未成年人的核心要点

为便于办案人员迅速掌握本询问指引的最核心要点,我们归纳了询问时的"十要"与"十不要"。

十要:
- √ 询问的目的是收集事实和证据,而不是为儿童提出建议。
- √ 要消除未成年人的紧张与焦虑,帮助未成年人以舒适的方式表达自己以及与办案人员交谈。
- √ 要与未成年人建立信任关系,使未成年人感到放心与信赖。
- √ 要让未成年人了解询问过程中说实话的重要性。
- √ 要先评估未成年人的作证能力。
- √ 要以自然的方式引入与案件相关的话题,先让未成年人自由陈述。
- √ 提问内容要明确,每次只提问一个问题。
- √ 要结合未成年人在自由陈述过程中提到的信息进行针对性提问,进一步澄清事实。
- √ 要对未成年人需要救助的事项进行专门询问。
- √ 要在询问笔录中如实记载未成年人陈述的内容和陈述时的表现。

不要:
- × 不要让未成年人在作出关于犯罪的陈述前就感到疲劳,或者对询问的目的产生混淆。
- × 不要直接问未成年人是否理解规则。
- × 不要让未成年人试图猜提问的答案。
- × 不要随意打断未成年人,保持积极倾听。
- × 不要对未成年人进行威吓、训斥或责备。
- × 不要表露办案人员的个人情绪。
- × 不要使用成人化的语言在询问笔录中进行概括总结。
- × 不要表现出权威性,不要对未成年人的陈述作出评论。
- × 不要在询问中对未成年人承诺任何奖励。
- × 未成年人不愿意或暂时无法回答某一问题时,不要坚持让未成年人必须立即回答。

附录二

性侵害未成年人案件询问未成年人与证据审查判断研究综述

近年来,我国性侵害未成年人犯罪高发多发。根据最高人民检察院发布的《未成年人检察工作白皮书(2023)》,2023年起诉强奸、猥亵儿童等性侵害未成年人犯罪38 232人,同比上升3.4%。这类案件在实际办理中面临两大困境:一是证据的脆弱性,在案证据往往只有被害人陈述和被告人供述,而在大量案件中被告人又是拒绝供述的,不承认实施了性侵行为,导致被害人陈述几乎成为认定案件事实的唯一证据;二是未成年被害人的脆弱性,由于身心发育未臻健全,未成年被害人的陈述质量不高,若是仅集中精力从被害人陈述中获取破案线索而忽视未成年人是否需要及时的治疗,是否仍处于危险之中需要救助,不仅会导致未成年人在多次询问中遭受心理创伤,也使未成年人及其家庭难以获得支持被害恢复所需的专业帮助。针对性侵害未成年人案件中询问被害人与证据收集、审查判断方面的困境,理论界与实务界已经开展了诸多研究,课题组对这些研究成果进行了综述,主要涉及询问技术与方法、询问程序的专业化与"一站式"办案救助机制、证据的收集与审查判断三方面内容。

一、询问技术与方法

从实践层面分析,在严峻的社会治安形势的压力之下,办案人员更多的是从一种职业经验和本能的角度来询问未成年被害人,一些缺乏经验者无视未成年人与成年人之间的区别,将询问成年人的方式同样适用于未成年人,甚至有人利用未成年人对警察权威的服从意识,有意扭曲未成年人记忆,根据警察的目的取向来询问未成年人,以获取符合其需要的未成年被害人陈述。由于性侵害未成年人案件的特殊性和被害未成年人群体的特殊性,警方对未成年被害人进行询问时面临着未成年人认知能力有限、创伤后存在心理障碍、易受暗示等被害人应答能力不足导致的难题，也存在着诸如办案人员专业能力不足、反复询问容易造成二次伤害、时间跨度导致询问困难等询问障碍。询问未成年被害人的技术与方法主要有如下几种：

（一）询问技术

1.详尽陈述技术

详尽陈述技术（Narrative Elaboration Technique）由凯伦·赛维兹（Karen J. Saywitz）和林恩·斯奈德（Lynn Snyder）提出。该技术由两部分构成：一是询问的预备程序，二是询问的正式程序。为了弥补未成年人在记忆策略和知识储备上的不足，在预备程序中向未成年人传授信息检索的策略，即将事件的各因素组织成能够指导事件回忆的心理类别，每一个类别都由画在卡片上的线性图形表示，这些外部线索可以提示未成年人按各类别有组织地进行回忆。正式询问程序包括开放式提问和利用卡片进行的封闭式提问两部分。两阶段的询问都尽可能使未成年人报告出所知道的全部事件信息，并为其提供一个没有干扰的详尽陈述的环境。

2.认知询问技术

20世纪80年代，美国心理学家弗舍尔（Fisher）和盖泽尔曼（Geiselman）提出并发展了一套专门针对证人询问的技术——认知询问技术（Cognitive Interview），简称CI。认知询问技术利用情境复原的方法，在询问过程中让证人和被害人重建当时的犯罪情境，并重新体验当时的情绪和心理状态，回忆所有即使看起来并不相关的局部的和不完整的细节，从不同的顺序和角度对事件进行回忆。认知询问技术的基本假设是：个体存储在记忆中的信息，可能因各种原因不能被有效提取，案件侦查者可以运用认知心理学的方法帮助他们唤醒并有效提取记忆。认知询问技术包括四个核心程序：案情环境背景的重建与恢复，案发过程中细节的回忆，以不同叙述方式或顺序进行回忆，从不同角度或从其他人的角度进行回忆。

3.玩偶辅助询问

西方司法心理学界提出并使用非言语辅助方式对未成年被害人进行提问，其中玩偶辅助询问是一种常用的询问方法。解剖学结构玩偶（atomically detailed doll)是 20 世纪 70 年代发明的,这种询问的方法被广泛应用,并成为学前时期性虐待未成年人案件的重要评价工具。在美国,已逐步发展出以玩偶娃娃作为未成年人侦讯辅助工具的标准化程序。我国台湾地区自 2001 年开始也已大量购买侦讯辅助娃娃给辖区的家庭暴力及性侵害防治中心使用,并于 2003 年制定《儿童、智能障碍者性侵害案件侦讯辅助器材使用手册》。在此类案件中,未成年被害人通常表现出言语障碍和强烈的情绪反应,玩偶辅助取证能通过促进想象来缓解内心的冲突及压抑情绪,从而有效帮助经历创伤体验的未成年人详细描述侵害行为的细节,这对获取准确而完整的陈述有很大帮助。早期这种借助玩偶辅助的询问方法包括一系列的干预步骤,例如:以被告人身份对玩偶进行命名,斥责玩偶虐待了未成年人,假设玩偶以被告人的身份活动等。

4.绘画辅助询问

绘画辅助询问是一种非言语辅助询问的方式。一些研究显示在询问年幼的未成年人时让他们绘画,能显著提高其对亲身经历事件的报告量。绘画可能为克服年幼未成年人记忆缺陷提供了一条有效途径,这种询问技术的一大优点在于能够鼓励未成年人在回忆与陈述时进行自我提示。该技术通常为未成年人提供纸和笔,并对其提出如下要求:"请你在回忆的同时,把这件事画在纸上,同时陈述你所画的东西是什么。"绘画询问技术需要个体对所画内容有一定理解,甚至在试图画出目标事件时,对该事件进行更深度的回忆加工,同时这也是一种进行有效自我提示的方法。对于绘画能够促进回忆的心理机制,最受关注的理论解释是,绘画有助于个体产生进一步回忆的有效线索。

5.详尽陈述技术改良版

在详尽陈述技术的基础上,编制适合我国实际情况的未成年被害人询问技术,该技术由三个部分构成,即策略培训、策略回顾和正式询问。策略培训是指在询问之前对询问对象进行记忆策略的解释、指导和练习;策略回顾是指指导询问对象对所学记忆策略进行复习;正式询问分为开放式询问、封闭式询问和选择性询问三部分。

6.心理学技术

常用的心理学技术在询问中的运用主要涉及认知询问模式。认知询问模式最初的理论依据是心理学关于记忆检索的两个重要理论:一是在进行回忆时,所处的环境与事件发生的环境越相似,越有助于回忆的完整和准确;二是对同一事件的记忆编码进行提取时可能有多个提取路径,因而当一个提取路径无法获得全部信息时,可以尝试另一个提取路径。在借鉴以上两大理论的基础之上,认知询问模式将整个侦查询问过程大致分为两个阶段:一个是自由陈述阶段,一个是提问阶段。自由陈述阶段以自由回忆和陈述为主,包含场景重现、全部报告、视角切换、顺序变换等四个帮助未成年人进行回忆的核心技巧,由侦查人员为其讲解并引导他们在回忆和自由陈述时运用这四个回忆技巧。有学者以认知询问模式的基本形态为基础,认为我国的侦查询问制度应该包括询问前的交流、介绍询问流程和记忆技巧、自由陈述阶段、提问阶段。另有学者提出,应当运用尊重、真诚、共情、积极关注等心理咨询技术建立良好询问关系;运用巴特利冲突循环沟通与表达心理学技术提高沟通效率;运用心理重建、报告所有内容、从不同顺序陈述、从不同角度陈述等认知询问技术辅助侦查询问。①

（二）询问方法

1.理论观点

有观点指出,由于女性群体具有特殊的生理条件、心理条件,询问女性被害人,应当明确询问在女性被害案件中的定位,转变观念,了解关心女性被害人;给予其尊重理解,情感支持;通过减压,心理疏导等合适方法对其进行询问,使其克服心理压力,如实地陈述案件事实及相关情况。②

另有观点,根据不同年龄区别适用询问方法。对于12周岁以下的未成年被害人,由于性侵害案件中其通常比成年证人更直接地接触犯罪过程,其陈述具有稀缺性、较高的真实性和不可替代性,原则上应当承认未成年人的作证资格,其证言是否具有可信性则属于证明力的问题。③ 结合域外经验,在询问未成年被害人之前,可对未成年人陈述的证明力进行前置审查,如询问一些与案件无关的常识问题,以判断其能否辨别是非、能否正确表达。询问过程中可借助

---

① 参见罗震雷、李洋:《心理学在性侵害案件询问过程中的应用》,载《北京警察学院学报》2017年第4期。
② 参见宁大山:《侦查取证中女性被害人的询问研究》,载《江苏警官学院学报》2016年第6期。
③ 参见岳慧青:《性侵害未成年人犯罪的特殊性对证据收集、审查和认定的影响》,载微信公众号"刑侦案审",https://mp.weixin.qq.com/s/e1smOzxYwle8ij38uwGUnw,最后访问时间:2024年7月18日。

一些手势、图片、道具等,帮助其回忆,提高证言的准确性。对于年龄幼小的未成年人,多使用简短的语句及"一问一答"的对话方式,年龄稍大点的未成年人,鼓励其自行陈述。此外,收集此类陈述时要时刻注重对未成年人身心健康的保护,如通过游戏与未成年人建立亲密关系,由心理学专家介入对未成年人及时进行心理安抚和疏导等。对于12周岁以上至不满18周岁的未成年被害人。该类未成年被害人容易受到父母、老师、同伴等外界因素的干扰提供虚假陈述。因此,案发后应当进行及时询问,要防止未成年人与其他当事人串供,询问过程中避免旁听家长插话、干扰作证。

还有学者从询问的宏观/微观层面提出建议。在宏观层面:①初步筛查。判定是否为未成年被害人犯罪案件,及时联系人民检察院未检部门,联系法医进行身体检查。②检察官指导侦查人员根据被害人情况制定询问具体方案。③调查询问。询问地点应根据被害人的要求,选择其有安全感、轻松的环境进行。若被害人无法提供上述地点,可借用人民检察院未成年人谈话室或心理疏导室进行询问。一般情况下,应由侦查人员按照事先准备的询问提纲进行询问,只在公安机关要求且确有必要的情况下,由检察官与侦查人员共同询问,侦查人员为主询问人,检察官只能在侦查人员未询问到的关键问题上补充询问。被害人为女性的,应保证至少有一名女性办案人员参与询问。整个询问过程要同步录音录像,录像过程应符合相关视听资料制作规范,询问结束后将存储设备依法、及时封存,以备后续司法程序使用。④及时评估个案。公安机关要及时根据询问情况确定如何开展进一步调查行动。在微观层面:①态度、语气及肢体动作。以认真的态度争取被害人的信任;对询问工作要有耐心;使用和缓的语气及适当的肢体语言。②问题设置及其他注意事项。在句式选择上减少封闭问题、长句、复杂句,适当引导并进行心理疏导,注意保护自尊心,询问结束与监护人必要沟通等。③借助玩偶娃娃或者运用绘图辅助工具或其他表达方式。①

另有学者认为询问分为三个阶段:①询问前阶段。询问前阶段询问者要和

---

① 参见王春风、李凯、赵晓敏:《我国未成年被害人询问工作机制构建》,载《人民检察》2016年第5期。

未成年人建立和睦关系,通过闲聊降低其戒心。了解未成年人的语言、记忆、沟通能力,并了解未成年人对于说实话是否有所了解。②询问阶段。询问应由两名侦查人员在专业的询问室进行,并全程录音录像,必要时可请医生等专业人士在场。询问者须自我提醒,减少暗示性问题或对未成年人有不良影响的问题。为保障犯罪嫌疑人的权利,可以允许其辩护人通过书面的方式向未成年人提问。③询问后阶段。询问后要让未成年人了解他们提供了很大的帮助,并让其了解他们是安全的。①

此外,有学者提出设立特殊儿童保护机构和儿童保护办公室,让专业第三方参与整个案件调查和案后被害人的康复工作。机构人员由警察、心理医生、教师和社工组成,以分工合作方式开展工作,如接受咨询、接受报案、身体检查、在机构内进行调查询问、创伤后心理恢复等系列工作。每一步工作都应当有心理医生参与,帮助进行心理疏导,指导调查人员完成询问,帮助搭建调查人员与被害人沟通的桥梁,提前介入有助于犯罪尽可能及时被发现,防止未成年人遭受更多侵害或因间隔时间太长而导致案件调查困难。②

2.实践探索

一些地区在实践探索中形成了询问未成年人的经验做法:①侦查人员首先要充分认识到未成年人自身的特殊性与询问的特殊性。②要引入科学方法和其他专业力量,公安机关不能单打独斗。③科学、规范地设置询问流程。如对未成年被害人或证人进行询问要进行科学的评估,一般由办案人员、儿童保护工作人员、心理工作人员、相关专家共同完成。评估主要通过与未成年人沟通、向其监护人或近亲属了解情况等综合方式开展。评估后,应当根据未成年人不同年龄、不同性别、身体情况、智力水平、心理现状、智力情况、受教育情况、沟通能力、作证状况、配合程度等选取与之相适应的询问模板、询问策略和询问方式。

具体而言,一是询问人员组队。办案人员与合适成年人、未成年人保护组织的代表、儿童保护工作人员、心理工作人员等相关配合、辅助人员组成询问组,共同开展依法询问、取证工作。二是心理沟通。开展询问、取证工作前,办

---

① 参见李伟:《刑事诉讼中的儿童证人研究》,载《河南社会科学》2012第9期。
② 参见吴燕、刘涛:《儿童性侵害案件中被害人询问难点及对策》,载《广西警察学院学报》2018年第6期。

案人员应当与合适成年人、儿童保护工作人员、心理工作人员等询问组人员共同对未成年被害人或证人进行必要的沟通,以营造安全、和缓、舒适、温馨的氛围,同时对未成年被害人开展身体检查、提取鉴定材料等工作前的心理沟通。三是询问、取证过程的规范。①人员要求。有女民警、女性工作人员介入,着装要与未成年人的心理相匹配。②询问方式。询问应当采取和缓的、符合未成年人心理的方式进行。对于理解和表达能力较为有限的未成年被害人或证人,应当采用其易于理解和便于表达的方式方法进行询问。询问过程中,可充分利用儿童玩偶、绘画工具等物品辅助未成年人对案件相关情况进行描述。此过程,可由儿童保护工作人员、心理工作人员等专业人员参与配合完成。③询问暂停。在询问过程中,未成年被害人或证人出现较为严重的恐慌、紧张、激动、抗拒等情形的,办案人员应当及时暂停询问,在儿童保护、心理工作等专业人员到场协助消除上述情形后再进行询问。④询问记录。询问未成年被害人或证人,办案人员应当在笔录中如实记录,不得添加、删减或修改。对于年幼的未成年被害人在询问中陈述的内容,记录应当忠实于原话,不得随意加工或归纳,要客观描述被性侵的部位和方式。必要时,可以在笔录中记载未成年人陈述时的语气、神情、动作等,以增强未成年人陈述的证明力。⑤询问指导。在收集陈述时应穿插对陈述的审查判断。这里的审查判断并不是证据学中司法人员认证的范畴,而是取证人员对收集陈述的初步审查判断。对未成年被害人陈述的审查判断可以帮助办案人员更好地理解和判断证据,从而更有效地收集证据。未检部门检察官、儿童保护、心理工作等专业人员可以在"一站式"取证与保护中心的会商室通过同步传输询问音视频等隐蔽观察方式,关注询问情况和未成年被害人或证人的心理状况,以及时提供相关建议或以适当的方式,帮助、指导办案人员开展询问。

二、询问程序的专业化与"一站式"办案救助机制

(一)询问程序的专业化

有学者提出应当在现有立法框架下构建科学且易于操作的标准化未成年人询问程序。① 该程序应当包括四个阶段:①询问前沟通阶段,要与未成年人建

---

① 参见莫然、龙潭:《未成年证人侦查询问程序实证分析及构建》,载《青少年犯罪问题》2017第4期。

立亲密关系;②自由陈述阶段,要鼓励未成年人独立陈述事实;③针对性提问阶段,通过适当的问题获得更准确的信息;④询问结束阶段,办案人员可以鼓励未成年人在作证后继续回忆并及时与其沟通,但是在制度设计上,应当参考美国的"禁止重复询问规则",禁止侦查机关在没有新的证据或者必要性的情况下,重复询问未成年人。

1.询问前的要求

应当选择由办案经验丰富、具备一定儿童心理学知识的同性办案人员作为询问主体。开始询问之前,询问主体应当了解基本案情和未成年被害人的情况,包括其性格、身体、成长、心理及精神状态以及家庭情况等,评估未成年被害人可否接受询问。对心理创伤严重的未成年被害人,办案机关可通知专业心理咨询工作者在询问前先行开展心理干预。在确保未成年被害人可以接受询问的前提下,询问主体应当根据案件情况、可能的疑点、案发时间及未成年人的年龄、身心状况、智力水平、沟通能力、配合程度等制定询问提纲和询问策略,详细、全面列出需要询问的内容,确保获得所需的全部信息,以确保一次询问到位。在询问前的准备阶段,询问主体可以多方咨询医生、教师、儿童心理学专家等相关人员的专业意见,必要时可以吸收这些人员一同参与询问,在保证询问效果的同时加强对未成年被害人的保护。

对于询问场所的选择,办案人员应当在询问前听取未成年被害人的意见。如果其没有具体意见,应当选择未成年人熟悉而且能够感到舒适和放松的场所,如家庭、学校或者其他让未成年人心理上感到安全的场所,并注意要与外界相对隔离。在陌生的环境中询问,则要营造使未成年人感到安全、舒适和亲切的氛围。除了合适的询问场所之外,还应当注意询问主体座位的摆放。座位的方式和距离意味着办案人员与被害人之间的空间距离,空间距离意味着心理距离。心理距离的合理使用是办案人员成功询问被害人的重要因素之一。友好距离体现了亲切信赖的交谈氛围,这种距离有利于合作。因此,询问未成年被害人宜选择与其并肩而坐的方式,创造出一种同情式聊天气氛,缩短与对方的心理距离,便于沟通。

2.询问中的要求

我国《刑事诉讼法》第281条规定,询问未成年被害人应当通知其法定代理人到场。发展心理学的相关基础研究结论表明,未成年人本身具有易受诱导和服从权威的特性。因此,这一规定容易导致被害人陈述受到法定代理人的干扰,使得未成年被害人陈述在证明力层面受到质疑。因此在选择到场陪同人员时,应当听取未成年被害人的意见,在法定代理人不适合到场或无法到场的情况下,选择未成年被害人熟悉的老师或其他成年亲友到场陪同,并且要求其在陪同询问过程中尽量避免发言或者作出肯定或否认未成年被害人陈述的反应。

可以采取相关措施对询问主体进行培训:①可聘请专业的沟通管理学或心理学研究人员对办案人员进行系统化的培训。②采用女警员询问,如我国台湾地区2000年制定的《性侵害案件减少被害人重复陈述作业要点》提出:一是建立检警联合询问制度,检察官提前介入询问使侦查机关感受到外部压力从而加速内部专业的提升;二是试点侦查机关成立妇幼组专门负责该类案件的询问,以专业化的教育培训提升询问能力。③建立询问访谈的标准程序,性侵案件种类较多,不同的访谈人员针对不同的案件种类进行犯罪情节的沟通时,往往会产生不同的结果。应当建立类型化的标准程序,提升询问水平。

关于询问时机选择,未成年人的记忆主要受两个因素的影响:一是时间推移;二是记忆植入。相应地,可以考虑从两个方面入手进行有针对性的改善。①避免询问前的记忆污染。其一,性侵害未成年人案件一旦发生,除非当事人及时主动出面控告或现行犯当场被查获,否则无论家长或警察,很难在第一时间发现犯罪,对于刑案侦办目的的达成,往往大打折扣。在防范此类案件发生的制度期待上,有赖于社区与学校体系的健全与作用发挥。其二,此类案件发生后,应当留意与被害人最接近的家属,对被害人的询问是否有暗示性,是否存在连续不断、疲劳询问等情形。②询问访谈次数应予限制并尽量减少。为避免性侵被害人遭受二次伤害而将询问次数予以限制,已经成为目前实务界的共识。询问未成年被害人应当以一次询问为原则,尽可能避免反复询问造成二次伤害。公安机关已询问并制作笔录的,除特殊情况外一般不再重复询问。

询问方式主要可以分为两种:①开放式。问话尽量以不设限的非诱导方式开始,对于被问及的事件,应当充分保障受访者陈述自由,允许其以"我不知道""我不记得"或"我暂时不想回答"等作答。当问及具体问题时,应采用连续进行的方式,依问题具体与重要程度,循序连续进行。②诱导式。年龄较小或智力发育迟缓的未成年人由于心智发展未臻成熟,有时非以具体问题做诱导式发问尚不足以激发其对所发生事件的记忆。需注意,诱导式发问在询问规则里是有所禁止和限制的,对于如何在必要情况下有所节制地使用,需进一步探索和研究。但有学者认为应当避免诱导性、暗示性询问或者反复询问,防止因产生熟悉感而作出虚假陈述。① 办案人员应善于借助模型或动画人物形象,拉近与未成年被害人的距离,以便促使其更为准确地描述犯罪嫌疑人行为过程及对其采取的行为程度。询问的语言要符合未成年被害人的认知能力。

询问未成年被害人原则上应当全程录音录像。一方面,记录下未成年被害人陈述过程的语气、神态、动作,可用以增强被害人陈述的证明力;另一方面,便于被告人与辩护人针对被害人陈述进行质证与抗辩,保障被告人的对质权。对于年幼的未成年被害人陈述内容,办案人员的记录应当忠实于原话,不得随意加工或归纳。在尚不具备全程录音录像条件的情况下,办案人员应当在笔录中注意记载未成年被害人陈述时的语气、神情、动作。询问笔录应当交由未成年被害人及到场的法定代理人或合适成年人当场阅读核对。对于没有阅读能力的,应当向其宣读。未成年被害人及到场的法定代理人或合适成年人核对无误后,分别在笔录上逐页签名确认。

3.询问后的司法救助

在询问结束后,办案机关应组织相关力量对未成年被害人开展司法救助工作,如由专业的儿童心理医生及时进行心理疏导工作;办案人员协助未成年被害人向法律援助机构申请法律援助;对处于监护困境的未成年被害人进行临时安置等。

(二)"一站式"办案救助机制

1.实践现状

2016年6月2日,时任最高人民检察院检察长曹建明在上海召开的全国检察机关未成年人检察工作30年座谈会上强调推行一站式询问、询问同步录音录像制度,避免因司法办案尤其是反复询问造成二次伤害。2017年3月,最高

---

① 参见杜国伟、梁家俊:《提升未成年被害人陈述证据品质》,载《检察日报》2019年8月15日,第3版。

人民检察院出台《未检工作指引(试行)》,对避免重复询问未成年被害人提出明确要求,为各地推动建立"一站式"询问机制提供重要依据。《未检工作指引(试行)》第129条规定:"询问未成年被害人应当以一次询问为原则,尽可能避免反复询问造成二次伤害。公安机关已询问未成年被害人并制作笔录的,除特殊情况外一般不再重复询问。"同时,第130条也明确提出尽量避免在检察环节重复询问未成年人。2019年12月30日,最高人民检察院发布新修订的《人民检察院规则》明确询问未成年被害人、证人以一次为原则。近几年最高人民检察院推行"一站式"办案救助机制取得明显成效,全国已建立环境温馨,具备取证、心理疏导、身体检查、同步录音录像等功能的"一站式"办案救助区330多个。2020年初,最高人民检察院、公安部联合召开未成年人主题新闻发布会,公安部刑事侦查局副局长龚志勇在会上表示,2020年将在全国范围内部署开展为期半年的打击治理性侵违法犯罪专项行动,还将在部分地区试行未成年人性侵案件"一站式"取证,即公安机关接报未成年人被性侵案件以后,公安机关刑侦部门及技术鉴定部门、检察机关等同步到场,一次性开展询问调查、检验鉴定、未成年人权益保护、心理抚慰等工作,在询问调查的同时注重对未成年人的心理关爱和隐私保护,避免二次伤害。江苏省南京市雨花台区人民检察院联合该区公安分局出台《刑事案件未成年被害人"一站式"取证机制》,坚持以特殊保护和优先保护为基本原则,提出建设"一站式"办案区要兼具取证、救助、询问、心理辅导、检查等综合功能。在办案流程上要求询问未成年被害人时采用未成年人易理解和接受的方式;要在询问前制作好提纲,以一次询问为标准;到未成年被害人及其亲属的学校、单位、居住地调查的,应避免驾驶警车、穿着制服或其他可能暴露被害人身份的方式。

各地在司法实践中纷纷开始探索"一站式"办案救助机制的具体操作,建立"一站式"询问救助中心,依托中心开展"一站式"办案救助工作是常态;并且相继出台相关的配套规定,明确"一站式"办案救助机制的地位并完善相关程序设计。例如,甘肃省出台《关于加强惩治和预防性侵害未成年人犯罪工作的意见》要求公安机关、检察机关、法院在询问未成年被害人时应遵循一次原则,避免反复询问。浙江省人民检察院出台《关于加强性侵未成年人犯罪惩防工作的意见》,联合公安机关对性侵案件被害人在侦查、审查逮捕、审查起诉阶段实行

"一站式"询问。《济南市关于加强未成年被害人权益保护的意见》要求,询问未成年被害人应当以一次、全面询问为原则,询问未成年人具体应当注意询问下列内容:①遭受侵害时的年龄,应当问明出生日期、属相、生日系公历或农历、身份情况、成长经历、家庭成员情况等,对处于12、14、18周岁等临界年龄的,需要特别予以问明;②被害人或他人是否曾向犯罪嫌疑人明确告知或以其他方式提及被害人的年龄或能够推断出被害人年龄的信息;③被侵害的时间、地点、现场情况,以及到达案发地点的原因、路线和过程等;④对于性侵类犯罪,重点询问犯罪嫌疑人的面部特征、身高、体态、口音、气味以及衣着等情况,身体(尤其是隐私部位)、内衣等明显特征;⑤对于性侵类犯罪,重点询问被侵害的过程,(性器官)样态、性状、接触方式和程度以及犯罪前后的言行举止等;⑥被侵害时穿着衣物特征以及去向等;⑦是否有其他知情人、被侵害时是否有其他人员在场等;⑧犯罪行为给其造成的人身伤害、怀孕、流产、心理障碍、精神失常、自杀自残、转学辍学等情况;⑨其他与定罪量刑有关的事项。自贡市在《自贡市关于建立性侵未成年人刑事案件被害人"一站式"保护体系的实施意见(试行)》专节规定"一站式"询问的具体要求,包括合适成年人到场、一次询问原则、心理疏导、询问场所、同步录音录像、询问未成年证人、专门办案机构、专业办案人员、保密原则、舆情处置、犯罪预防、适用范围等。

对新闻报道及官方新媒体渠道信息的梳理可以反映出各地"一站式"办案救助机制的实践情况,其在"一站式"办案救助机制的启动主体、询问场所、适用范围、程序设计及办案机制等方面既有相同之处,也存在差异。

第一,"一站式"办案救助机制的启动主体。各地基本采取了一种多元化主体的合作形式。如广西壮族自治区检察机关加强与教育、公安、妇联、共青团等相关部门的协作配合,推动落实全区侵害未成年人案件强制报告和入职查询制度,推行"一站式"取证机制。又如广东省梅州市首个未成年被害人"一站式"询问救助中心,采取检警医合作形式,最大限度保护和救助未成年被害人,为其提供全方位、综合性保护;福建省厦门市集美区人民检察院采取法检医教育联合的方式开展工作;陕西省榆林市榆阳公安分局则紧密加强"警检"协作;四川省绵阳市游仙区人民检察院以办案为抓手,促进检察机关与各职能部门形成工作合力;云南省昆明市公安局直属分局、昆明市公安局盘龙分局、市人民检察院未成年人检察处、盘龙区人民检察院、盘龙区人民法院等九个部门,共同筹建了性侵害未成年人案件"一站式"取证与保护中心。这种多部门、多专业、跨行业的合作询问模式与双会商制度,是继续探索在执法过程中实现儿童利益最大化原则的有效抓手,通过继续实践和经验总结使其更趋完善、更有持续性,形成"可复制"的模式,具有重大的实践意义和理论价值。

第二,"一站式"办案救助机制的询问场所。实践中很多位于医疗机构中。如山东省济南市历下区未成年人"一站式"询问场所在济南市历下区人民医院正式揭牌成立,河北省霸州市询问救助中心坐落于该市第二医院,重庆市"一站式"询问救助中心示范点在重庆市中医院建成并投入使用、云阳县未成年被害人"一站式"询问救助中心位于云阳县人民医院住院部8楼。将询问场所置于医疗机构之中,有利于建立未成年被害人取证、检查、治疗绿色通道,能实现对未成年被害人的救助、询问、取证、检查一次性到位,最大限度避免被害人反复、多次回忆被害细节和过程,导致心理受到"二次伤害"。也有地方将场所置于办案机关内或办案机关相关建筑内。如河北省望都县未成年被害人"一站式"询问救助中心位于望都县人民检察院办公楼后部,与主办公楼分开独立建设,充分考虑保护未成年被害人隐私,在未成年被害人进入"一站式"询问救助中心时不用穿过办公区域,尽量减少与外来人员接触。整体而言,询问场所多以居家风格装修设计,整体环境温馨舒适,拉近与未成年人之间的距离,如河北省望都县未成年被害人"一站式"询问救助中心、重庆市云阳县未成年被害人"一站式"询问救助中心,以及江苏省淮安市未成年被害人"一站式"询问中心等都采取了这种场所装修风格。

有学者认为,这种专门化办案场所的氛围安全舒适,就像在家中一样,能让被害人从心理上感到安全,完全放松下来,能够相对轻松、毫无心理压力地陈述被侵害的过程。场所室内装潢和布置皆舒适休闲、温暖柔和,使被害人从心理层面获得放松。[①] 同时在隐蔽处安装摄像头进行同步录音录像,并且配有心理老师陪伴,以及时地对被害人进行心理疏导。专门化的办案场所具备场所舒适

[①] 参见刘莹、许烨:《性侵未成年人案件的证据运用——以"一站式"取证模式为视角》,载《中国刑警学院学报》2019年第6期。

化、人员配置齐全化、录音录像设施同步化的特点,相关录影可以呈上法庭作为证供,为后续取证工作的顺利进行提供有效保障。

第三,"一站式"办案救助机制的适用范围。主要针对性侵害未成年被害人。地方实践中,上海市逐步将成年人侵害未成年人犯罪案件(以性侵害案件为主)纳入各级检察机关未成年人刑事检察部门受案范围,形成专业化办案机制和性侵害未成年人案件"一站式"调查取证机制,推动建立了性侵害案件未成年被害人"一站式"保护体系和"一站式"预防体系。四川省江油市人民检察院将所有侵害未成年人人身权利案件的未成年被害人全部纳入"一站式"询问救助适用范围,实现了案件范围"全覆盖",从制度层面保障了未成年被害人能及时得到救助。

第四,"一站式"办案救助机制的程序设计。较有特色的是在救治中心设置多功能区,旨在办理性侵害未成年人案件时,对未成年被害人进行"一次性""全面"询问,避免未成年人受到"二次伤害"。如重庆市未成年被害人"一站式"询问救助中心通过多功能厅、询问调查区、谈心谈话区、心理疏导区和检查取证区这五个功能区域的综合使用,使司法机关能在同一场所一次性完成案件询问、证据提取、医疗检查、心理辅导、司法救助、预防教育等工作。宁夏回族自治区银川市兴庆区"一站式"询问救助中心同样有多功能区的设置,并且强调心理关爱区的重要地位。

其他有亮点的程序设计还包括医疗检查绿色通道,与卫生健康委建立未成年被害人取证、检查、治疗绿色通道,定点医疗机构设置在医院,设立专人负责具体工作事宜;亲职教育一体进行,在询问结束后,如有必要,办案人员可以联合关工委对未成年被害人的法定代理人或者其他成年近亲属进行亲职教育,改善亲子关系,重构家庭支持;社会救助同步开展,询问中发现未成年被害人系监护缺失或者生活困难等情形的,办案人员同步将线索移交民政局。民政局负责未成年被害人的监护、保护及社会救助。

第五,"一站式"办案救助注重建立专门的办案机制。为规范办案程序,提高案件质量,实现专业化办案,检察机关积极构建专门的办案机制。河南省安阳市人民检察院与市公安局会签《对受性侵未成年被害人一站式询问细则》,按照简约、方便的方式确定询问地点,询问内容和询问技巧。河南省许昌市人民检察院与市公安局会签《关于建立未成年人刑事司法专业化办案机制的意见》,由公安机关组建未成年人刑事案件专业化办案队伍,严格执行性侵案件未成年被害人"一站式"询问制度。江苏省淮安市检察机关联合公安机关出台《刑事案件未成年被害人"一站式"取证工作若干规定》,并下发《未成年被害人询问笔录参考模板》,进一步规范询问人员、时间、地点、用语、隐私保护等内容。

2.实践效果

首先,避免了重复询问对未成年被害人造成"二次伤害",通过法律援助、心理救助、司法救助和综合救助等措施,实现对未成年被害人的多层次保护,对未成年被害人提供及时、全面、个性化救助。如上海市奉贤区"一站式"取证场所自2015年启动建设以来,至2018年,已有46名未成年被害人在"一站式"取证场所接受询问,其中对31名未成年被害人进行了心理疏导,对34名未成年被害人进行了经济救助,对6名未成年被害人开展了医疗救助服务,有效保护了未成年被害人的合法权益。[①]

其次,有利于提升性侵害未成年人案件的办理质量和效率,确保依法、及时、全面收集固定证据、严惩犯罪;为依法从严从快办理性侵未成年人犯罪案件提供了有力的制度支持。"一站式"办案救助机制既是办案机关的工作需求,也是司法机关为人民群众提供法治服务的具体举措。近年来,各级检察机关不断探索未成年人性侵案件"一站式"办案救助机制,通过建设办公场所、出台办案机制、开展综合救助等方式,积极维护未成年被害人的合法权益。截至2020年,全国检察机关已经建立"一站式"询问办案区323个。[②]

最后,顺应了新时代未成年人有关工作的发展趋势。随着司法办案机关对未成年被害人保护力度的加强,近年来全国各地不少地方开始探索未成年被害人"一站式"取证、办案救助、保护等机制,这一发展的趋势也在最高人民检察院2020年4月21日发布的《新时代未检工作意见》中得到印证,该意见指出,"一站式"办案机制将会持续推进,计划2020年底各地市(州)至少建立一处未成年被害人"一站式"询问中心办案场所。

[①] 参见郭剑烽:《男子性侵未成年智障少女称其自愿 "一站式"破"零口供"强奸案》,载百家号"新民晚报",https://baijiahao.baidu.com/s?id=1617999870571136520,最后访问时间:2024年12月14日。

[②] 《最高人民检察院办公厅对十三届全国人大一次会议第1160号建议的答复》。

最高人民检察院在对《全面建设处理儿童性侵案件"一站式"询问的建议》的答复中指出,"一站式"询问机制在实践运行过程中总体上仍然存在理念认识不到位、重打击轻保护、询问机制发展不平衡、社会支持体系不充分等问题。

三、证据收集与审查判断

性侵害未成年人案件存在以下突出难题:证据种类单一,以言词证据为主;客观证据缺漏,难以有效印证;一对一证据情形多发;等等。造成这些证据难题的原因总体上可以归纳为两方面:一方面,性侵害未成年人案件本身区别于其他刑事案件所具有的被害主体特殊、侵害人多为熟人、侵害行为具有隐蔽性的特点,这是造成该类案件证据难题的内在原因。另一方面,办案机关的取证程序和证明规则不完善,未根据这类案件的特殊性进行相应调整,专业化水平有待提升,这些外部因素进一步加剧了性侵害未成年人案件证据收集与审查判断的困难。

(一)证据收集与审查判断的特殊困境

1.证据种类单一、证据易灭失,难以收集

第一,实物证据搜集困难。实物证据在性侵害未成年人案件中主要包括犯罪嫌疑人的毛发、体液等生物样本,犯罪嫌疑人的物品、衣服,以及犯罪现场可能留下的相关物证(如纸巾、烟头)等。实物证据若不及时提取,极易加大灭失的风险。时间的流逝、自然或人为的破坏,都很有可能导致证据的灭失。实物证据易灭失增加了办案人员收集证据的难度,也造成了该类案件中实物证据稀缺的普遍现实。

第二,检材提取困难,流转易被污染。未成年被害人被性侵之后通常会首先选择到医院进行检查,医生为了检验患者的身体情况会提取相关体液,其对检材的提取、保存与司法机关的要求有所不同,可能会使检材受到污染。侦查机关若直接将流转后的体液作为鉴定的检材使用,会影响鉴定程序的合法性和鉴定结果的真实性。

第三,认定性侵证据"一对一"的困局。实物证据搜集困难,造成了认定性侵证据"一对一"的困局。犯罪嫌疑人凭借相对未成年人的认知优势,"零口供"或翻供的情况多。在性侵害未成年人案件中犯罪嫌疑人供述与被害人陈述往往出现"一对一"局面,且客观证据具有稀缺性和易灭失性,因此全面收集与案件相关的物证、书证显得格外重要。而部分办案人员往往对性侵害案件不熟悉,过分依赖于口供等言词证据,而对客观证据有所忽略,证据搜集没有做到全面、客观,一旦遗漏关键性证据,可能会造成后期无法补证、案件事实无法认定的情况。对此,北京市海淀区人民检察院的经验是:一方面,此类案件的被害人均为未成年人,该类主体案件客观因素影响的可能性较小,因此在出现犯罪嫌疑人供述与被害人陈述"一对一"证据的情况下,多倾向于采信被害人陈述。另一方面,为加强对未成年人的保护,我国司法实践中对性侵害未成年人案件采用了相对较低的证据标准。

第四,报案多数不及时,致使大量证据湮灭。大多数性侵害未成年人案件报案不及时,且报案率较低,其原因主要有三个方面:一是部分被害人年龄尚幼,几乎从未受过性教育,缺乏对性侵害行为的认识。被害人在遭受性侵害时甚至没有意识到自己受到了侵害,此种情况多见于 10 岁以下的幼儿。二是部分被害人知道自己被性侵,但基于羞耻、惭愧的心理,选择沉默隐忍。这部分被害人通常处于中小学阶段,年龄分布在 10—18 岁。未成年人在受害后往往不知道如何保护自己,不报案或报案不及时,没有及时诉诸司法途径,从而容忍了犯罪行为,也使得犯罪分子在法网之外更加猖獗。三是部分被害人的家长知情不报,虽然这种情况较少,但仍存在部分家长为了避免子女的名誉受损而选择隐忍的情况,或者被害人虽然提及了与案件有关的只言片语,却没有引起家长的注意和重视,使得案件继续被隐瞒下去。

第五,被害人缺乏证据收集与保存的意识。被害人通常没有证据收集与保存的意识,使诸多有效物证随着衣物换洗、洗澡等行为的发生而不复存在。部分被害人在受到侵害后基于羞愧、自责等心理因素而立即洗澡或换洗衣物,或以其他方式致使物证灭失。被害人由于年龄尚幼,在被侵害后不懂得通过正确途径保护自己,缺乏证据收集与保存的意识,加大了实物证据的灭失风险。例如,在某些强奸案中,被害人在被侵害后基于羞耻心而反复洗澡,致使犯罪嫌疑人的精液、精斑、毛发、指纹等大量物证湮灭。在一定程度上影响了案件的认定,增加了侦查取证与定罪量刑的难度。

2.证据稳定性差、可靠性偏低

性侵害未成年人案件中实物证据较少,言词证据占比大,而言词证据稳定性较差,容易导致可靠性偏低等问题。

第一,被害人陈述易受干扰。未成年人由于涉世未深,思想单纯,其证言的真实性较高,但准确性较低且易受干扰。心理学研究显示,记忆是一个各器官相互配合并受个人特点和记忆时间长短影响的复杂过程,年龄是影响记忆行为的重要因素之一。未成年人尤其是幼儿,由于年龄偏低,相关常识及经验不足,往往会出现记忆不准确的现象。通常情况下,3岁以内的婴幼儿无法区分幻想与现实,3—6岁的幼儿记忆的选择性大、精准性差,7—10岁的未成年人观察错误多,记忆趋于准确和全面,10—14岁的未成年人能准确地随时提取关于细节的记忆,14—17岁的未成年人记忆、感知和表达能力基本成熟。因此,未成年人的年龄弱势(尤其是7岁以下儿童)所导致的记忆不准确、表达不清楚的情况普遍存在,其陈述准确性低的可能性加大了。此外,逻辑性差也是一方面的原因,低龄未成年人的逻辑思维比较简单,一般是单向的,不可逆的,或者仅能够借助工具和技巧进行简单初步的推理。当要求低龄未成年人同时考虑整体和整体组成部分的关系时,他们多半会给出错误的答案。

同时,未成年人陈述易受到外界的干扰,包括父母、利害关系人及办案人员。未成年人欠缺独立判断及明辨是非的能力,容易顺从于外界,尤其是善于听从父母及家人的言语,极易受到家人影响或被教唆,作出不准确陈述或虚假陈述。有学者也指出,当父母告诉未成年人对某一事件应该怎样向别人描述或有人威胁未成年人不让他们讲真话时,未成年人更容易接受父母的看法或屈从于威胁者的威胁,对取证者撒谎就变得顺理成章了。①

另外,有的办案人员在对被害未成年人进行询问时,容易无意识地流露出已经知道案件如何发生的倾向,并通过提问将这种倾向传达给未成年人,致使未成年人误以为办案人员预先得知问题答案,自己只能按照"正确答案"进行回答,故而容易造成被害人陈述不准确的情况,甚至出现虚假陈述的现象。

第二,犯罪嫌疑人供述和辩解具有复杂性和反复性。调查显示,大部分犯罪嫌疑人到案后都拒不承认其犯罪行为。有的犯罪嫌疑人则不全盘否认自己的罪行,在犯罪情节方面避重就轻,如辩解自己只是无意中碰到了被害人的身体部

---

① 参见胡志强主编:《性侵害犯罪公诉办案证据适用指南》,中国检察出版社2015年版,第7页。

位,或辩解自己只是隔着衣服轻轻碰了一下被害人等。总体来看,犯罪嫌疑人的供述和辩解真假混杂,较为复杂。另外,犯罪嫌疑人供述和辩解的反复性较强,主要表现为供述前后不一致。通常分为"前否后供"和"前供后翻"两种情况。在"前否后供"的情形中,犯罪嫌疑人到案后拒不认罪,但随着案件的进展,心理防线逐渐被突破而选择供述。在"前供后翻"的情形中,犯罪嫌疑人到案后如实供述,但随着办案时间的延长或证据不足等情况的发生而选择翻供,从而使犯罪事实难以认定。总之,犯罪嫌疑人、被告人的口供具有前供后翻、时供时翻、屡供屡翻的特点,从而使案情复杂化,给案件查处带来了很大困难。

第三,证人证言内容多表现为间接性。由于性侵害未成年人案件的隐蔽性强,目击证人少,因而直接性证言较少。证人证言多为间接证据,只能证明案件事实的某个片段或部分,如在某一地点同时看见犯罪嫌疑人和被害人;在某一时间看到犯罪嫌疑人或对案发后被害人的言语进行转述等。同时,在此类案件中,证人证言内容多具有间接性,这些证据虽为间接证据,但在该类案件中亦十分重要,能够起到印证和补强的作用,对于证据的审查与判定具有重要意义。

(二)不同证据种类的审查判断

实务部门研究者结合具体案例对性侵害未成年人案件的各类证据分别提出如下审查判断建议:

1.犯罪嫌疑人供述与辩解的审查判断

(1)成年犯罪嫌疑人。性侵害未成年人案件中犯罪嫌疑人往往对是否明知被害人为未成年人或者幼女进行辩解。对其供述与辩解的审查重点需要结合其社会阅历、工作经历、受教育背景和程度等进行综合分析判断,同时关注在案证据中的关键细节与犯罪嫌疑人的无罪辩解并进行比对,从而判断其真伪。

(2)未成年犯罪嫌疑人。与成年犯罪嫌疑人辩解特点不同,未成年人辩解一般是否认或者辩解双方自愿,其中多数能如实供述案件事实,但辩解是自愿,而被害人声称其被强迫。对此,应结合在案其他证据慎重进行分析判断。

(3)共同犯罪案件中的犯罪嫌疑人。由于共犯间相互推诿、包庇,供述辩解存在虚假供述或辩解,审查需要综合全案证据并分析犯罪嫌疑人之间的关系。

2.被害人陈述的审查判断

在性侵害未成年人案件中,未成年人特别是幼儿对事情经过的陈述是否符合其年龄特点、认知水平和表达能力是判断的核心,只要被害人的基本情况是其有能力认知和表达,并且其陈述是经过合法程序收集的,就应当认定其陈述具有证据资格和证明力。

(1)被害人陈述审查判断的一般原则。由于性侵害案件行为隐蔽、取证困难,被害人陈述是犯罪嫌疑人供述外唯一的直接证据,因此在审查判断时应遵循以下原则:一是注重细节审查原则,审查被害人对细节的陈述,查明其对非亲历不可知情况的陈述是否真实,对客观环境的描述是否与现场相一致,对案件经过的陈述是否与其他在案证据相一致,印证其陈述的真实性。二是综合审查原则,又称"综合印证法",即对与案件事实有关的证据进行综合分析、判断,以认定各证据之间是否相互印证、协调一致的审查判断证据的方法。

(2)低龄未成年被害人陈述的审查判断。对于低龄被害人陈述的审查判断不应简单按照年龄进行划界,否认低龄被害人陈述的证据效力,而应综合审查以下两个方面:一是对被害人所处年龄阶段未成年人普遍表达能力和认知能力有客观的判断,同时根据与被害人的接触或观看被害人询问录像、审查被害人询问笔录等方式,确认被害人心智发育程度、表达能力等是否能够达到清晰表达自己所感知事实的程度,如果能够达到上述标准,则可初步认定被害人陈述的可信性较高。二是运用综合审查方式,判断被害人陈述中所提及的相关内容能否与在案其他证据相互印证,如果无印证,则该份孤证不能作为认定案件事实的依据,如果印证,即使被告人不认罪,仍然可以据此认定犯罪事实。

(3)发生变化的被害人陈述。第一,如果被害人陈述的变化足以影响案件认定,且在未成年被害人及其法定代理人不反对的情况下,检察机关承办人员应当在尽量保护未成年人的前提下,再次对其进行询问,核实被害人陈述变化的原因。第二,对于被害人陈述前后矛盾的审查,着重审查矛盾和不一致能否得到合理解释。第三,对变化前后被害人陈述与其他证据存在的矛盾进行审查,如果变化的信息内容不能得到印证,则不能确认其证据效力。

(4)遭受性侵害的未成年人出庭陈述。公诉机关在征得被害人及其父母同意后可以向法庭提请被害人出庭作证,但应做好出庭保护工作,避免二次伤害。

在性侵害未成年人案件中,出于害怕、迷茫等原因,未成年被害人(尤其是儿童)一般不会主动报警,往往是亲属在案发后发现被害人存在情绪或行为异常,询问被害人后才报警。这类案件特点在于,被害人由于年龄和认识能力限制,对于案发事实行为的描述可能不会十分准确,部分表达也会有未成年人粗疏、模糊的特点。因此,在取证和补充证据的问题上,不能苛求被害人,尤其是不能要求未成年人像成年人一样详细、准确、完整描述案件事实,未成年被害人能够在案发时间、地点、犯罪嫌疑人身份、具体行为及手段等基本事实方面作出陈述即可。在受侵害部位的核实、调查中,考虑到被害人羞耻心、描述能力欠缺等因素,可以采用玩具示例法这样相对特殊又符合、照顾未成年人身心特点的方法。在证据采信方面,我们认为如果排除未成年被害人本人及其家人与犯罪嫌疑人存在矛盾纠纷、报警有隐情等外界干扰因素,从证言效力上看,未成年被害人陈述的效力要更强。尤其是在描述性侵害基本事实是否存在时,未成年被害人尤其是儿童说谎的可能性较小,可采性较大。但对于性侵害的次数,则应坚持较为严格的供证一致原则,因为未成年人,尤其是儿童对数字的描述往往不准确,可能存在夸张、臆想的成分。

3.证人证言的审查判断

(1)证人及证言全面性的审查。审查证人的全面性,应判断是否所有知道案件情况的人均已出具证言,并审查所有证言内容是否全面,有无遗漏事项,包括:嫌疑人与被害人关系、被害人案发后身体和精神状况、抓获扭送经过。应当依靠生活经验,全盘考虑性侵案件发生的前因后果。

(2)证人证言证据能力及证明力审查。其一,证人作证能力应审查其是否知道案件情况以及是否属于不能作为证人的禁止情形(不能辨别是非、不能正确表达),可通过审查证人年龄、健康状况、文化程度、感知、记忆和表达能力等来完成。其二,证言收集主体、程序合法性审查,包括办案人员人数、权利义务告知、询问地点、个别进行、是否有暴力胁迫等、起止时间、参与人员签字等。其三,证人证言证明力审查,包括客观性、关联性、充分性。

4.鉴定意见的审查判断

(1)鉴定意见审查判断的问题。难以进行实质审查,错误理解鉴定的证明作用,鉴定人出庭作证困难,主要原因在于社会公众鉴定知识的匮乏,鉴定人怕打击、能力不足、不愿出庭,法官主观意愿等。

(2)审查判断内容。合法性审查涉及鉴定机构和鉴定人资质、检材提取保管使用、鉴定标准、鉴定过程记录、女性鉴定人、近亲属和监护人到场、鉴定时间、文书形式;关联性审查,即鉴定意见只能证明案件的某一个方面,必须与其他证据结合起来才能对案件事实作出准确认定。审查鉴定意见应判断鉴定意见能否证明案件事实以及在多大程度上证明案件事实。充分性审查受到检材充分性影响,应将具有鉴定价值的检材充分运用。

5.勘验、检查、辨认、侦查实验笔录的审查判断

(1)对于勘验笔录应审查勘验主体的适格性、勘验过程的合法性、勘验内容的全面性、物证提取保管流转的合法性、笔录制作的规范性。并从建立现场勘查录像制度和完善检察提前介入和律师在场等监督制度加以完善。

(2)对于检查笔录应审查主体职权、专业能力,有无法定代理人或者合适成年人、见证人、女性工作人员或法医,笔录合法性等。

(3)对于辨认笔录的审查主要通过对辨认过程笔录等存在瑕疵违法的补正和合理解释进行,采用原辨认笔录还是一律排除缺乏细则规定;对无法补正而排除的,能否再组织重复辨认,对此审查判断缺乏统一标准。可以借鉴"曼森辨认法则"五要素:犯罪过程中,证人观察犯罪行为人的机会;证人的注意度;证人对犯罪行为人先前描述的准确性;演示说明当时遭遇的确定性程度;犯罪发生到当面对质时间长短。这些因素都可能会影响辨认的准确性。

(4)对于侦查实验笔录应审查侦查实验的批准、实施、参加主体,实验是否对案发客观条件进行客观还原和再现,实验经过是否达到实验目的,与其他证据能否印证证明案件事实。

6.视听资料、电子数据的审查判断

(1)视听资料审查。第一,证据载体的审查。遵循最佳证据规则与非法证据排除规则,但不适用传闻证据规则。对形式证明力(客观真实性)审查可以通过保管链条鉴真措施、与其他证据比对、鉴定等方式审查;对实质证明力(关联性)审查可以参照证明力有限规则,当视听资料与被害人法定代理人的证言存在冲突时,一般而言可以采信视听资料,原件大于复印件。第二,证据内容的审查。办案过程,检察人员一般根据罪名构成要件逐一审查证据,看相关证据单个或者多个能否证明各构成要件要素,同时对案件性质、情节的认定也会根据

证据审查过程中发现的新的情节产生变化。

（2）电子数据审查。第一，证据载体。与视听资料类似，电子数据适用最佳证据规则、非法证据排除规则，不适用传闻证据规则。对电子数据的形式证明力审查主要审查电子数据本体和电子数据系统的完整性，实质证明力审查遵循证明力优先原则。第二，证据内容。包括犯罪嫌疑人是否到过现场，嫌疑人与被害人关系，是否明知被害人是幼女等。

7.物证、书证的审查判断

（1）物证、书证全面性审查，可以通过围绕性侵害未成年人犯罪构成要件、量刑情节所列的物证、书证目录指引，运用正向排除法，逐一筛选过滤，发现遗漏的物证、书证；依据犯罪嫌疑人供述、被害人陈述、证人证言、电子数据等其他证据反馈的信息，精准捕捉隐藏的物证、书证。

（2）物证、书证证据能力审查主要涉及收集主体合法性、收集程序合法性、形式合法性。

（3）物证、书证证明力审查主要审查：第一，客观性（是否真实存在、是否可信可靠）。可以从来源真实性和形态真实性审查。具体来说，审查主要依据搜查、扣押、提取等各种侦查工作记录以及当事人辨认笔录，确认物证、书证名称、特征、数量、质量等信息与笔录记载是否一致；审查物证的照片、录像、复制品及书证的副本、复制件的真实性；审查是否与原件原物相符、是否经鉴定为真实，或者是否以其他方法确认真实。第二，关联性。客观真实并不意味着关联性必然存在，虽然在一定程度上，实物证据的真实性和同一性也体现了证据的相关性。应当回归关联性规则本身，以物证、书证所包含的事实信息是否与实体法规定的案件事实有联系为准。第三，充分性。即对证明程度的待证事实是否达到法律所要求的标准，通常需要结合其他在案证据尤其是矛盾证据予以综合判断。

8.其他证据材料的审查判断

其他证据材料主要包括受案登记表、110接处警记录、立案决定书、到案经过、抓获经过、电话查询记录、行政处罚决定书、刑事判决书等。审查报案是否及时，判断是否有自首、立功等情节、是否有前科等。

（三）不同诉讼阶段的证据收集与审查

1.侦查阶段证据的收集

（1）及时立案。性侵害未成年人案件的证据材料难以长时间保存，不应苛求未成年被害人在报案时就必须提供符合立案标准的证据。应当借鉴2010年最高人民法院、最高人民检察院、公安部、司法部联合发布的《关于依法惩治拐卖妇女儿童犯罪的意见》的规定，公安机关在接到未成年人被性侵害的报案、控告、举报时，应立即以刑事案件立案侦查，为及时取证奠定基础。

（2）及时、细致、全面地勘验检查。无论报案时间是否及时，侦查机关在办理性侵害未成年人案件时，都应当严格按照法定程序对犯罪现场进行及时、细致、全面的勘验，收集、固定与犯罪相关的物证。案发后，需要对未成年被害人进行及时、细致、全面的人身检查。检查人员应当在未成年被害人愿意配合的情况下开展，进行人身检查过程中，应尽量避免对未成年人造成伤害。人身检查时，应有合适成年人到场陪同，起到抚慰、保护未成年被害人的作用。对于检查情况应当客观准确记录，并有参加的检查人员签名。针对实践中大量存在的以医院检查取代人身检查的做法，原则上应当坚持由法医再行检验，除非医院医生能够向人民法院提供足够证据。

（3）设置规范的询问程序，提升办案人员的专业技能。在询问前，办案人员应当了解基本案情和未成年被害人的具体情况，根据这些情况来制定具体的询问提纲和询问策略，为一次性询问到位奠定基础。询问流程可以分为自我介绍、建立友善关系、讨论"真实—谎言"差别、约定基本规则、询问具体问题、回顾阐明陈述内容六个阶段。对于询问场所的设置与询问问题所应包含的具体内容，可以由最高人民法院、最高人民检察院和公安部联合制定性侵害未成年人标准化的询问模板，指导各地办案人员进行询问工作。

办案人员应当由办案经验丰富、熟悉未成年人身心特点的办案人员担任，必要时，可以吸收相关医学或心理学专家参与询问工作。对于性侵害未成年人案件年均发案率低、公安机关资源有限的现实情况，可以通过跨基层派出所管辖区域建设专业化的询问未成年人的专业警察队伍的方式，形成跨地域集中询问模式，基层民警在接到报案后应及时通知专业询问人员，由他们担任案件的主要询问人，承办该案的基层民警作为共同询问人，协助进行该案的其他取证工作。

询问中应注意选择适当的询问用语,尽量使用开放式的询问问题,可以使用人偶玩具等辅助工具方便未成年被害人理解询问的问题;选择合适的询问到场成年人,避免被害人陈述受到其法定代理人的干扰;询问全程应当录音录像,便于法官通过被害人陈述时的神态、动作等辅助证据来认定陈述的真实性。

(4)运用审讯策略获取口供证据。性侵害未成年人案件中零口供现象普遍,办案人员在讯问犯罪嫌疑人时可运用"详尽迂回寻求弱点法""模糊语言配合适度欺骗法""合法许诺引导认罪协商法""证据辅助法""情感攻势法"来获取未成年犯罪嫌疑人的自愿陈述。

2.审查起诉阶段的证据收集与审查

当前我国检察机关在推进未成年人检察工作专业化建设方面取得了长足进展。经过2018年内设机构改革,全国检察机关内部普遍都设置了独立的未成年人检察部门或专门的办案人员(以下简称"未检部门")。性侵害未成年人案件作为涉未案件,应当由未检部门负责办理。检察机关应当和公安机关建立性侵害未成年人犯罪案件信息通报机制。对于公安机关提出或未检部门负责人认为有必要的,应当指派检察官适时介入,监督引导侦查取证并依法落实未成年被害人的特殊保护措施。

司法实践中,性侵害案件的揭发和来源历来都是审理重点关注的对象。审查性侵害未成年人案件,应当结合全案证据审查案发及报警经过是否自然、合理,包括犯罪如何被揭发或发现、案发后多久被揭发或发现、有无其他因素干扰而延迟报案等,来排除诬告陷害的可能。需要注意的是,对于性侵害未成年人案件中被害人迟延报案揭发的行为,不宜径行认定指控是虚假的而应当查明迟延报案的原因。

审查性侵害未成年人案件中的被害人陈述是否真实可靠,可以从以下几个方面进行:①被害人的主体能力,包括年龄、文化程度、性格、语言表达能力、记忆力、社会阅历等;②被害人在陈述案件事实时的心理状态以及情绪表现;③是否符合亲身感知事实的特点,事实表述符合一般事物的发展逻辑;④被害人与被告人的利害关系,有无存在挟私报复或者以扩大事实引起重视的情形。如果未成年被害人的陈述系其自身经历的特殊事件且经过并不复杂,能够用被害人理解的语言与动作予以描述,则应当予以认可。如果被害人陈述的内容与其年龄、智力不相适应,如陈述中包含专业术语、逻辑性明显超出其智力状况,那么应当结合其他证据,如询问过程的录音录像资料、询问被害人笔录、辨认(指认)笔录、社工人员访谈笔录、医疗诊断问答记录、发现未成年人遭性侵害而向警察检举之人的笔录、其他与未成年人接触过的证人证言等,来审查被害人的陈述是否受到污染和诱导。必要时,可以近距离了解被害人的智力发育水平、表达能力、表达习惯等,可以向制作笔录、记录或陈述者确认整个问话过程、所用语句或态度,以确定有无暗示、诱导或不当询问。也可以聘请儿童心理专家等就被害未成年人陈述的可靠性及其异常心理或行为反应与遭到性侵害两者间的因果关系进行鉴定说明。

实践中熟人作案或者被害人系性服务行业从业人员的性侵害未成年人案件中,犯罪嫌疑人容易辩解未成年被害人主动或自愿与其发生性关系。我国现行《刑法》规定奸淫不满14周岁的幼女不要求采取强制手段实施,都以强奸罪论处。而且所谓的"两小无猜"条款适用的情形仅是已满14周岁不满16周岁的人偶尔与幼女发生性行为,情节轻微、未造成严重后果。因此,对于已满16周岁的犯罪嫌疑人而言,不论未满14周岁的未成年人是否自愿与其发生性关系,都会被认定强奸罪。在犯罪嫌疑人辩解未成年被害人主动或自愿与其发生性关系的情况下,犯罪嫌疑人是否明知被害人为未满14周岁的幼女成为影响定罪与否的关键。根据相关规定,对于行为人与不满12周岁的幼女发生性关系的,直接认定其明知;行为人与已满12周岁不满14周岁的被害人发生性关系的,则需根据被害人身体发育情况、言谈举止、衣着特征、生活作息规律等观察,可能推测出对方是幼女仍实施奸淫等性侵害行为的,应当认定为明知。对行为人"明知"的认定采用推定制度,根据推定制度的性质和要求,就应当允许行为人提出反证,如果反证成立,就应推翻之前的推定。

3.审判阶段的证明问题

(1)未成年被害人出庭作证。为保护未成年人身心健康,根据相关规定,未成年被害人(证人)一般不出庭作证。我国有些地方人民法院在实践中通过同步视频作证的方式来完成未成年被害人的作证环节。例如,广东省佛山市中级人民法院在充分调研的基础上建成首个同步视频作证室,视频作证室主要供需要采取不公开个人信息和不暴露外貌、真实声音等保护措施的出庭作证人员出庭作证,以及因特殊情况不能到庭的相关人员庭审作证时使用,对上述人员如属需采取保护措施情形的,一律对影像、声音进行技术处理。重庆市渝中区出台一项新的规定,未成年被害人确有需要出庭的,采取视频方式参与庭审,并对声音进行处理,确保其外貌和声音不被暴露。

(2)证明标准。对于性侵害未成年人案件应当坚持证据确实、充分,排除合理怀疑的证明标准。只不过考虑到该类案件通常呈现出的特殊证据构造,应当进一步拓宽证明的路径,构建"被害人陈述可信性"的审查标准,作为当前单一的"印证证明模式"的补充。

附录三

性侵害未成年人案件"一站式"办案救助机制调研报告[①]

在性侵害未成年人案件中,办案机关询问未成年被害人主要有常规询问和"一站式"询问保护两种模式。常规询问的模式即办案人员在未成年被害人的住所或者未成年被害人心理上感到安全舒适的其他场所进行询问,主要法律依据是《刑事诉讼法》和最高人民法院、最高人民检察院、公安部和司法部2013年联合颁布的《关于依法惩治性侵害未成年人犯罪的意见》关于询问未成年被害人的规定。根据有关规定,对未成年被害人进行询问时,办案人员应当通知未成年被害人的法定代理人到场。无法通知、法定代理人不能到场或者法定代理人是性侵害犯罪嫌疑人、被告人的,也可以通知未成年被害人的其他成年亲属或者所在学校、居住地基层组织、未成年人保护组织的代表等有关人员到场。但在一些具体的询问技术和程序操作上并没有特别的安排,与询问成年被害人适用同样的程序规则和技术方法,并没有突出性侵害未成年人案件中未成年被害人的特殊性。

"一站式"询问保护的模式即对遭受性侵害的未成年人的询问是在专门的"一站式"询问场所按照专门的询问工作机制进行。实践中,有的地区检察机关办理未成年人案件的检察官会提前介入公安机关侦查性侵害未成年人案件的被害人询问过程,或者检察机关与公安机关合作建立未成年被害人的"一站式"

[①] "一站式"办案救助机制是指,侦查机关在办理成年人性侵害未成年人犯罪等案件时,在侦查阶段实现询问、取证、检查、救治的一次性到位。相对于传统的司法询问,这一机制为参与办案与保护的多方主体提供了协同平台,有效吸收儿科医生、司法社工、心理专家等参与询问,同时还设置了独立的"一站式"询问场所,有助于缓解未成年人陈述时的负面情绪,避免重复取证行为造成的二次伤害。

办案中心或专门场所，在该办案中心或专门场所一次性完成对未成年被害人的询问取证，避免办案中同一机关或者不同机关的多次询问、连续询问，并联合其他部门和社会资源为遭受侵害的未成年人提供后续康复的支持和帮助。通过建立"一站式"办案中心，以性侵害未成年人案件为突破口，旨在完善性侵害未成年人案件的办理机制。各地检察机关积极探索性侵害未成年人的案件询问、同步录音录像、心理测评、司法救助等办案路径，避免反复、不当询问给未成年被害人带来二次伤害。这一实践创新主要是由检察机关推动，其依据主要是《2018—2022年检察改革工作规划》《2023—2027年检察改革工作规划》《新时代未检工作意见》等文件。同时，"一站式"办案救助机制也获得当地公安机关的配合，不少地区的"一站式"办案救助场所就是建设在派出所里，所以"一站式"办案救助机制的实际执行主体更多是公安机关的办案民警。课题组于2020年至2021年分别对北京市、上海市、山西省太原市、云南省昆明市、浙江省宁波市和绍兴市等较早探索"一站式"办案救助机制和有代表性的地区进行了实地调查，通过访谈和实地观察等方式了解了各地开展"一站式"办案救助机制探索的不同模式、做法以及相应的效果。

一、询问的场所

调研地区普遍建立了专门用于办理侵害未成年人案件的"一站式"办案救助机制，因各地在资源投入、机构设置、人员安排、案件数量等方面有所不同，故而对"一站式"询问场所的选择和设置也有一定差异。主要包括以下几种类型：

一是将询问场所设置在检察机关内部。例如，绍兴市越城区人民检察院建立了独立的未成年人办案工作室作为"一站式"询问未成年被害人的主要场所。此外，宁波市海曙区人民检察院也是将"一站式"询问场所设置在检察机关内部的未成年人检察办公区。

绍兴市越城区人民检察院未成年人办案工作室的室内以彩绘墙、卡通摆件等形式营造轻松温馨的询问环境。同时，越城区人民检察院联合辖区内三个公安分局及绍兴市心理学会出台《关于开展性侵害儿童犯罪案件"一站式"询问被害人工作的实施意见》，以专业场所建设、专业人员配备、专业机构联动、专业心理援助四个方面作为着力点，专业化推进"一站式"询问未成年被害人的办案模式。对未成年被害人的首次询问笔录，均由检察人员到场的情况下在工作室制作完成，并进行同步录音录像。

二是将询问场所设置在本地区公安机关的执法办案中心或者在本辖区内确定一个或几个派出所设置"一站式"询问场所。根据调查，北京市朝阳区将"一站式"询问场所设置在公安机关的执法办案中心，太原市和上海市则将"一站式"询问场所设置在公安机关的一线派出所。

北京市朝阳区人民检察院与北京市公安局朝阳分局执法办案中心、共青团北京市朝阳区委员会对接设立"一站式家庭环境询问室"和"24小时社工值班室"，制定"一站式"办案指引、流程规范，要求所有性侵案件立案时检察机关提前介入，并实现被害人同步录音录像全覆盖，推进"递进式引导侦查模式"，以实现第一时间监督与指导询问。

另据报道，珠海市金湾区人民检察院联合珠海市公安局金湾分局共同签署《珠海市金湾区人民检察院、珠海市公安局金湾分局办理性侵未成年人案件"一站式"询问机制》，在金海岸派出所设立未成年被害人"一站式"询问救助中心。该中心设有询问室、检查室、取证室等多个功能区域，为及时、全面、个性化地救助未成年被害人提供一体化工作场所。"一站式"办案救助机制明确公安机关收到报案后，应第一时间向检察机关未成年人检察工作部门通报；检察机关根据案件具体情况指派检察官提前介入引导侦查并参与询问，跟进开展心理疏导和帮扶，做到办案、保护、救助同时开展。

三是将询问场所设置在医院、学校、社区等其他非办案性质的辅助功能机构，以便链接其他社会资源为未成年被害人提供服务。

宁波市鄞州区人民检察院出台《关于性侵害未成年被害人一站式询问室使用细则》，细化完善"一站式"工作流程和具体要求，与鄞州区公安分局会签《关于派驻公安机关未成年人刑事案件检察官办公室的意见》《关于建立未成年被害人询问规则的若干意见》等文件，将"一站式"询问场所设立在鄞州区第二医院，在全国首创"检医合作"模式，并与鄞州第二医院签订《性侵案件未成年被害人医疗救助合作协议》，完善救助费用减免、救助方式、救助范围、救助标准等各项制度。

昆明市盘龙区将"一站式"取证与保护中心设置在社区。该中心具备对未成年人身心友好的温馨环境，并提供私密的空间，让被害人获得充分的安全感,同时通过配备同步录音录像、身体检查等设备,"一站式"完成对性侵未成年被害人的询问、身体检查、心理疏导等工作,尽量避免对未成年被害人造成再度伤害。同时通过实时视频传送及信息交换装置,方便除直接参与询问的人员外其他成员同步观察询问情况,心理咨询师、检察人员根据情况及时指导询问人员调整发问方式和发问节奏。同时,盘龙区人民检察院与昆明市公安局盘龙分局等部门会签《性侵害未成年人案件"一站式"取证与保护运行规则(试行)》,明确"一站式"取证与保护中心的办案程序、保护措施等具体内容,推动公安机关建立性侵案件"一站式"取证专办联络员、女民警专职询问队伍等专业化办案机制。

另据报道,海南省三亚市城郊区人民检察院在三亚技师学院打造"一站式工作区",该"一站式工作区"约 1500 平方米,设置了询(讯)问区、检查取证区、心理救助区、预防教育区、技能培训区等五大功能区,心理疏导、询问调查、检查取证、预防教育、技能培训等由多部门在工作区"一站式"完成。该"一站式工作区"按照"1+1+1+N"(1 名未检检察官+1 名心理咨询师+1 名司法社工+根据案件办理需要进入工作区的公安民警、医护人员、法官等)配备工作人员,以"1+1"(一站式办案+一站式救助)的工作模式,"五到位、五同步、五一站"的工作机制,促专业化办案和社会化救助无缝衔接,为未成年被害人提供全方位保护。[①]

二、询问的参与主体

根据《刑事诉讼法》的有关规定,询问被害人,应当由公安机关、人民检察院和人民法院的办案人员进行,询问遭受性侵害的未成年被害人也是一样,公安机关、人民检察院和人民法院的办案人员是询问未成年被害人的基本主体。侦查是收集证据、查明案件事实的重要阶段,询问未成年被害人也是侦查中必不可少的一项重要内容,应当由专业的警察来进行。实践中,有的地区公安机关建立了专门办理未成年人案件的警察队伍或者由派出所的专人办理。例如,昆明市公安局盘龙分局建立了少年警务办公室和针对未成年被害人的女子专门询问队,五华分局则依托各个派出所组建了专门办理未成年人案件的民警人才

[①] 参见黄国亮、张景涛、柯俊婕:《福建省人大考察组实地考察三亚技师学院的"一站式"办案基地》,载网易,https://www.163.com/dy/article/I01HPNOO05561KMC.html,最后访问时间:2024 年 12 月 28 日。

库,早在 2014 年 7 月北京市公安局海淀分局就成立了全国首支独立编制的法制支队未成年人犯罪案件审理中队,专职受理、审理涉罪未成年人刑事案件、未成年人被侵犯人身权利案件及未成年人治安案件。上海市公安机关设置了办理未成年人案件的准入机制,要求办案民警具有一定资历和经验才能办理未成年人案件,有的辖区公安机关则建立了专门的少年警务中心。据报道,上海市公安局金山分局、城市轨道和公交总队都建立了少年警务中心专门负责办理未成年人刑事案件。

实践中,大多调研地区的检察机关都会在侦查阶段就提前介入公安机关办理性侵害未成年人案件的侦查询问程序,指导公安机关询问未成年被害人和制作询问笔录,有的地区还会邀请心理专家、司法社工、合适成年人等参与对未成年被害人的询问过程,以提高询问质量和未成年被害人陈述的准确性,同时对未成年被害人提供有针对性的链接服务,对未成年被害人开展全方位保护。昆明市盘龙区司法局将妇联、儿科医生、司法鉴定专家、社工、心理专家及教育专家等未成年人保护专业人员纳入资源库,形成综合保护专业团队,以多专业的资源整合来保障"一站式"办案救助机制的专业性,推动"一站式"取证保护中心实现从单一的"一站式"取证向一体保护的功能升级。太原市人民检察院与团市委、妇联、民政等部门合作,引进了爱帮青少年社会服务中心、心理教育团队等社会力量,实现了办案专业化、帮教社会化,参与的范围包括心理辅导、社会调查、合适成年人到场等。

三、询问者的性别因素

《刑事诉讼法》和《未成年人保护法》均有规定,询问未成年被害人应当有女性工作人员在场。调研发现,虽然各地公安机关在询问未成年被害人时都会配备女性工作人员在场,但这些女性工作人员不一定都是负责刑事侦查工作的女警,有的只是办理户籍业务的女警或者负责日常行政事务的女性工作人员,她们往往并不具备询问未成年被害人的专业知识和技巧。这种情况下,实际上仍然是以男性警察为主对未成年被害人进行询问。在以男性警察为主的询问环境下,虽然男性警察在询问时也会考虑未成年被害人的性别、身心特点和案件性质的特殊性等因素,并采取未成年人能够充分理解的语言和舒缓平静的语气态度对未成年被害人进行询问,但与女性警察询问相比,受制于性别差异的影响,男性警察对未成年被害人的询问往往存在亲和力不足、交流不顺、沟通不畅等困难。并且,由于对未成年人实施侵害行为的往往都是男性犯罪嫌疑人、被告人,未成年被害人在面对男性成年人时,即使该男性的身份是警察,也可能会有一些内心的不适,造成对未成年被害人的二次伤害,或者未成年人不配合、抵触警察的询问。当然,在有的案件中未成年被害人更愿意和男性警察交流。调研同时发现,在检察机关提前介入公安机关侦查的情况下,虽然检察官并不会直接参与对未成年人的询问程序,但检察官的适当参与对警察更加规范地对未成年被害人进行询问和保障未成年被害人陈述的有效性具有积极作用。

四、未成年被害人的性别和身心状况

调研发现,实践中实施性侵害犯罪的主要是男性成年人,遭受性侵害的未成年人主要是女性未成年人,男性未成年人遭受性侵害的比例总体不高,但近年来遭受性侵害的男性未成年人的数量在有所增加。这与中国少年儿童文化艺术基金会女童保护基金和北京众一公益基金会共同发布《2020年性侵儿童案例统计及儿童防性侵教育调查报告》(以下简称《女童保护报告》)中的结论较为一致。[①] 此外,调研还发现,有的未成年受害人受身心发育程度的影响,在遭受性侵害后往往不能及时报案或者在询问时无法有效陈述受害事实,此类案件的办理存在较大困难。在询问时,不同年龄的未成年人在心智、认知和表达能力方面存在一定差别,办案人员一般会对未成年被害人的心理情况进行评估,并采取与未成年被害人的性别和身心状况相适应的询问方法和语言表达。

五、未成年被害人的年龄

调研发现,遭受性侵害的未成年人在年龄上有不断降低的趋势,14岁以下未成年人遭受性侵害的情况占比越来越高,并且实践中出现了对婴幼儿实施性侵害犯罪的案件。这一基本结论同样得到一些公开数据的支撑。江苏省高级人民法院的数据显示,2016年到2020年全省各级法院一审共审结侵害未成

---

① 《女童保护报告》统计了2020年全年媒体公开报道的性侵害未成年人(18岁以下)案例332起,受害人数845人,在受害人的性别比例上,332起案例中共有322起表明了受害人性别,其中受害人为女性的308起,占比95.65%;受害人为男性的14起,占比4.35%。从受害人数量上看,845名受害人中有820人表明了性别,其中女性743人,占比90.61%;男性80人,占比9.76%。

人权益的刑事案件4874件,惩处罪犯5495人,其中强奸罪、猥亵儿童罪和强制猥亵、侮辱罪三类性侵害未成年人的犯罪案件占比高达75.2%。在未成年人被侵害案件中,7岁到14岁的未成年人最易被侵害,占比53.74%;14岁到18岁未成年被害人占比32.77%;0岁到7岁未成年被害人占比13.49%。[①] 另外,在《女童保护报告》统计的332起性侵害儿童案例中,按照一般学龄段来看,受害人年龄为中小学学龄段的案例占比83.95%,其中7岁至12岁小学学龄段的114起,占比46.91%;13岁至15岁初中学龄段的90起,占比37.04%;受害人中年龄最小为1岁。

六、询问的流程与方法

1.询问前的准备工作

办案机关在对未成年被害人进行询问之前通常都会进行相应的准备工作,包括对未成年被害人的社会调查、记忆和表达能力评估、心理辅导、设计询问提纲等。例如,北京市朝阳区人民检察院和上海市检察机关特别注重社会调查和对未成年被害人的能力评估,询问开始前,检察官一般都会对未成年被害人进行社会调查。社会调查的内容主要包括未成年被害人的平时情绪、家庭关系、说话方式,判断其是否撒谎。有的案件在询问之前还需要对未成年被害人进行相应的身体检查。根据了解到的被害人的基本情况与案件的基本情况,办案人员会对未成年被害人的记忆表达能力进行主观评估,决定是否询问以及如何询问。

2.询问的基本要求和方法

第一,在对未成年被害人进行询问时,办案人员通常不穿警服或者正式的工作装,以减少未成年被害人的紧张、害怕和对抗情绪。第二,办案人员会使用简单易懂的语言来询问,但也存在法律专业术语如何准确转化为未成年人足以认知的通俗表达的问题。询问过程中,办案人员应当注意询问规范,避免以"诱导"提问等方式给未成年被害人暗示或者提示。第三,通过做游戏、使用玩偶、沙盘等辅助方法与未成年被害人建立信任关系或者安抚被害人的情绪是办案

---

① 江苏省高级人民法院:《省法院举行少年审判工作情况暨少年司法保护典型案例新闻发布会》,载江苏法院网,http://www.jsfy.gov.cn/article/89999.html,最后访问时间:2024年4月23日。

机关在询问未成年被害人时普遍采用的做法,如北京市朝阳区人民检察院和昆明市盘龙区人民检察院,在遇到未成年被害人年龄较小、对整个事发经过表述不清时,办案人员可以结合玩偶和画画等不受外界影响的方式获取未成年人的证言。第四,心理疏导是询问中不可忽视的方法之一,但办案机关通常不会在询问前进行心理疏导,一般是先询问后疏导或者是边询问边疏导。

3.未成年被害人父母或合适成年人应到场

法律规定询问时应当有未成年被害人的父母或者合适成年人到场,实践中未成年人的父母或者合适成年人能起到协助询问的积极作用,但同时也可能会有一些负面效果需要警惕。例如询问时,未成年人的父母在场,可能与未成年被害人发生情绪对立、语言冲突,不利于办案人员询问取证;合适成年人在场,可能无法获得未成年被害人的充分信任,从而无法发挥询问时合适成年人到场保护未成年人的应有作用。

七、询问的次数与时间

对于未成年被害人而言,要尽可能减少多次询问对其造成的二次伤害和持续痛苦,要求尽量以一次询问为原则,二次或二次以上的询问为例外。

实践中,大部分地区的公安机关、检察机关和法院都可以做到在各自的诉讼环节只对未成年被害人的一次询问,有的地区甚至是一种全诉讼流程的一次询问,即公安机关在侦查阶段对未成年被害人进行一次询问后,检察机关在审查起诉阶段和法院在审判阶段一般直接认可公安机关所作的未成年被害人陈述,不再对未成年被害人进行询问,只有在一些复杂疑难的案件中才会对未成年被害人进行二次或者二次以上的询问。

实践中,办案机关对未成年被害人进行再次询问的原因主要包括以下几个方面:一是公安机关所作的询问笔录内容不完整或者与其他证据存在矛盾,需要通过再次询问来进一步了解案件事实情况或者核实相关证据;二是公安机关所作的询问笔录与同步录音录像存在较大差别,检察机关需要再次询问未成年被害人来核实询问笔录真实性;三是检察机关对案件事实或证据存有疑问,需要对未成年被害人进行再次询问;四是其他有必要再次询问的情形。实践中,对于年龄较小的未成年被害人往往是一次询问。考虑到未成年被害人的年龄因素,办案人员在询问未成年被害人时一般不会持续太久,以保证未成年被害人不会因询问时间过长而产生厌烦、焦躁、消沉或者抵触等负面情绪,尤其是对于年龄较小的未成年被害人,办案人员往往采取边玩耍边询问的方式来进行询问。

八、同步录音录像和询问笔录的制作

被害人陈述是《刑事诉讼法》规定的法定证据种类之一,尤其是在性侵害案件中,犯罪行为具有隐蔽性,常常出现被害人延迟报案的情况,导致客观证据灭失。因而,此类案件被害人的陈述对认定案件事实具有至关重要的作用,办案人员在制作询问笔录时,应当减少语言的加工,尽量如实地记录未成年被害人的陈述,例如在记录被害人陈述的一些细节问题时,办案人员会将未成年被害人的语气停顿、犹豫以及情绪反应等都记在笔录当中。

调研也发现,虽然各地区办案机关都意识到未成年被害人陈述对于办理性侵害未成年人案件的重要性,要求询问未成年被害人必须进行同步录音录像,但对如何制作未成年人询问笔录则缺少相应的规范,公安机关制作的询问笔录内容较为粗糙,例如归纳内容过多、缺乏准确的被害人语气、神情及细节记载,或者存在按照成年人用语习惯对未成年被害人的陈述进行概括性记录的情况等也是反映较为普遍的一个问题。

九、"一站式"办案救助机制的功能与运行效果

由于询问遭受性侵害的未成年人是在专门的"一站式"询问场所按照专门的询问工作机制进行,各地在利用"一站式"进行询问办案的同时,都会对未成年被害人开展相应的综合保护,因而可以叫作"一站式"询问保护机制。此项机制落实的关键在于保证取证行为在时间上的延续性,即在同一时间段内连续完成针对被害人的各项取证活动。"一站式"办案救助机制有助于提高公安机关、检察机关和法院工作人员对未成年人给予优先保护、特别保护的基本意识,关注未成年人的身心健康和权利保护,将保护思维贯穿于办案过程中,同时该机制也有助于实现公安机关、检察机关和法院在案件事实、证据和法律适用等问题理解认识上的一致,使公安机关、检察机关和法院等各个主体间的联系与协作更加紧密,为及时快速办理性侵害未成年人案件提供了工作机制上的便利,尤其是检察机关提前介入性侵害未成年人案件的侦查程序,可以指导、规范

侦查取证活动,提高整体的办案质量。

调研地区,如宁波市鄞州区、上海市奉贤区、昆明市盘龙区,在"一站式"办案救助机制的运行模式上有所不同,但该工作机制大多整合了办案取证、身体检查、心理抚慰、社会支持等功能,可以更好地发挥对未成年人予以综合保护、特别保护的作用。对于有需要进行身体检查和提取生物检材的,由办案人员联系医院通过绿色通道对未成年被害人进行身体检查,可以更好地保护未成年被害人的隐私和个人信息。相比而言,在没有建立"一站式"办案救助机制之前,没有专门的医护渠道和指定的医务人员对未成年被害人进行身体检查,一般的医疗就诊程序容易使未成年被害人接触到更多的人员,加大了隐私和个人信息泄露的风险,给未成年被害人造成较大的心理压力甚至是二次伤害。对于需要心理辅导、法律援助、司法救助、社工帮助等服务的,办案人员也可以通过"一站式"办案救助机制为未成年被害人提供"一站式"、全方位的综合保护服务。

1.宁波市鄞州区"一站式"办案救助机制

自2016年8月份起,浙江省人民检察院在全省试行未成年被害人"一站式"办案救助机制,鄞州区人民检察院为宁波市唯一试点单位。所设立的"一次性"询问场所——未成年人保护站询问场所面积约40平方米,由询问室、身体检查室和休息等候区三个功能模块组成。拥有独立电梯和大门的询问室,布置符合未成年人身心特点,放置圆桌开展交谈记录,并配置同步录音录像系统。身体检查室有别于医院普通的妇科诊疗室,室内装潢模拟家庭儿童房环境,并配备医院特别提供的可根据自身需求自动升降的医疗检查床。

"检医合作"模式具有三大优势。第一,及时优先性。鄞州区人民检察院将询问场所选择在离公检法司办案单位均较近的场所,以便办案单位在第一时间迅速反应,为遭受性侵害的未成年人提供医疗、法律、心理等多重保障。第二,隐私保护性。鄞州区人民检察院的询问场所不仅有单独的身体检查室,还拥有可以独立进出的门和电梯,同时鄞州区人民检察院也同医生签订了隐私保密协议,高度尊重和保护未成年被害人的隐私权。第三,全面科学性。采取特殊交流方式,关爱模式和心理疏导方式。办案人员采取和缓、循循善诱方式询问,坚持全面询问、一次性询问的原则。场所内部装修风格温馨,询问场所周边设有包括心理测量室、心理辅助室在内的专门心理工作室，吸纳心理方面的专家，及时开展"一对一"救助。

为了全方面地保护遭遇性侵的未成年人，鄞州区"一站式"办案救助机制主要从以下几方面入手：一是救助绿色通道。与医院达成共识，成立性侵案件未成年被害人医疗小组。二是加强心理帮扶。在询问室内单独开辟心理治疗区域。根据被害人及家属的心理创伤情况，分级开展干警抚慰、普通心理咨询师疏导、心理专家治疗三个层面的心理帮扶措施。三是提供法律援助。第一时间告知可以申请法律援助的法律规定，简化性侵案件未成年被害人申请法律援助流程手续，指派经验丰富、沟通力和业务能力强的女律师。四是落实社会救助。鄞州区人民检察院加强与控申部门合作，落实司法救助机制。自2016年该机制运行以来，一共对11名未成年被害人进行了"一站式"场所取证，其中2起案件经介入审查未成案，对9名被害人提供法律援助，对7名被害人及5名被害人家属展开心理疏导，对2名被害人进行心理治疗，对5名被害人进行司法救助。

宁波市鄞州区的"一站式"办案救助机制已经形成独具特色的特殊办案机制。首先，确立"一站式"取证特殊机制。与区公安分局、区人民法院、区司法局、区卫生计生局会签《关于性侵害未成年被害人一站式询问室使用细则》，力求一次性完成询问、同步录音录像等工作；确立"一站式"妇科、产科医生24小时值班制度，确保案后第一时间对被害人进行检查、询问、救助。其次，推进证据适用特殊机制。与区人民法院、区公安分局共同出台实施细则，公检法三家在该类案件证据收集、标准、认定、运用及法律适用等方面达成共识，对辖区内案件办理起到指导作用。最后，确立检察引导侦查机制。与公安机关建立报案信息推送制度，率先在刑侦大队派驻检察官办公室，进一步建立信息共享机制、适当介入侦查机制、共商研判机制和日常培训机制，实现此类案件提前介入全覆盖，确保一次、全案询问。

2.上海市奉贤区"一站式"办案救助机制

2015年上海市奉贤区人民检察院在全市率先探索"一站式"取证，并提供法律、经济、心理等全方位综合救助。在金海、新寺、奉城3个派出所"一站式"取证场所的心理疏导室安装摄像头，对询问过程进行全程同步录音录像，刻录光盘随案移送，作为证据在以后的诉讼阶段使用，尽量避免反复询问和"二次伤害"。2016年10月,上海市人民检察院联合市公安局在奉贤区人民检察院召开现场会,推进全市"一站式"取证场所建设和执法规范化建设。截至2021年1月,上海市已建立23个"一站式"场所,实现了全市覆盖,累计对313名未成年被害人进行询问,并同步开展保护工作,取得了良好的法律效果和社会效果。这项工作也得到了最高人民检察院的大力推广。①

奉贤区"一站式"办案救助机制主要有以下特点:第一,视情况检察官介入。区公安分局刑事拘留对涉嫌侵害未成年人的犯罪嫌疑人后,应及时告知区人民检察院未检科,未检科视情选派检察官介入侦查,引导侦查取证。第二,法定代理人或合适成年人到场。询问未成年被害人应当通知其法定代理人到场,告知法定代理人依法享有的诉讼权利和应当履行的义务,无法通知、法定代理人不能到场或者法定代理人是共犯的,也可以通知其他合适成年人。第三,心理咨询师到场。对需要开展心理疏导的未成年被害人,各承办单位的联络员应当及时通知心理咨询师到场参加询问工作。第四,权利告知。权利告知主要包括四个方面:委托诉讼代理人——告知其如果经济困难,可以向法律援助机构申请法律援助;申请司法救助——告知其如果符合司法救助条件,可以向区人民检察院申请司法救助;申请医疗救助——告知其如果符合医疗救助条件,可以向区中心医院申请医疗救助;申请心理疏导——告知其如果需要进行心理疏导,可以向区未成年人心理咨询中心申请心理疏导。

对于询问过程及要求,办案人员应当事先了解被害人的处境及家庭状况,并制定询问方案;此外,心理咨询师应当就未成年被害人的心理状况,给予办案人员是否可以进行询问的建议。在询问时要求:第一,进行同步录音录像;第二,心理咨询师同步进行跟进,在监控室观察未成年被害人的情绪及反应,必要时及时调整办案人员的发问方式,在未成年被害人情绪出现较大波动不适宜继续回答提问时,通知办案人员暂停询问;第三,需要进行人身检查,可以通知医务工作者到场,一次性完成人身检查及提取体液、毛发等生物样本以及证据的提取工作;第四,询问女性未成年被害人,应当有女性侦查人员参加,可着便

---

① 参见夏春晖:《锐意求索创新路 先行先试结硕果——上海检察践行"最有利于未成年人"原则》,载上观新闻网站,https://sghexport.shobserver.com/html/baijiahao/2021/01/28/347674.html,最后访问时间:2024年12月27日。

服进行询问;第五,询问未成年被害人时,应当加强证据审查,准确认定被害人的身份年龄,重点查明是否已满 12、14、18 周岁,查明犯罪嫌疑人是否明知其年龄。

奉贤区"一站式"办案救助机制搭建未成年被害人一体化综合救助平台,主要从四个方面进行救助。第一,心理疏导。询问结束后心理咨询师根据未成年被害人所体现的心理特征,对其心理损伤程度进行评估,并进行必要的疏导或治疗。疏导应形成书面报告提交办案人员,以此为基础制作未成年被害人心理档案,定期跟进辅导。第二,法律援助。对于符合法律援助条件的未成年被害人,各承办单位应当帮助其向区法律援助中心申请法律援助。第三,医疗救助。在征求其法定代理人意见后,"一站式"取证专用场所的联络专人应当及时通知区中心医院未成年被害人医疗救助小组,启动绿色救助通道,开展医疗救助服务。第四,综合救助。注重加强与民政、教育、卫生等相关部门和未成年人保护组织的联系和协作,对需要救助的未成年被害人,积极开展技能培训、经济帮扶等综合救助工作。

此外,在配套制度方面也有若干创新。首先是一人一档:在侦查阶段,各承办单位应当建立未成年被害人的档案,在提请区人民检察院逮捕时,应当将未成年被害人档案随案移送一并移交区人民检察院。档案内容应当包括法律援助落实情况、心理疏导情况、医疗救助情况、家庭状况等信息。区人民检察院应继续完善未成年被害人档案。如果案件需要提起公诉,可以视情况将未成年被害人档案随案移送一并移交区人民法院。其次是诉讼监督:在办案中发现区公安分局未开展或未完成未成年被害人法律援助、心理辅导等工作的,应当及时提出纠正意见。最后是联席会议:区公安分局法制办(2017 年更名为法制支队)、区人民检察院未检科部门负责人及其他相关人员应当定期召开联席会议。

3.昆明市盘龙区"一站式"办案救助机制

场所中主要有以下四个区域:一是身体检查室。区别于一般的医院检查室,环境可模拟家庭儿童房的环境,配备适于未成年人使用的检查设备和医疗用床,并符合身体检查、检材提取的卫生要求。二是会商室。配备可同步了解询问室情况的音像设备,未检人员及儿童保护工作人员、心理工作人员等专业人员可以通过同步传输询问视频等隐蔽观察方式,关注询问情况和未成年被害人或未成年证人的心理状况，以提供相关建议或适当的方式，帮助侦查人员开展询问。三是心理疏导区。配置儿童玩具、书籍、沙盘、音乐治疗等心理疏导或治疗设备，缓解未成年被害人的焦虑、恐惧等情绪，并可借助上述工具了解未成年人心理状态，与未成年人建立初步的信任。四是案件询问区。环境应符合未成年人心理特点，让未成年人感到安全、舒缓。

办案机关在"一站式"未成年人保护中心开展和完成未成年被害人询问、人身检查、伤情固定、证据提取、辨认、同步录音录像等侦查取证工作。通过儿童保护社会工作、心理工作专门机构和专业人员的同步参与，及时提供现场心理疏导，辅助办案。在"一站式"中心进行多部门、跨专业会商，会商后，可根据需要制定后续对未成年人及其家庭的服务方案，在专业评估基础上协助落实多元服务、资源链接等后续工作。为未成年人提供心理创伤评估与治疗、身体康复协助、家庭功能辅导、法律援助、司法救助等，帮助未成年被害人的身心创伤愈合，促进未成年人及家庭恢复正常生活。

昆明市盘龙区"一站式"办案救助机制确立了六大原则。第一，不涉及案件办理原则。个案会商针对性侵害案件司法程序之外对受侵害未成年人的保护及支持，检察官及办案人员参与个案会商，但不涉及案件后续办理的讨论。第二，提供专业意见原则。对性侵害未成年被害人提供保护是参与个案会商相关专业人员的共同责任，个案会商中，成员应从各自专业角度提供全面信息、坦诚地提出专业意见，并投入充分讨论。第三，儿童利益最大化原则。代表不同专业的成员在个案会商过程中会持有不同意见，各成员对异议应互相理解及尊重，并应遵循儿童利益最大化原则，特别关注未成年人的安全及身心健康发展，在切实可行的范围内达成共识。第四，保密原则。成员在个案会商及"一站式"询问保护全过程中了解到的所有未成年人的身份信息及可能推断出其身份信息的资料和性侵害的细节，办案人员办案过程、询问技巧，个案会商中各成员提供的数据、信息等内容，应当予以严格保密。第五，成效原则。成员应尽力促进个案会商在最短时间内到达其目的，为加强个案会商的成效，组长应协调成员集中讨论重要事项、促进成员间沟通，成员提供的意见应相关、简明，并尊重组长对个案会商的进程控制。第六，尽职跟进原则。对于个案会商所达成的个案方案及具体跟进计划，各成员应遵守并按所确定的职责和角色参与落实个案方案的执行，组长监督个案跟进。

从案件流程来看，盘龙分局未成年人案件特别调查组受理性侵害未成年人案件后，及时将情况通报盘龙区人民检察院未检部门；未检部门可以指派检察官适时介入；盘龙区司法局确保法律援助机构依法及时选派有未成年人保护经验、专业性强的律师提供法律援助服务；盘龙区人民法院应指派未成年人法庭法官加强对办理此类案件的指导。

在询问前准备工作方面，询问前应当就未成年被害人或未成年证人的身体、心理状态进行评估，判断是否适合立即接受询问、是否有作证能力等。评估后通过会商明确本次"一站式"询问、取证的工作方案策略及参与询问、取证的人员范围。在评估程序方面，评估人员一般由办案人员、儿童保护工作人员、心理工作人员、相关专家共同完成评估；评估方式主要通过与未成年人沟通、向其监护人、近亲属了解情况等综合方式开展；评估结果运用方面根据未成年人年龄、身体情况、智力水平、心理现状、沟通能力、作证状况、配合程度等，采取针对不同年龄阶段或不同类别的未成年人的询问提纲、询问策略和方式。

此外，盘龙区"一站式"办案救助机制主要从三方面加强对于隐私的保护：一是对于未成年人的身份信息及可能推断出其身份信息的资料和性侵害的细节等内容，应当予以严格保密；二是对外公开的诉讼文书不得披露未成年被害人的身份信息及可能推断出其身份信息的其他资料，对性侵害的事实注意以适当的方式叙述；三是对参与诉讼、知晓案情的相关人员，应当告知其具有保密义务以及不得对未成年被害人采取指责、抱怨、疏远、歧视、议论、放弃必要治疗等二次伤害的行为或态度。

十、推进"一站式"办案救助机制的主要难点

1.未成年被害人隐私保护不力

在实践中，有的地区认为加强对未成年被害人隐私保护和保障个案未成年人利益最大化是关键。在个案服务中，由于需要为未成年人链接医疗诊治、教育就学、心理辅导、司法救助、社会救助安置等相关资源时，在链接其他社会资源的过程中可能会造成更多的群体和人员了解到未成年受害人的受害情况及其个体信息，特别是为未成年被害人链接一些非必要或者非未成年被害人个体需要的社会资源时，这实际上与保护未成年人隐私和个体信息存在一定程度的

冲突。因此,如何准确评估对不同的未成年被害人在链接社会资源上的必要性以及链接哪些社会资源,做到最小范围内的其他人员对未成年被害人相关信息的了解,严格落实保护儿童隐私和个人信息原则,减少对未成年被害人的二次伤害,仍需进一步关注和研究。

2.专业化队伍建设不足

《未成年人保护法》第101条规定,公安机关、人民检察院、人民法院和司法行政部门应当确定专门机构或者指定专门人员,负责办理涉及未成年人案件。《刑事诉讼法》第277条也规定人民法院、人民检察院和公安机关办理未成年人刑事案件应当由熟悉未成年人身心特点的审判人员、检察人员、侦查人员承办。从实践情况来看,人民检察院和人民法院在未成年人办案专业化队伍建设方面取得了一定进展。① 但是,许多地区的公安机关没有建立办理未成年人案件的专门机构,不少人民法院虽然建立了少年法庭,但从事未成年人案件审判工作的法官尚未实现业务独立,因而办理未成年人案件的警察和法官往往兼办成年人案件,从而在办案思维和办案方法上难以绝对区分成年人和未成年人,不利于公安机关、人民检察院和人民法院在办理未成年人案件时的工作衔接,也不利于未成年人案件的专业化办理,更不利于突出对未成年人的特别保护和优先保护原则。除缺乏专业的少年警务和少年法官队伍以外,实践中不少地区的基层人民检察院和人民法院在办案人员配备上也存在明显不足的问题,在未成年人案件集中统一办理之后,专业化队伍建设面临的困境尤为突出。

3.对未成年被害人进行多次询问的例外情形不明确,实践中较难界定

客观而言,"一站式"询问不是一次性询问,并不是要求所有的性侵害未成

---

① 根据最高人民检察院《未成年人检察工作白皮书(2014-2019)》,截至2019年年底,四级人民检察院共有1566个成立了独立的未成年人检察机构和未检检察官办案组,占人民检察院总数的45.36%。其中,最高人民检察院设立了专门办理未成年人案件的第九检察厅,各省、自治区、直辖市人民检察院均设立了独立的未成年人检察机构,有246个市级人民检察院和390个基层人民检察院设立了独立的未成年人检察机构,分别占市级人民检察院和基层人民检察院总数的61.81%和12.26%。43个基层人民检察院被确定为未成年人检察案件集中管辖院。有898个人民检察院设置了专门的未检检察官办案组,1152个人民检察院设置了专门的未检检察官。2020年12月,《最高人民法院关于加强新时代未成年人审判工作的意见》公布并开始施行,提出未成年人审判与家事审判要在各自相对独立的基础上相互促进、协调发展。2021年3月,最高人民法院成立少年法庭工作办公室并在六个巡回法庭设立少年法庭巡回审判点,此后全国各级人民法院纷纷设立少年法庭,截至5月底,全国各级人民法院共成立了1800多个少年法庭。

年人案件只能询问未成年被害人一次,但是要保证对未成年被害人询问的必要和最小伤害原则。如果通过一次询问就可以充分了解有关的案件情况,就不要对未成年被害人进行后续的询问。实践中,为了尽可能避免询问取证对未成年被害人造成二次伤害和消极影响,各地办案机关一般都要求对未成年被害人尽可能进行一次询问。尽管如此,性侵害未成年人案件由于本身客观证据较少,被害人陈述与犯罪嫌疑人、被告人的口供之间往往会形成"一对一"的证据冲突格局,难以相互印证,给犯罪事实认定和法院定罪量刑带来了很大挑战。

4.可利用的社会资源有限

"一站式"办案救助机制是一个在司法资源投入的同时或者之后形成的需要社工机构、心理团队等社会资源的参与和支持的针对未成年被害人的综合保护体系。目前,各地区在社工培育和发展、专业心理咨询人员的培训等方面还比较薄弱,尚无法适应司法实践的迫切需要。要在全国范围内推广"一站式"办案救助机制的经验,也需要在培育和支持社会力量方面加以深化。

5.对未成年被害人及受害家庭的综合救助有待完善

例如,未成年被害人遭受性侵害后无法通过诉讼方式获得精神损害赔偿,对未成年被害人及其家庭的临时司法救助无法实现长期支持其生活的目标,对未成年被害人及家庭成员的心理干预和辅导不足等。实际上,心理辅导不仅要对遭受性侵害的未成年被害人进行。未成年子女遭受性侵害这一事件往往会对未成年被害人的父母或其他监护人造成严重的心理打击,因而对未成年被害人的父母或其他监护人进行心理辅导同样重要。调研发现,上海市金山区在对未成年被害人进行心理干预和辅导时要求特别注意加强对其监护人的教育指导,防止监护人相关行为的影响导致心理干预等一系列救助工作的失败。同时,性侵害未成年人案件的办理也需要未成年被害人的监护人的积极配合,包括家长在发现未成年人被性侵害后及时报案、配合办案人员的取证需要、在未成年人需要心理专家等人员帮助时积极寻求帮助,但在实践中,家庭成员不愿意报案或者报案后反复的情况很多,未成年被害人的监护人出于各种原因可能出现消极抵制侦查取证的行为,对于监护人实施的性侵害未成年人犯罪,如何处理未成年被害人的监护权也是实践中遇到的一个难题。

附录四

性侵害未成年人案件证据运用调研报告

性侵害未成年人犯罪的案件特点和未成年人的主体身份因素,导致这类案件往往存在一定的证据瑕疵,如何开展对未成年被害人陈述以及相关证据的审查判断与证据规则的运用,包括证明标准上的理解和把握,是办理性侵害未成年人案件的关键问题。本部分对性侵害未成年人案件中被害人陈述以及对其他证据的收集和运用状况进行阐述,并对这类案件证据运用与证明难点问题加以分析。

一、对各类证据的审查判断

(一)对未成年被害人陈述的审查判断

实践中检察官、法官在办理性侵害未成年人案件时,通常会综合考量诸多因素来对未成年被害人陈述的真实性进行审查判断,包括发案和报案情况、矛盾和诬告因素、陈述细节和未成年被害人品格证据等。

1.发案和报案情况的审查

检察官、法官首先会审查案件事实的发生是否自然,未成年被害人及其家属报案是否及时。对于案发自然、报案及时的案件,办案人员会更倾向于认定未成年被害人陈述的真实性,其证明力通常也会更大一些。

2.对诬告陷害可能的审查

主要是对报案的未成年被害人及其家属与犯罪嫌疑人、被告人之间是否存在经济纠纷、矛盾冲突等进行审查,以排除通过未成年人实施诬告陷害的可能性。

3.对未成年被害人陈述细节的审查

办案人员往往更加关注未成年被害人陈述的细节内容是否符合未成年人

的年龄、身心特点、逻辑思维和语言表达能力等，陈述的过程是否符合正常逻辑，并通过对未成年被害人的生活环境、家庭情况等进行社会调查辅助判断未成年被害人的认知观念和行为习惯。对于不同年龄段的未成年被害人所作的陈述，考虑的因素和审查重点也不一样，年纪较小的未成年人只要能说明事实大概情况即可，比如受害日期、犯罪嫌疑人的身体特征、衣服颜色等。通俗地讲，对于年龄较小的未成年人，其陈述没有逻辑恰恰符合未成年人身心发育的特点，所以如果年龄较小的未成年人所作的陈述特别细致、完整，表现出不符合其年龄的逻辑特点，其真实性就需要慎重考察。在家长报案的案件中，未成年被害人陈述和家长报案时的陈述可能会出现不同，例如有的未成年被害人是自愿与他人发生性关系，但在家长到场的情况下未成年被害人可能会说有暴力、有胁迫等情节，而同时又可能有其他证据表明未成年被害人是在说谎，这种情况下就不能认定未成年被害人陈述的真实性。具体情况需要根据个案进行分析。此外，实践中会出现未成年被害人陈述中的一些细节与案发环境或过程无法一一对应的问题，这就需要结合未成年人的思维方式来审查判断未成年被害人的陈述细节是否符合未成年人的一般逻辑。

4.对未成年被害人陈述前后反复或个别情节不一致的审查

实践中，检察官、法官往往会结合未成年被害人身心发育程度和遭受性侵害后的应激障碍等情况，综合分析未成年被害人陈述出现反复的情况是否正常，只要未成年被害人对遭受性侵害的时间、地点、方式等基本事实能够作出较为清楚的陈述，办案机关通常会认定其陈述的真实性。

（二）对其他证据的收集和运用

与实施性侵害的犯罪嫌疑人、被告人具有身份和年龄上的显著优势相比，性侵害未成年人案件中的未成年被害人具有天然的脆弱性，此类案件中往往会形成犯罪嫌疑人、被告人和未成年被害人在陈述上截然对立的矛盾，犯罪嫌疑人、被告人不承认侵害未成年人的犯罪事实，未成年被害人的陈述则指向犯罪嫌疑人、被告人实施了犯罪行为，难以形成印证。实践中，办案机关在办理性侵害未成年人案件时，还会注重对证人证言等其他证据形式的收集运用。由于法律要求在询问未成年被害人时应当有其法定代理人到场，因而当法定代理人的证人身份与询问时到场人员身份发生重叠时，实践中办案人员一般会先询问法定代理人,然后再询问未成年被害人。此外,对专家辅助人意见及犯罪嫌疑人、被告人品格证据乃至测谎等问题亦应关注。

1. 证人证言

性侵害未成年人案件中的证人证言多是由被害人的家长或其他亲属提供。了解案情的家长或其他亲属属于特殊身份的证人,其证言内容多具有间接性,一般都是案发后未成年被害人陈述的转述,尽管其与案件处理存在利害关系,但具有重要的印证和补强作用。在收集证人证言时,会涉及询问未成年被害人与收集家长或其他亲属的证人证言的先后顺序问题。法律要求在询问未成年被害人时,应当由其法定代理人到场陪同。当家长或其他亲属的证人身份与询问时到场人员的身份发生重叠时,为了避免未成年被害人的陈述和家长或其他亲属的证人证言之间相互受到影响,办案人员通常会先询问未成年人的家长或其他亲属,然后在家长或其他亲属到场的情况下对未成年被害人进行询问。

2. 电子数据

办理性侵害未成年人案件,通常会涉及收集电子数据的情况,聊天记录等电子数据对发现性侵害未成年人线索、证明犯罪嫌疑人的主观认识、排除被害人诬告陷害、排除犯罪起到重要作用。近年来,公安机关重视对性侵害案件中有关客观证据的获取,犯罪嫌疑人到案后,公安机关会扣押犯罪嫌疑人的手机、平板电脑等电子设备,调取、收集与性侵害未成年人案件有关的电子数据,一些已经被删除的聊天记录、转账记录、视频等也可以通过技术手段进行恢复。

3. 医疗诊断报告或者鉴定意见

由医生出具专业的医疗诊断报告或者由专业人员提出鉴定意见,对于准确办理性侵害未成年人案件具有重要作用。实践中,对未成年被害人进行身体检查是获取客观证据的重要途径,但身体检查需要由医生或者专业人员进行,有办案人员表示,医生在出具医疗诊断报告或者鉴定意见的时候,担心其出具相关诊断报告或者鉴定意见要承担法律责任,而不愿出具相应的诊断报告或者鉴定意见,或者只出具不明确的诊断报告或者鉴定意见。

4. 专家辅助人意见

有检察官建议组建一个专家库,以便于办案人员寻找专家证人。专家辅助人中常见的是心理专家，其目前介入的方式是一边疏导一边询问，但是专家辅助人角色应如何定位、所取得证据的效力等问题都亟待研究探讨。国外对聘请专家辅助人员有非常明确的委托事项，且提出的专家意见要求保证客观。有的地区在询问未成年被害人时会邀请心理专家参加，实践中主要起到让未成年被害人在被询问时保持舒适状态的作用，便于办案人员进行询问。

5.犯罪嫌疑人、被告人的品格证据

实践中，有的访谈人员表示，会将犯罪嫌疑人、被告人的品格证据作为判断其言词证据真实性的参考依据或者补强证据，以增强对案件事实的内心确信。另外，犯罪嫌疑人、被告人的品格证据一般只能作为量刑证据而非定罪证据。

6.测谎技术的应用

为完善证据体系，增强证据的可信度，有的时候可能需要采用其他方法收集证据。北京市朝阳区人民检察院曾经对个别不承认犯罪的嫌疑人进行测谎，但测谎结果本身的证据意义不大，通常用于增强检察官的内心判断。实践中，测谎应用面临的最大问题是准确性。因为测谎依据的是受测者内心对某些事物的"关心"程度而表现于生理上的反应，有的甚至以对该事物的知与不知为判断依据。因此，案件的性质、案件资料是否充足等因素会影响测试结果的真实性。有的案件中犯罪嫌疑人虽然通过了测谎，但是综合全案证据，最终仍然可以认定其实施了性侵害犯罪行为。

7.对品格证据和其他辅助性证据的审查

实践中，除了未成年被害人的陈述外，办案人员还会考虑犯罪嫌疑人、被告人和未成年被害人的品格证据及其他辅助性证据，不管是犯罪嫌疑人、被告人的品格证据，还是未成年被害人的品格证据，实际上都会在一定程度上影响检察官、法官对未成年被害人陈述和整个案件事实的内心判断。证据审查判断需要结合具体情况进行分析，最好有其他的证据予以佐证，检察官、法官通常注重审查一些辅助性证据，比如痕迹、聊天记录、其他人员的证人证言、身体检查或者鉴定意见等。

二、证据运用与证明难点

性侵害未成年人案件在证据运用与证明方面，主要存在以下难点：

（一）未成年被害人陈述的真实性易受家庭成员干扰

办理性侵害未成年人案件，办案机关需要向了解案情的未成年人家庭成员收集证人证言，家庭成员会对未成年被害人的陈述产生较大影响，尤其是对于家庭成员内部实施的性侵害未成年人案件来说，家庭成员对未成年被害人的潜在影响更大。比如，有的案件中，家庭成员可能夸大犯罪对未成年被害人的影响以寻求对犯罪嫌疑人、被告人的严惩；有的案件中，家庭成员可能基于家丑不可外扬的想法阻止未成年被害人报案；还有的案件中，家庭成员可能会通过经济赔偿等方式对未成年人遭受侵害的事情进行私了。

（二）其他证据的收集和固定存在诸多困难

由于取证不及时，一些客观证据灭失、被污染或无法补取；伤检等证据的收集对案件办理没有起到应有的作用，办案人员对伤检知识的了解不足，有时脱落细胞、DNA 无法及时检测出来，导致证据缺失且无法补充；对未成年人性防卫能力的鉴定尚缺少明确标准，而性防卫能力鉴定意见的证明力也有待研究。

（三）性侵害未成年人案件的证明和定罪量刑存在困难

首先，印证规则难以适用。未成年被害人陈述和犯罪嫌疑人、被告人的口供往往形成"一对一"的证据冲突，缺乏具有较强证明力的证人证言和客观证据对犯罪事实进行证明，尤其是在猥亵儿童案件中，由于仅有未成年被害人的陈述，在犯罪嫌疑人拒不认罪的情况下很难认定猥亵的犯罪事实。其次，违背未成年被害人意愿的情节较难认定。未成年被害人，尤其是低龄的未成年被害人在性侵害案件中受到的强迫性不一定来自身体的强制，更多的可能是成年人利用未成年被害人对性行为缺少认知和认知偏差，或者利用与未成年被害人的信赖关系或身份地位上的优势强制实施性侵害行为，从而引发证明上的争议。最后，公安机关、检察机关和法院工作人员在实践办案中对刑法有关条文的理解也存在一些问题。例如，对于非性器官接触的性侵害未成年人行为，是否可以认定为强奸罪，还是以故意伤害罪或者强制猥亵罪进行处罚。

（四）证明标准的理解与把握

性侵害未成年人案件在实践中面临的最大难题是如何证明被告人实施了侵害未成年人的犯罪行为并且达到刑事诉讼法规定的"案件事实清楚，证据确实、充分"的证明标准。

　　实践中，办案机关一般围绕未成年被害人陈述来构建证明体系，并适当降低认定未成年被害人对具体被害细节描述准确性的标准，同时加强对经验法则和其他补强证据的收集运用，如犯罪嫌疑人、被告人的品格证据、有性侵害犯罪前科等情节都会影响到法官的内心判断，在客观上可能降低对性侵害未成年人案件的证明标准。

　　但是，如何理解和把握性侵害未成年人案件的证明标准，需要法律予以明确。定罪量刑方面的实践难点是，不同地区、不同办案机关在办理性侵害未成年人案件时的事实、证据和法律适用的标准认识不一致，导致案件在罪名、量刑等实体处理结果上存在一定差别，甚至有的无法作为犯罪追究。例如，在奸淫幼女和猥亵行为的认定上，前者是对被害人年龄主客观相一致的认定存在困难，后者是猥亵行为的范围界定与量刑均衡等问题，包括"公开场所"的认定、准性交方式的猥亵是否量刑偏轻等。①

---

　　① 最高人民法院、最高人民检察院、公安部、司法部联合发布的2023年《性侵意见》在"证据收集与审查判断"部分对上述争议与难点问题进行了一定的回应。例如，第29条规定，认定性侵害未成年人犯罪，应当坚持事实清楚，证据确实、充分，排除合理怀疑的证明标准，但同时要结合经验常识，考虑性侵害案件的特殊性和未成年人的身心特点，准确理解和把握证明标准。

附录五

未成年被害人司法保护法律政策研究报告

一、未成年被害人司法保护的界定

未成年被害人司法保护是未成年人司法保护中的一项特殊内容。根据《未成年人保护法》第100条的规定,我国未成年人司法保护主要是指公安机关、人民检察院、人民法院和司法行政部门在依法履行职责过程中对未成年人合法权益的保护。未成年人司法保护的涵盖范围较为广泛,既包括刑事司法、民事司法、行政司法等狭义司法活动中的保护,也包括法治宣传、法律援助、司法建议等广义司法活动中的保护。与之相比,未成年被害人司法保护的涵盖范围则相对狭窄。未成年被害人是指刑事案件中遭受犯罪行为侵害的未成年人,因而未成年被害人司法保护主要在刑事司法领域开展。不过结合实践情况来看,虽然刑事司法活动中的保护工作是未成年被害人司法保护的核心内容,但基于未成年被害人在身心特点和保护需求等方面的特殊性,未成年被害人司法保护工作宜具有一定的开放性:一方面应当适度向前和向后延伸,既触及刑事司法活动前的被害预防与被害发现,也重视司法活动后的保护延续性;另一方面应当充分利用现有司法制度,不仅基于刑事司法的视角开展保护工作,也应当充分考虑以其他司法手段保护未成年被害人的必要性与可行性。由此可见,未成年被害人司法保护是一项以刑事司法为主要领域,兼顾其他司法活动以及与司法密切相关活动的综合性保护工作。

二、未成年被害人司法保护的现有法律政策状况

通过分析未成年被害人司法保护法律政策规定的整体发展脉络、基本类别

和主要内容,可以较为准确地呈现出未成年被害人司法保护的现有法律政策状况。

(一)法律政策规定的整体发展脉络

我国未成年被害人司法保护法律政策规定经历了一个从无到有、从概括到具体、从简略到丰富的发展过程。我国 1991 年颁布的《未成年人保护法》在第五章中规定了司法保护的有关内容,但并未将未成年被害人纳入保护范围。该章共有 8 个条文,除第 45 条关注继承案件和离婚案件中的未成年人司法保护问题外,其余 7 个条文所作规定均以违法犯罪未成年人为保护对象。由此可以看出,在我国《未成年人保护法》制定之初,未成年被害人司法保护问题在很大程度上还没有进入立法者的视野。

最高人民检察院 2002 年发布的《人民检察院办理未成年人刑事案件的规定》是较早针对未成年被害人司法保护作出明确规定的规范性文件。一方面,该文件在第 5 条第 2 款进行了总括性规定:"人民检察院办理刑事案件,应当注意保护未成年被害人、证人的诉讼权利。"另一方面,该文件在第 15 条、第 21 条和第 28 条分别就听取未成年被害人及其法定代理人意见、一般不提请未成年证人、被害人出庭作证,侦查阶段的未成年被害人、证人合法权益保护等问题作出了具体规定。这些规定构成了我国未成年被害人司法保护发展初期的重要规范基础。

2006 年《未成年人保护法》修订,加强了对刑事案件中未成年被害人的司法保护力度。第一,该法第 56 条规定:"公安机关、人民检察院讯问未成年犯罪嫌疑人,询问未成年证人、被害人,应当通知监护人到场。公安机关、人民检察院、人民法院办理未成年人遭受性侵害的刑事案件,应当保护被害人的名誉。"由此,未成年被害人司法保护的相关问题得到了法律的明确规定。第二,该法第 51 条第 2 款规定:"在司法活动中对需要法律援助或者司法救助的未成年人,法律援助机构或者人民法院应当给予帮助,依法为其提供法律援助或者司法救助。"该规定为 2006 年修订新增,从规定表述中可以看出,法律援助和司法救助的对象囊括了刑事案件中的未成年被害人。第三,该法第 55 条规定:"公安机关、人民检察院、人民法院办理未成年人犯罪案件和涉及未成年人权益保护案件,应当照顾未成年人身心发展特点,尊重他们的人格尊严,保障他们的合法权益,并根据需要设立专门机构或者指定专人办理。"将该规定与该法修订前的第 40 条相对照可以发现,根据需要设立专门机构或者指定专人办理的案件范围从"未成年人犯罪的案件"扩大到了"未成年人犯罪案件和涉及未成年人权益保护案件",未成年人被害案件也归属其中。

最高人民检察院 2007 年发布修订后的《人民检察院办理未成年人刑事案件的规定》,进一步规范、完善了涉及未成年人刑事案件的办理流程。针对未成年被害人,此次修订在 2002 年已有规定的基础上,在第 16 条新增了有关法律援助的规定:"对未成年犯罪嫌疑人、未成年被害人或者其法定代理人提出聘请律师意向,但因经济困难或者其他原因没有委托辩护人、诉讼代理人的,应当帮助其申请法律援助。"从未成年被害人司法保护的角度看,该规定是对 2006 年修订的《未成年人保护法》的进一步贯彻细化,体现出检察机关对未成年被害人司法保护的高度重视。

2012 年《刑事诉讼法》修正,设立了"未成年人刑事案件诉讼程序"专章,在第 270 条对讯问和询问未成年人的相关问题作出了明确规定,并在法律层面正式确立了合适成年人制度。其中有关询问未成年被害人的规定内容构成了未成年被害人司法保护的一个重要方面。根据该规定,在询问未成年被害人时,应当通知其法定代理人到场;无法通知、法定代理人不能到场或者法定代理人是犯罪嫌疑人的,也可以通知其他合适成年人到场。询问女性未成年被害人,应当有女工作人员在场。同年修正的《未成年人保护法》在第 56 条对上述规定进行了吸收和重申,将询问未成年被害人时应当通知到场的人员由"监护人"修改为"法定代理人或者其他人员"。最高人民检察院同年出台的《关于进一步加强未成年人刑事检察工作的决定》则将性侵害未成年人,拐卖、绑架儿童,胁迫、诱骗、利用未成年人犯罪等针对未成年人的犯罪案件纳入未成年人刑事检察部门受案范围,为实践中的未成年被害人司法保护提供了更为坚实的制度保障。

2013 年最高人民检察院再次修订《人民检察院办理未成年人刑事案件的规定》,对有关未成年被害人司法保护的规定进行了扩增。一方面,该文件第 12 条第 2、3 款规定:"人民检察院应当充分维护未成年被害人的合法权益。对于符合条件的被害人,应当及时启动刑事被害人救助程序,对其进行救助。对于未成年被害人,可以适当放宽救助条件、扩大救助的案件范围。人民检察院根据需要,可以对未成年犯罪嫌疑人、未成年被害人进行心理疏导……"由此,未成年被害人司法救助和心理疏导的相关规定更加丰富。另一方面,该文件第17条详细规定了询问未成年被害人的相关要求,进一步从检察机关办案的角度细化了合适成年人制度和其他未成年被害人询问制度。

2020年修订《未成年人保护法》增加了较多有关未成年被害人司法保护的内容,使得相关制度的合理性、细密性和可行性进一步增强,呈现出对未成年被害人全方位、全过程保护的规范特点。第一,该法第106条规定:"未成年人合法权益受到侵犯,相关组织和个人未代为提起诉讼的,人民检察院可以督促、支持其提起诉讼;涉及公共利益的,人民检察院有权提起公益诉讼。"该规定一方面明确了检察机关督促、支持起诉的职能,另一方面在法律层面正式确立起未成年人保护公益诉讼制度,从而为未成年被害人司法保护提供了更多的方式和手段。第二,该法第110条进一步细化了未成年被害人询问制度,提出了"采取适当方式,在适当场所进行"和"保障未成年人的名誉权、隐私权和其他合法权益"等具体要求;完善了有关合适成年人的规定,不再要求法定代理人优先于其他合适成年人到场,而规定"应当依法通知其法定代理人或者其成年亲属、所在学校的代表等合适成年人到场",从而使司法实践能够以最有利于未成年人的方式更加灵活地开展。第三,该法第111条和第112条对遭受性侵害或者暴力侵害的未成年被害人规定了特殊的保护措施,包括心理干预、经济救助、法律援助、转学安置以及询问时同步录音录像、尽量一次完成、由女性工作人员询问女性未成年被害人等内容。此外,最高人民检察院同年发布的《新时代未检工作意见》和最高人民法院同年发布的《关于加强新时代未成年人审判工作的意见》均强调了未成年人检察、审判工作中的"双向保护"原则,要求司法机关加强与有关职能部门、社会组织和团体的协调合作,重视未成年被害人的司法保护工作。

2023年,最高人民法院、最高人民检察院、公安部、司法部发布《性侵意见》,最高人民法院、最高人民检察院发布《强奸、猥亵未成年人案件解释》,对性侵害未成年人案件中的未成年被害人司法保护问题提出了更为明确的要求。具体而言,前一规范性文件主要侧重于程序法角度,在第四部分"未成年被害人保护与救助"中对办案过程中如何更好地维护未成年被害人利益作出了详细规定。这些规定涉及心理疏导、临时照料、医疗救助、转学安置、经济帮扶、艾滋病阻断治疗、督促履行监护职责、家庭教育指导、撤销监护人资格等诸多方面。后一规范性文件则主要从实体法角度出发,在定罪、量刑、刑罚执行、犯罪附随后果和赔偿责任等方面针对强奸、猥亵未成年人的犯罪行为作出了较为细致的规定。

从上述对法律政策规定整体发展脉络的分析中可以看出,我国未成年被害人司法保护制度起步相对较晚,但发展非常迅猛,目前该制度已展现出全社会参与、全过程覆盖的趋势。与其他未成年人司法制度相类似,我国未成年被害人司法保护制度逐渐在实践中形成了"地方试点,中央推广"的上下良性互动格局,正向着兼顾社会实际与法理要求、并包科学手段与人文关怀的方向大步迈进。

(二)法律政策规定的基本类别

我国已经形成了较为丰富的未成年被害人司法保护法律政策规定。这些规定在形式上大致可分为三类,分别是专门文件规定、综合性文件中的专门章节规定和综合性文件中的专门条文规定。其中,专门文件规定目前并不多见,浙江省高级人民法院、浙江省人民检察院、浙江省司法厅2016年发布的《关于在刑事诉讼中进一步加强对未成年被害人法律援助工作的通知》属于此类,但其他专门针对未成年被害人司法保护的规范性文件非常稀少。一些综合性文件以专门章节对未成年被害人司法保护的相关问题作出了规定,例如最高人民检察院2017年发布的《未检工作指引(试行)》第二章第七节"被害人救助",但这一类规定也相对较少。总体来看,综合性文件中的专门条文规定是未成年被害人司法保护规定最为常见的形式。将包含未成年被害人司法保护规定的现行规范性文件进行梳理,可以将其基本类别整理如下:

1.法律

我国目前与未成年被害人司法保护相关的法律超过10部。除前文提及的《未成年人保护法》和《刑事诉讼法》外,《刑法》设立了诸多侵犯未成年人合法权益的罪名,《民法典》规定了撤销监护人资格的情形和未成年人遭受性侵害的请求权诉讼时效特殊规则,《法律援助法》对无固定收入来源的未成年人免予核查经济困难状况，《反有组织犯罪法》规定对实施有组织犯罪侵害未成年人的行为应当从重追究刑事责任，《反家庭暴力法》《家庭教育促进法》和《妇女权益保障法》等法律也都从不同角度对包括司法保护在内的未成年被害人保护问题作出了较为系统的规定……这些法律规定均在不同程度上涉及未成年被害人司法保护的相关问题。

2.司法解释和具有司法解释性质的文件

我国现行的很多司法解释都对未成年被害人司法保护的相关问题进行了规定。其中很多是最高人民法院或者最高人民检察院制定的，例如最高人民法院、最高人民检察院2023年发布的《关于办理强奸、猥亵未成年人刑事案件适用法律若干问题的解释》，最高人民法院2020发布的《关于加强新时代未成年人检察工作的意见》，最高人民检察院2020年发布的《新时代未检工作意见》，最高人民检察院2013年发布的《人民检察院办理未成年人刑事案件的规定》；也有很多是最高人民法院、最高人民检察院会同其他国家机关共同制定的，例如最高人民法院、最高人民检察院、公安部、司法部2023年发布的《性侵意见》，最高人民检察院、国家监察委员会、教育部等2020年发布的《关于建立侵害未成年人案件强制报告制度的意见（试行）》，最高人民法院、最高人民检察院、公安部、民政部2014年发布的《关于依法处理监护人侵害未成年人权益行为若干问题的意见》。

3.国务院部门规章与部门工作文件

与未成年被害人司法保护有关的国务院部门规章相对较少，其制定主体主要为公安部，例如公安部2020年公布的《公安机关办理刑事案件程序规定》；民政部发布的部分规范性文件也对该问题有一定涉及，例如民政部2018年发布的《儿童福利机构管理办法》。但国务院和各部委出台的其他规范性文件也在数量上压倒了部门规章，截至2024年6月，粗略估计至少有64部，内容大都表现为不同主体在其职责范围内维护未成年人权益的系列规范制度。涉及未成年被害人司法保护问题的国务院部门工作文件则相对较多，制定主体也较为多元，例如教育部、中央综治办、最高人民法院、最高人民检察院、公安部、民政部、司法部、人力资源和社会保障部、共青团中央、全国妇联、中国残联2017年发布的《加强中小学生欺凌综合治理方案》和教育部、公安部、共青团中央、全国妇联2013年发布的《关于做好预防少年儿童遭受性侵工作的意见》。

4.地方性法规和地方行政部门发布的规范性文件

我国现行有效的关于未成年被害人司法保护的地方性法规数量不多,主要是各省级行政区发布的未成年人保护条例。此外,部分地方还出台了更加细化的规范性文件,例如2023年开始施行的《宁波市预防和制止家庭暴力条例》。虽然涉及未成年被害人司法保护的地方性法规不多,但地方行政部门发布的有关这一内容的规范性文件比较丰富。最常见的是各地人民政府发布的加强和改进流浪未成年人救助保护工作的意见。这一系列意见旨在维护流浪未成年人合法权益和社会稳定,最大程度地减少社会上未成年人流浪现象,预防利用、诱骗、胁迫未成年人进行违法犯罪行为的发生。此外,多地政府还出台了未成年人社会保护试点方案,方案中建设性地提倡制定困境未成年人风险等级评估标准,并根据不同风险等级有针对性地采取帮扶干预措施,以预防侵害未成年人行为的发生。

(三)法律政策规定的主要内容

从现有规定情况看,我国未成年被害人司法保护法律政策规定的主要内容可以分为四个方面,分别是未成年人被害预防、未成年人被害发现、司法活动中的未成年被害人保护、司法活动后的未成年被害人保护。

1.未成年人被害预防

未成年人被害预防需要司法与家庭、学校、政府、社会等多方共同努力。包括《未成年人保护法》在内,很多规范性文件都对未成年人被害预防的相关问题进行了规定。对这些规定的内容进行梳理,可以大致分为以下几个方面:

第一,家庭层面的未成年人被害预防。家庭是未成年人成长的主要阵地之一,科学合理地对待家庭教育、预防家庭暴力是未成年人被害预防在家庭层面的重点。针对家庭教育问题,《家庭教育促进法》对家庭责任、国家支持、社会协同和法律责任进行规定;各省市有关未成年人保护的规范性文件中也有涉及,例如乐山市人民政府办公室2017年发布的《乐山市未成年人保护办法》中提到"将未成年人保护工作纳入儿童发展纲要、家庭教育工作的总体计划"和"帮助困境儿童家庭提升家庭抚育和教育能力"。为预防家庭暴力,《反家庭暴力法》明确提出,反家庭暴力工作遵循"预防为主,教育、矫治与惩处相结合"原则。为预防和制止家庭暴力,各地也出台了较多的规范性文件。针对家庭监护能力问题,《民法典》第 36 条对监护人资格进行了规定;一些地方的规范性文件则对家庭监护能力评估问题予以进一步细化,例如上海市民政局等十机关 2022 年发布的《上海市未成年人特别保护操作规程》第五章和第六章为家庭监护能力评估提供了具体方法,包括启动情形、能力评估机构、工作要求、监护干预等多个方面。

第二,学校层面的未成年人被害预防。学校是未成年人健康成长不可或缺的守护者。我国现行很多规范性文件都针对学校层面的未成年人被害预防问题作出了规定,例如最高人民检察院、教育部、公安部 2020 年发布《关于建立教职员工准入查询性侵违法犯罪信息制度的意见》规定了入职查询制度,要求中小学校、幼儿园新招录教职员工前,教师资格认定机构在授予申请人教师资格前,都应当进行性侵违法犯罪信息查询,对具有性侵害违法犯罪记录的人员不予录用或者不予认定教师资格;教育部 2021 年发布的《中小学法治副校长聘任与管理办法》要求中小学、中等职业学校、特殊教育学校、专门学校设置法治副校长,协助开展法治教育、学生保护、安全管理、预防犯罪、依法治理等工作;教育部等十一机关 2017 年发布的《加强中小学生欺凌综合治理方案》要求各地建立健全防治学生欺凌工作协调机制,积极有效预防校园欺凌。

第三,对流浪儿童的关注和保护。关爱未成年人健康成长,防止未成年人被害,是整个社会义不容辞的责任。流浪儿童很有可能成为潜在的被害人和犯罪人,需要对其进行重点关注。在国家层面,国务院办公厅 2011 年发布的《关于加强和改进流浪未成年人救助保护工作的意见》对流浪未成年人救助保护进行了较为系统的规定,各地也针对这一问题也出台了一系列规范性文件,例如《宁夏回族自治区人民政府办公厅关于加强和改进流浪未成年人救助保护工作的实施意见》和《济南市人民政府办公厅关于加强和改进流浪未成年人救助保护工作的实施意见》。

第四,科技在未成年人被害预防中的应用。随着大数据和人工智能技术的不断发展,科技在未成年人被害预防中的作用逐渐被重视。最高人民检察院提出,要做好未成年人检察部门部署应用检察机关统一业务应用系统 2.0 版工作;加快推进未成年人帮教维权平台建设。探索引入区块链技术,提升特殊制度落实、犯罪预防、帮教救助等工作的精准性、有效性;注重未成年人检察大数据建设与应用,加强对性侵害未成年人、校园欺凌、辍学未成年人犯罪、监护侵害和缺失、未成年人涉网等问题的分析研判,提升未成年人检察的智能化水平。这一发展导向在地方工作文件中也有所体现,例如辽宁省人民政府2022年发布的《辽宁省儿童发展规划(2021年—2030年)》倡导建立健全省、市、县三级统一的儿童安全监测系统,建立儿童安全统计大数据;通过医疗机构、学校、幼儿园、托育机构、社区、司法机关等多渠道收集儿童伤害数据,促进数据规范化;建立多部门、多专业参与的儿童伤害数据共享、分析、评估和利用工作机制,帮助进行未成年人被害的预防和救助。

2.未成年人被害发现

在被害发现方面,强制报告制度和报告渠道建设是重中之重。未成年人认知能力不足,法律知识欠缺,难以独立应对重大困难和问题,在面对被害情形时,可能没有能力主动求助,甚至可能会意识不到自己受到侵害,需要成年人的帮助。强制报告制度是帮助未成年人被害发现的主要措施。最高人民检察院、国家监察委员会、教育部等2020年发布的《关于建立侵害未成年人案件强制报告制度的意见(试行)》规定国家机关、法律法规授权行使公权力的各类组织及法律规定的公职人员,密切接触未成年人行业的各类组织及其从业人员,在工作中发现未成年人遭受或者疑似遭受不法侵害以及面临不法侵害危险的,应当立即向公安机关报案或举报。这一制度也在地方性法规中得到了体现和落实,例如上海市民政局等十机关2022年发布的《上海市未成年人特别保护操作规程》中对"发现报告"进行了专章规定。为了更加及时、便捷地发现和处理侵害未成年人行为,各地方性法规纷纷要求设置专门平台,收集和处理侵害未成年人权益的事件。例如,湖州市人民政府2016年发布的《湖州市儿童发展规划(2016—2020年)》明确通过青少年维权岗、"12345政府阳光热线"等载体,不断完善社会化儿童维权平台;上海市未成年人保护委员会2021年发布的《2021年上海市未成年人保护工作要点》要求完善未成年人保护热线和维权机制建设,由12345市民热线一号对外,建立本市未成年人保护热线,设置专门席位,提升服务能力,及时回应青少年维权服务需求。

3.司法活动中的未成年被害人保护

司法活动中的未成年被害人保护是未成年被害人司法保护的核心内容,主要包括四个方面:第一,专门机构与专门人员。《未成年人保护法》第101条规定:"公安机关、人民检察院、人民法院和司法行政部门应当确定专门机构或者指定专门人员,负责办理涉及未成年人案件。办理涉及未成年人案件的人员应当经过专门培训,熟悉未成年人身心特点。专门机构或者专门人员中,应当有女性工作人员。"这对办案机关处理被害人为未成年人的刑事案件和开展未成年被害人司法保护工作提出了特殊要求。司法部公共法律服务管理局、中华全国律师协会2020年发布的《未成年人法律援助服务指引(试行)》第5条提出:"法律援助机构指派未成年人案件时,应当优先指派熟悉未成年人身心特点、熟悉未成年人法律业务的承办人员。未成年人为女性的性侵害案件,应当优先指派女性承办人员办理。重大社会影响或疑难复杂案件,法律援助机构可以指导、协助法律援助承办人员向办案机关寻求必要支持。有条件的地区,法律援助机构可以建立未成年人法律援助律师团队。"这一规定是在法律援助领域对《未成年人保护法》相关规定的具体化,反映出未成年被害人司法保护中专门机构与专门人员的具体要求。

第二,特殊方法与特殊措施。在办理未成年被害案件中,公安机关、人民检察院、人民法院及司法行政部门应当注意办案方案与措施,以保护未成年被害人的心理健康发展。具体来说,主要有三个方面的内容:一是"一站式"办案救助机制。很多规定都要求公安司法机关持续推进"一站式"办案救助机制建设,要求警察、检察官、医务人员、心理咨询师等共同参与,一次性完成对未成年被害人的询问、生物样本提取、身体检查和心理疏导等工作,并实现询问过程的同步录音录像全覆盖,避免反复询问和取证对未成年人造成"二次伤害"。最高人民检察院2020年发布的《新时代未检工作意见》还专门要求"2020年底各地市(州)至少建立一处未成年被害人'一站式'办案场所"。二是对询问措施的特殊要求。公安司法机关在询问未成年被害人时,应当依法通知其法定代理人或者其成年亲属、所在学校的代表等合适成年人到场;询问未成年被害人应当采取适合未成年人的方式,耐心细致地听取其供述或者辩解,认真审核、查证与案件有关的证据和线索,并针对其思想顾虑、恐惧心理、抵触情绪进行疏导和教育。三是对出庭作证的特殊规定。多个规范性文件均规定,公诉人一般不提请未成年被害人出庭作证;确有必要出庭作证的,应当建议人民法院采取相应的保护措施。

第三，对未成年被害人的综合救助。根据相关规定的要求，对于未成年被害人，可以适当放宽救助条件、扩大救助的案件范围。对于符合条件的被害人，应当及时启动刑事被害人救助程序。对未成年被害人或者其法定代理人提出聘请律师意向，但因经济困难或者其他原因没有委托诉讼代理人的，公安司法机关应当帮助其申请法律援助，以充分保护未成年被害人在诉讼过程中享有的权利。

第四，未成年被害人的隐私保护。多个规范性文件均要求，对于涉及未成年被害人的身份信息及可能推断出其身份信息的资料和性侵害的细节等内容，审判人员、检察人员、侦查人员、律师及其他诉讼参与人应当予以保密。对外公开的诉讼文书不得披露未成年被害人的身份信息及可能推断出其身份信息的其他资料，对性侵害的事实则应当注意以适当的方式叙述。

4.司法活动后的未成年被害人保护

未成年被害人案件后想要回归正常生活、回归社会，可能会在家庭生活、身体健康、心理健康、复学就业等方面面临困难，对此现行规范性文件作出了一系列针对性规定。例如《未成年人保护法》第111条规定："公安机关、人民检察院、人民法院应当与其他有关政府部门、人民团体、社会组织互相配合，对遭受性侵害或者暴力伤害的未成年被害人及其家庭实施必要的心理干预、经济救助、法律援助、转学安置等保护措施。"最高人民检察院2018年发布的《关于全面加强未成年人国家司法救助工作的意见》则要求有针对性地对被害人进行心理治疗、临时照料、转学、就业技能培养等帮助。这一要求在地方的规范性文件中也有很多直接的体现，例如杭州市人民政府办公厅2016年发布的《杭州市儿童发展"十三五"规划》明确提出要引入社会资源和专业力量，对因经济困难或犯罪活动陷入困境的未成年被害人开展经济救助、心理干预、就学安置等救助工作，实现未成年人司法保护、行政保护和社会保护的有效衔接。

三、未成年被害人司法保护法律政策规定的完善思路

完善未成年被害人司法保护法律政策规定，可以从需要增补的内容、需要进一步明确的内容和需要进一步优化的内容这三个角度进行思路展开。

（一）需要增补的内容

需要增补的内容主要是指现行法律政策规定中尚有所欠缺，需要通过制定或者修改规范性文件予以增加的内容，归纳起来有以下五个方面：

1. 加强对未成年被害人的类型化划分

在联合国《关于在涉及罪行的儿童被害人和证人的事项上坚持公理的准则》（以下简称《准则》）中，多次提及了要根据被害情形与儿童类型为儿童提供相应的保护，比如"认识到儿童易受损害，需要得到与其年龄、成熟程度和个人特殊需要相当的特别保护"；"考虑到受害情形对不同类型儿童的影响不同，例如对儿童，特别是对女孩的性侵犯"；以及"认识到女孩特别易受损害，有可能在司法系统的各个阶段受到歧视"等。这说明《准则》中的观点是对于未成年被害人的保护要根据其被害情形与不同类型进行划分，而不是进行同质化的保护。这一理念可以为我国未成年被害人司法保护的法律政策规定完善带来一定的启发。

在我国，法律层面上较少对未成年被害人进行类型化划分，而是在很大程度上把他们作为同质化的群体进行保护，这种范围大且无差别的保护固然因为其使司法保护能够惠及每一位未成年被害人而具有积极意义，但是在现实生活中，由于生理发育阶段、成长环境、被害程度等因素的不同，未成年被害人的类型是多样化的。对于不同类型的未成年被害人，在法律上除了共有的保护措施之外，还应针对未成年被害人的不同情况适当制定差异化的保护措施。

2. 加强对利用网络侵害未成年人犯罪的预防

在实践中，利用网络侵害未成年人的犯罪案件较为高发，且呈现出增长趋势，例如在很多强迫未成年人卖淫的案件中，未成年被害人起初都是通过网络社交平台与犯罪嫌疑人相识；在很多强奸未成年人的案件中，犯罪嫌疑人也经常是借助网络社交平台与未成年被害人产生联系，后利用部分未成年人缺乏亲人关爱等特点逐步博取其信任，进而诱骗其发生性关系。从现行未成年被害人司法保护法律政策情况看，虽然《未成年人保护法》对网络保护进行了专章规定，但司法保护与网络保护的结合还不够紧密，利用网络侵害未成年人犯罪的预防手段还较为单一。基于此，宜在规范性文件中规定网络社交平台的未成年人保护责任，要求其对未成年人账号提高识别和保护力度，并在特定情形下通过聊天框内置顶或者弹窗的形式对未成年人进行风险预警;综合运用图文筛查等手段,对存在潜在问题的账户进行重点监测与干预。对于责任履行不到位的平台主体,则应当通过包括司法手段在内的各种方式予以惩处,从而确保相关规定的有效落实。

3.针对医疗辅助人员创设相关规定

联合国儿童基金会与联合国毒品和犯罪问题办公室2010年发布的《专业人员和政策制定者就罪行儿童被害人和儿童证人的相关事项坚持公理手册》(以下简称"《手册》")在保证儿童有"受到有尊严和有同情心的对待的权利"这一部分中阐述了医疗辅助人员在整个办案过程中需要遵守的规则,这是我国法律针对未成年被害人可以参考的内容。在我国目前的法律中,基本上没有对于未成年被害人在医疗辅助方面的规定,但是医疗介入在很多未成年人被害案件中是不可避免的。医疗介入一方面能够治疗未成年被害人受到的身心伤害,另一方面也是有效的取证手段。医疗辅助人员的工作应当遵循一定的特殊规则,以防止因医疗检查或治疗致使未成年被害人受到二次伤害。这些特殊规则应当在相关规范性文件中得到具体的规定。

4.支持性侵害案件未成年被害人的精神损害赔偿请求

最高人民法院2021年起施行的《关于适用〈中华人民共和国刑事诉讼法〉的解释》第175条第2款规定:"因受到犯罪侵犯,提起附带民事诉讼或者单独提起民事诉讼要求赔偿精神损失的,人民法院一般不予受理。"基于此项规定的要求,且考虑到精神损失难以量化的现实,此前实践中较少有未成年被害人提起精神损害赔偿诉讼。近年来,性侵害未成年人案件较为高发,这一类案件中的未成年被害人精神损害赔偿问题引发了较多的讨论。从联合国相关文件的情况看,不论是《手册》还是联合国经济及社会理事会1997年发布的《刑事司法系统中儿童问题行动指南》,都规定各国应承诺确保儿童受害者有适当的机会获得公理和公平的赔偿、补偿和社会援助,甚至国家应该设立国家补偿机制以保证未成年被害人的受偿权。具体到我国,根据《民法典》第1183条的规定,侵害自然人人身权益造成严重精神损害的,被侵权人有权要求精神损害赔偿。在实践中的部分案件中,未成年被害人的精神损害赔偿请求也得到了法院的支持。基于此,宜通过制定或者修改规范性文件的方式就性侵害案件未成年被害人精神损害赔偿问题作出明确规定,将其归为"一般不予受理"的例外情形,并且就精神损害后果认定和赔偿数额确定等问题出台相应的参考标准。

5.充分保护未成年被害人的人身安全

《准则》规定,如果未成年被害人和证人的安全或有危险,应当采取适当措施,将这些安全风险报告上报给有关当局,并在司法过程中全程保护未成年人免遭该风险。与未成年被害人和证人直接或间接接触的专业人员,如果有理由怀疑被害人或证人已经、正在或可能受到伤害,必须立即向有关当局报告,以保护未成年人的安全。同时,司法机构应当对专业人员进行相关培训,包括防止对未成年被害人和证人的恐吓、威胁和伤害,以及增加察觉未成年人被害的敏感度。在司法过程中,警方或其他有关机构对未成年被害人和证人进行保护,并确保其行踪不被泄露。对于未成年被害人的人身安全保护,我国现行相关法律政策中的直接规定较为匮乏,有必要根据司法实践的需要予以增补。

(二)需要进一步明确的内容

需要进一步明确的内容是指现行法律政策中已有规定,但规定较为抽象概括,缺乏足够的可行性,需要进一步予以细化的内容,总结起来主要有以下三个方面:

1.进一步细化强制报告制度

自强制报告制度实施以来,落实情况总体较好,但在执行过程中仍然存在一些突出问题。部分单位和人员法治意识不强,缺乏落实强制报告义务的责任感,应报告不报告的问题比较突出。[①] 这一现象出现的原因主要集中在两个方面:一是相关责任主体的报告意识不强,例如一些地方检察机关工作人员在某学校宣讲强制报告制度时通过调查发现,该校教师均表示从未听说过最高人民检察院、国家监察委员会、教育部等2020年发布的《关于建立侵害未成年人案件强制报告制度的意见(试行)》。[②] 二是部分责任主体因为害怕遭受打击报复而选择不予报告,导致很多未成年人被害案件没有被及时发现。针对这些现

---

① 参见张昊:《真问责严追责让强制报告制度"长出牙齿"》,载《法治日报》2022年5月28日,第3版。

② 参见徐垒、张伶俐:《侵害未成年人案件强制报告制度及落实机制研究》,载《重庆科技学院学报(社会科学版)》2023年第1期。

象,应当明确强制报告制度的责任条款,确立适当的追责机制,针对不同岗位设置不同的追责标准,确保强制报告制度落到实处。

2.进一步保障未成年被害人的知情权

《手册》中规定的未成年被害人知情权主要包括两个方面:一是对可以获得的援助以及未成年被害人在司法过程中发挥的作用的知情权,二是对案件进展情况的知情权。由于未成年被害人所受的教育和社会阅历有限,往往对自身可获得的援助以及案件进展情况缺乏清晰的了解,需要公安司法机关采取适当的措施保证其知情权的实现。然而,我国目前的相关规范性文件对如何保护未成年被害人的知情权规定得并不明确,亟须细化。

3.进一步细化司法保护与家庭保护的结合方式

我国现行规范性文件在家庭方面对预防未成年人被害进行了一系列规定,包括促进家庭教育、反家庭暴力、保障家庭监护等,但从实践情况看,这些规定还有较大的细化空间。从联合国的层面看,《准则》对缺失稳定家庭环境的未成年人有明确的保护规定,如果未成年人缺乏稳定和安定的家庭环境,那么社区在为这些未成年人父母提供的帮助无济于事,同时不能依靠其他家庭成员的情况下,则应考虑采取其他的安置办法,包括寄养和收养,确保未成年人能在一个安定的环境中成长。在很多情况下,这些安置办法都需要司法机关的参与,依靠司法手段实现。因此从预防未成年人被害的角度看,有必要进一步细化相关规定,促进司法保护与家庭保护的有机结合,更为前置地保护未成年人,尽量避免其成为刑事案件的被害人。

(三)需要进一步优化的内容

需要进一步优化的内容是指现行法律政策中已有规定,但规定存在不合理之处或者与现阶段的司法实践存在抵牾,需要予以修改调整的内容,具体来说有以下两个方面:

1.刑事司法活动中人员与环境的友好程度提升

虽然我国现行规范性文件较为详细地规定了刑事司法活动中有关未成年被害人的特殊制度与特殊措施,但从实践情况看,这些制度和措施在一定程度上依然存在不足与错位,导致人员与环境等方面对未成年被害人不够友好。具体来说,一方面,公安司法机关在涉及未成年被害人的刑事司法活动中依然占据主导地位,社会工作者、心理咨询师、合适成年人等其他主体往往处在较为边缘的地位,难以充分发挥作用,导致办案工作中的很多压力向未成年被害人一侧传导;另一方面,公安司法机关开展询问工作的办案环境往往与未成年被害人,特别是低龄未成年被害人的身心发育情况不相适应,虽然部分地方为未成年被害人准备了单独的询问室,进行了适当的装潢,但由于便捷性等方面的问题,经常存在着备而不用或者形式化使用的问题,无法让身处其中的未成年被害人真正感觉到舒适和放松。针对这些问题,现行规范性文件宜进一步理顺参与涉及未成年被害人的司法活动的各方主体之间的关系,确保所有人员都能够切实有效地发挥自身功能,共同实现对未成年被害人的良好保护;进一步规范办案环境的相关要求,重视环境友好的实质性提升,确保未成年被害人接受询问和参与其他司法活动都能够在适宜的场所中进行。

2.法治副校长制度实职化运行

法治副校长制度自创设以来,对于加强检校合作,提升在校学生的法治意识,保护未成年人的合法权益发挥了很大作用,但该制度在实施过程中仍然暴露出诸多问题。例如在许多中小学,检察长任职法治副校长象征意义多于实际价值。检察长需要处理本单位众多决策性事务,本职工作的繁重令他们在履行法治副校长职责上很难有时间保障;即使履行职责,也多为每年一两次的授课或者讲座,未能达到理想效果。① 要想让法治副校长制度真正发挥实效,应当从规范层面进行两个方面的优化:在学校方面,应当进一步重视法治宣传工作,将法治副校长所授课程纳入日常教学规范,积极安排相应的课时,并与授课检察官保持经常性沟通;在检察机关方面,检察机关应当与选聘法治副校长的中小学联合进行考核,通过面向学生群体发放问卷等方法对授课效果进行检验,并将所反馈的授课效果纳入绩效考评的范畴,以督促检察官履职尽责。

四、结语

综合上述分析,经过近年来的快速发展,我国未成年被害人司法保护法律政策的类别完整,内容翔实,已初步具备了较强的体系性,有效地促使公安司法

---

① 参见黄瑛琦:《检察人员担任中小学校法治副校长的优势、困境及其出路》,载《广西政法管理干部学院学报》2021年第5期。

机关在办案过程中重视未成年被害人的各项需求,有力地保护了未成年被害人的合法权益。不过,在此基础上对我国未成年被害人司法保护法律政策规定进行放大观察,依然能够发现其中需要进一步完善的缺憾与不足。未来这些完善工作的开展将进一步促进我国未成年被害人司法保护制度体系的进阶与成熟,不断创造和巩固未成年被害人司法保护的中国方案。

我国未成年被害人司法保护现行规定索引表